图 例

古		今	
◉ **王城**	京城	⊛ **北京**	首都
◉ **新郑**	主要城市	● 郑州	省级行政中心
◉ 鄢陵	普通城市	◎ 洛阳	地级行政中心
● 践土	重要地名	○ 新郑	县级行政中心
● 虎牢	关隘	———	国界
● 风陵渡	渡口	-------	未定国界
济水	河流	洛河	河流

目录 CONTENTS

01 秦，大一统的奠基者
第一位皇帝 002
不分封、设郡县 005
秦朝的高速公路 007
货币·文字·度量衡 009
地图专题：秦驰道 012
地图专题：桃林塞与函谷关 014

02 巩固统治
严管天下 016
修筑长城 018
征服百越 021
焚书坑儒 023
地图专题：秦长城 026
地图专题：越族 028

03 巡视天下
爱出巡的始皇帝 030
威风的背后是刺杀 032
沙丘的惊天变局 034

04 荒淫的秦二世
残暴的小儿子 036
被"套路"的李斯 039

05 大泽乡刮起的反秦风暴	大泽乡起义	**044**
	泗水亭长和楚国大将	**046**
	不甘做傀儡的楚怀王	**049**
	地图专题：秦末农民起义	**050**
06 推翻暴秦的年轻人	巨鹿之战的青年英雄	**052**
	坑杀降兵的冷血将军	**054**
	在位四十六天的秦王	**055**
	地图专题：巨鹿之战	**058**
07 可歌可泣的楚汉之争	鸿门宴	**062**
	诸侯背叛了楚霸王	**065**
	主公挨打，大将立功	**068**
	垓下悲歌	**071**
	地图专题：咸阳会面	**074**
	地图专题：背水之战	**076**
	地图专题：汉王灭赵	**078**
	地图专题：鸿沟划界	**080**
	地图专题：垓下之战	**082**
08 在废墟建起新王朝	都城选哪里？	**084**
	草根君臣学规矩	**087**
	无奈的和亲	**089**
	非刘氏不得封王	**092**
	地图专题：太行八陉	**096**
	地图专题：白登之围	**098**

09	吕后摄政	吕后和戚夫人的太子争夺战	100
		被写进本纪的太后	102
		萧规曹随	103
		夺回刘家天下的周勃	106
10	贤明厚德的汉文帝	轻徭薄赋	108
		开言路、减酷刑	109
		二十三年没花过大钱的皇帝	112
11	汉文帝的顺时用才策略	谁更适合当丞相	114
		生不逢时的贾谊	116
12	七国之乱与文景之治	汉景帝惹下的麻烦	120
		削藩引发的动乱	122
		又是周家安刘氏	124
		阻击匈奴、安抚南越	127
		地图专题：七国之乱	130
13	改弦更张的汉武帝	道儒之争	132
		独尊儒术	134
		主父偃的削藩妙计	136

14 击退匈奴的英雄

马邑之变	138
骑奴变身大将军	140
封狼居胥的少年	143
一生不能封侯的英雄	146
地图专题：汉匈战争	150

15 汉朝的版图扩写者

把南越收为郡县	152
用笔杆子开疆扩土	155
收服东越	157
平定辽东	159

16 汉朝的地理大发现

敬业的西域大使张骞	162
解忧公主抚乌孙	165
这个外戚有点弱	167
地图专题：张骞通西域	170
地图专题：丝绸之路	172

17 大汉王朝浮世绘

商人和游侠	174
理财名臣桑弘羊	177
手段可恨、忠心可怜	179

18 文乐风行的大时代

不会发明的编辑不算好王爷	182
盛世之笔司马相如	184
文学奇葩汉乐府	187

19	**暮年执误的汉武帝**	想成仙、爱吃药	188
		巫蛊事件	189
		错杀太子的老皇帝	191
		一个皇帝的检讨书	193
20	**大汉精神**	买臣负薪	196
		苏武牧羊	198
		史家绝唱	200
21	**汉代周公霍光**	火眼金睛的汉昭帝	204
		盐铁会议上的大辩论	207
		一个短暂的治世	209
22	**草根帝王**	二十七天做一千多件荒唐事	212
		流落民间的皇孙	214
		皇后风波	216
		霍氏悲歌	218
23	**孝宣之治**	吏治一新的时代	220
		赵充国平西羌	222
		向汉朝称臣的单于	224
		驱逐匈奴、都护西域	225
		地图专题：西域诸国	228

24 盛极而衰的西汉	让人失望的太子	230
	明犯强汉者，虽远必诛	232
	地图专题：匈奴西迁	236
25 外戚掌朝政	惊险继位的汉成帝	238
	赶了宦官，来了外戚	239
	啄杀皇孙的"飞鸟"	241
26 禅让国家的哀帝	像模像样的开始	244
	想把天下给宠臣	245
27 王莽的弥天大谎	豪门中的道德楷模	248
	王莽的圣人秀	251
	"含泪"篡位建新朝	253
28 汉暮星辰	父子校书	256
	昭君出塞	258
	扬雄著书	261
附　录	秦与西汉文学史大事年表	264

前 221—前 212 …… 始皇定制
前 221—前 212 …… 安定四方
前 220—前 210 …… 巡视天下
前 210—前 207 …… 荒淫二世
前 209—前 206 …… 反秦风暴
前 208—前 206 …… 刘项灭秦

秦

前 221—前 206

他的政治实在是抱有一种伟大的理想的。这亦非他一人所能为，大约是法家所定的政策，而他据以实行的。……秦始皇的政策虽好，行之却似过于急进。……这样，人民业已不堪赋役的负担，他还沿着战国以前的旧习惯，虐民以自奉。……统一虽然是势所必至，然而人的见解，总是落后的，在当时的人，怕并不认为合理之举，甚而至于认为反常之态。

——吕思勉《吕著中国通史》

时间　前221—前212

01 秦，大一统的奠基者

> 分天下以为三十六郡，郡置守、尉、监。……一法度衡石丈尺。车同轨。书同文字。
>
> ——《史记·秦始皇本纪》

【人物】嬴政、李斯

【事件】号称皇帝、设置郡县、修筑路网、统一度量衡

秦始皇一统天下，开创性地推行各种制度，形成中国数千年的统一文化心理，成为名副其实的千古一帝。

第一位皇帝

经过十年鏖战，秦国消灭韩、赵、魏、楚、燕、齐六国，完成统一天下大业。秦王嬴政认为自己功业超过三皇五帝，"王"的名号太普通，要创立新名号，于是下令众臣商议。

御史大夫冯劫、丞相王绾、廷尉李斯等人说："上古五帝时，只统管方圆千里地域，千里之外是侯服、夷服之地，无法约束诸侯是否前来朝拜。如今，陛下消灭六国，平定天下，是五帝未曾有的功业。古时有天皇、地皇、泰皇，泰皇最尊贵，大王可定尊号为泰皇，将给臣子下的令称为制，将向天下臣民下的命令称为诏，自称朕。"

但嬴政对泰皇尊号仍不满意,想创造一个前所未有的尊号,以彰显自己前无古人、后无来者的功业。经过一番思考,他决定去"泰"留"皇"再加上上古君王的称号"帝",号为"皇帝",其他称谓则依众臣所议。

称号以外,嬴政对推行已久的谥号之法也不甚满意,他不愿后人在自己死后妄加评论,于是下制命说:"听说太古时只是生前有尊号,死后却没有;中古时不但生前有尊号,死后还会根据生前言行追加谥号,这岂不是任由儿子议论父亲,臣子议论君主?朕不希望发生那种情况,所以从今以后废除谥号。"没了谥号,如何称呼前代君王呢?嬴政的想法是以自己为始皇帝,继任皇帝则以数字尊称,即二世、三世、四世,直至千世万世,无穷无尽地传下去。然而,秦朝二世而亡,秦始皇的宏愿自然无以推广,之后,中国历朝历代仍然使用谥号。

奇珍异宝

传国玉玺

传说秦始皇取得天下后将赵国的国宝和氏璧雕琢为传国玉玺,作为皇帝的大印,玉玺上雕刻有"受命于天既寿永昌"八个大字。玉玺的"玺"也是秦始皇展示自己威权的途径之一,至此只有皇帝可以用"玺",玺用玉制作,臣子只能用印,而印不许用玉制作。这枚作为中国统一标志的传国玉玺被历朝历代视为皇权的象征,若无传国玉玺,哪怕占有大片土地也难免被质疑正统。可惜的是,这枚珍贵的传国玉玺传到南宋后在靖康之难中下落不明。

时间　前221—前212

秦始皇陵铜车马1号

在秦始皇陵西侧出土了两辆青铜车马，每辆车配有四匹马，大小约为真马、真车的一半。它们是20世纪考古史上发现的结构最为复杂、形体最为庞大的古代青铜器，被誉为"青铜之冠"。1号铜车马是立车，单辕双轮，车厢为横长方形，车上有圆形铜伞。

秦始皇陵铜车马2号

2号铜车马为安车，单辕双轮，车厢为前后两室，两室之间有窗，上有椭圆形篷盖。出土时，两辆铜车马均已被压碎，1号铜车马破碎成1325片，2号铜车马破碎成1685片，经过精心修复方显出完整模样。1号铜车马由3500多个零部件组成，总重量约1040千克，车马通体饰有精美绝伦的彩绘。2号铜车马由3462个零部件组装而成，总重量为1241千克，包括1742个青铜制件，737个黄金制件，983个白银制件。

5 不分封、设郡县

秦始皇定下尊号后,采取何种制度治理国家成为亟待解决的问题。周天子治理天下采取分封制,这种制度在通信和交通尚不发达的时代能极快地稳定统治,为此丞相王绾等人提议分封皇子为藩王,在远离咸阳的燕、齐、楚故地驻守。但秦始皇和廷尉李斯都反对分封诸侯,认为周朝天下大乱就是因为有王侯割据,于是在全国推行秦国的郡县制,把天下划分为三十六郡,郡下设县。

各郡大小不一,但在面积量级上大约已接近今天的省级行政区划,推行郡县是封邦建国制度瓦解的标志。在秦朝以前,实行分封制的国家内往往存在很多贵族的封地,他们名义上服从国君,但自主权力不小,甚至能和国君分庭抗礼,乃至取而代之。而郡县制实行之后,各地长官不能世袭,由皇帝任免,相当于将国君的控制力扩大到全国,是中国政治制度的巨大进步。

比之天子—诸侯—卿—大夫—士的简单构架,郡县制具有非常严密合理的权力架构。在郡县制下,每个郡由中央任命郡守、郡尉、郡监(又称监御史)三个互不隶属的官员。郡守是一郡的最高长官,统管郡内一切重大事务,不能世袭,也不能像诸侯一样在属地收取赋税为己用,他们的收入来自朝廷的俸禄。秦朝时官员俸禄以粮食形式发放,郡守的俸禄为二千石(一石约合今 30.75 千克)。郡守之下设丞,辅佐郡守管理郡中的行政及刑狱工作。郡的军事和治安则由郡尉负责。郡尉不干预民事,与郡守的职责有明确分工。为避免郡县作乱,秦朝又设立了监察官员郡监,直接受命于中央监察御史,负责监督百姓及官吏,也有牵制郡守的作用。

比郡小的行政机构是县。一个县的户口大约在千、万量级,户口过万的为大县,长官称县令,俸禄六百至千石不等;户口不过万的为小县,长官称县长。县令和县长之下有县丞、县尉,统称为长吏。此外,还有令史等官职,统称属吏,辅佐县令或县长处理文武政务。

县下一级行政机构是乡。乡设有掌管赋税诉讼的啬夫、掌管教化的三

时间　前221—前212

老和掌管治安的游徼。乡下一级行政机构是里，大体相当于今天的村，长官称里正，负责村里所有事务。"里"中每十户为基准组成"什"（shí），每五户为基准组成"伍"，同一什伍之内的住户有互相监督、互相担保的责任，知情不报甚至要连坐。

不仅地方机构，秦始皇对中央机构也进行了调整，实行由三公九卿主导的官员制度。三公，即丞相、太尉、御史大夫。他们辅佐皇帝，官职最高，由皇帝直接任免，一律不准世袭。丞相一般设立左右两名，官印由黄金刻制，系紫色绶带，负责帮助皇帝处理政务；太尉也是金印紫绶，掌管国家军队；御史大夫是银印青绶，直接由皇帝指挥，负责监察大小百官、主理大案、负责传达皇帝的诏令制书和百官奏事。三公之下又设有分管各类政务的九卿，即奉常、郎中令、卫尉、太仆、廷尉、典客、宗正、治粟内史、少府。

这套从中央到地方的系统制度建立后，秦始皇独断乾坤，一人主管一切大小事务。

杜虎符

符是古代朝廷用于传达命令、调动军队的一种特殊凭证，制作材料主要有铜、金、玉、角、竹、木、铅等。符分为可以相合的两半，朝廷和主事官员各执一半，两半符如能合起方能行令，现代汉语中的"符合"一词即来源于此。中国现存最早的铜制虎符都是秦国的，共有四件，即杜虎符、阳陵虎符、东郡虎符、新郪虎符。

杜虎符是战国时期至秦朝的一件调兵凭证，它分为左右两半，正面突起如浮雕，背面有槽。虎身上有错金铭文九行四十字，因其中有"右在君，左在杜"的铭文而得名，意思是：右半符留给君王，左半符交给杜地的军事长官保管。

秦 青铜剑

秦朝的高速公路

虽然废除了分封制度,但中国古代的地方割据不仅是制度造成的,更在于地理上的天然隔阂,如果没有便利的交通网络,两个被山川阻隔的地方很难实现实质性的统一。为此,实行郡县制后的首要事情是保证道路通达。

而要保证道路通达,第一件要做的事就是"车同轨"。原来,当时原六国马车的宽度各有不同,有的宽,有的窄,不同轨距的马车导致道路宽窄不一,很影响行进速度。

于是公元前220年,秦始皇下令统一马车大小和宽窄,修建以咸阳为中心向各郡县延伸的驰道。驰道在平坦处宽约五十步(约合六十九米),每隔三丈(约七米)栽一棵树,路面非常平整,没一点杂草,十多匹马可以并驾齐驱,道路两旁用金属椎(敲打工具)夯筑厚实。

秦朝著名的驰道有:由咸阳出函谷关通河南、河北、山东的东方道;由咸阳通甘肃临洮的西方道;由咸阳经陕西武关、河南南阳通湖北江陵的秦楚道;由咸阳通巴蜀的川陕道;出今高陵通上郡的上郡道;过黄河通山西的临晋道;出今商洛通东南的武关道等。后来,秦始皇又下令修筑四条通向今四川地区的通蜀栈道,分别是嘉陵故道、褒斜道、傥骆道、子午道。这些栈道因地制宜,盘旋于高山峡谷之间,有的地方凿山为道,有的地方修桥渡水,有的地方依山傍崖,需要用木柱支撑于危岩深壑之上……充分展现了当时筑路工程的技术水平。

秦驰道修筑的主要目的是便于秦始皇出巡控制六国故地，兼有政治和运输之用。驰道之外，秦朝还有主要服务军事的交通路线"秦直道"——今咸阳至包头九原的一条高速通道。它位于内蒙古自治区、甘肃省和陕西省境内，全长七百多千米，始建于公元前212年。当时，包头以北的草原上盘踞着匈奴人，他们不停地骚扰中原，掠夺财物和人畜。为防御匈奴，秦始皇下令在黄土高原上修筑规格较高的急速大道，用来运兵。这条秦直道作用非常大，一直延续到清朝才渐渐停止使用。在两千多年前，为了修筑秦直道，秦始皇征发的民夫达到十万人之多。

清 袁江 骊山避暑图轴

骊山是秦岭余脉，秦人的陵寝与宫殿所在。凭着全长七百多千米，十多匹马可以并行奔跑的驰道，昆山美玉、纤离宝马、西蜀丹青、江南金锡，四方物产云集山下，由它们所构筑的壮美秦宫，透过唐代的九成宫仍可窥见一斑。

5 货币·文字·度量衡

秦始皇统一六国时，货币的使用已经非常普遍，但六国钱币的形状、大小、轻重、材质都不相同。哪怕在同一国内，由于铸币权的归属不同，也可能产生多种钱币，比如秦、楚由中央掌握铸币权，魏、赵、韩、齐等国的一些地方可以独自铸币。

那时候，流通较广的是四大类货币：第一类是主要流通在魏、赵、韩的布币，特点是形状像铲；第二类是主要流通在燕、赵、齐的刀币，形状像刀；第三类是主要流通在楚国的带印文的金饼郢爰和形状像海贝的铜贝（俗称"蚁鼻钱"）；第四类是主要流通在秦、东周、西周及赵、魏沿河地区的圆钱，中间有的打圆孔，有的打方孔。

战国时期四大类货币

布币

刀币

郢爰

蚁鼻钱

（为方便展示，四种货币未以真实比例放置）

时间　前 221—前 212

秦半两

千奇百怪的货币导致百姓买卖货物时比较麻烦。为了方便贸易，秦始皇下令铸造统一的钱币，以黄金和铜钱为法定货币。黄金为上等币，单位为镒（yì）；铜钱为下等币，圆形方孔，上铸"半两"标示面值。1镒金等于20两，即40个半两钱。

除货币外，各国度量衡也不一样。所谓度量衡，指的是用来衡量物品尺寸、重量、体积的器具，这些器具在六国长短、大小、轻重不一，导致衡量尺寸、重量、体积没有一个统一的单位。无论是百姓买卖货物，还是朝廷收取赋税，都要费力换算，很不方便。

为此，秦始皇下令全国使用统一的度量衡，至此尺寸、升斗、斤两都必须按照法定标准进行计量，百姓再也不必费心换算了。秦朝度量衡中使用的单位名称很多沿用至今，但含义却大相径庭，换算下来，秦时1寸为2.31厘米，1尺为23.1厘米；1升为201毫升，1斗为2010毫升；1斤为256.25克，1石为30.75千克。

始皇诏瓜棱形五斤权

这件五斤权是秦官府批准的标准砝码，造型独特，非常少见，像半个饱满的南瓜。它通高5.1厘米，底径8.1厘米，身有14道凸棱，棱间以小篆刻有诏书14行40字。经考证，瓜棱形五斤权属于悬挂于秤杆上可以移动的秤砣。

统一货币、度量衡后,天下百姓在生活贸易上一统的趋势已经非常明显,只有各地差异的文化仍然阻碍统一进程,为此,秦始皇决定推行文化方面的统一政策。

要想统一文化,首先就要统一文字。当时各国的文字写法不一,甚至同一个国家同一个字的写法都不相同。为此,秦始皇采纳了李斯的建议,下令"书同文",废弃与秦文不合的写法,同时对秦文进行革新,命人创立并推行标准字体小篆。

他命令李斯、赵高、胡毋敬等人负责书写小篆范本,文武百官及天下百姓依照学习。学会小篆以后,大家在交流时如果听不懂彼此的方言,就可以写字交流。

科学发现

隶书兴起

小篆虽然形制统一,但笔画繁多,书写工作繁重。为了提高书写效率,担任书写工作的徒隶就对小篆进行进一步简化,创造出一种更加容易书写和辨认的字体。由于是徒隶所创,所以它被称为"隶书"。隶书以前,汉语文字仍然摆脱不了象形的枷锁,而隶书以后,汉语文字开始高度符号化,不仅便于书写,也利于新字词的产生,是语言文字发展史上的里程碑。

当然,人无完人,在文化方面,秦始皇做出的统一规定并不尽善尽美,也有一些迷信和无甚意义的举动。比如他认为"六"是吉数,所以对冠服尺寸、驾车的马匹数量,不是取"六",就是取"六"的倍数,又设置每年农历十月为正月,作为一年的开始。他还推崇五行之德,认为朝代更迭和五行变化相合,周朝是火德,秦朝取代周朝所以是水德,旌旗衣服都应崇尚黑色(水色为黑)……

总体来说,秦始皇在统一天下后,一直不遗余力地统一标准,无论对错。

秦驰道

原用途： 专供帝王行驶马车的道路。

实际意义： 促进了中国陆路交通的发达，以及各地经济文化的交流，对大一统文化的形成意义深远。

透过地图说历史：

根据《史记》记载，秦驰道修筑于秦始皇二十七年（前221）。它以秦朝的都城咸阳为核心，如动脉般贯通了六国故地。为了使秦始皇庞大威严的马车能畅通无阻，驰道规格极高，宽五十步，十多匹马可以并行奔跑，相当于秦朝的"高速公路"。通过驰道，秦始皇可以东达山东半岛，北到茫茫大漠，南观云贵胜景，西望高山雪原。这样发达的交通线，在七国割据期间是绝对不可能完成的。

为保证土质的路面经久耐用，秦朝人将建筑用土炒熟，并在土里加入大量的碱，铺在地面夯实。因此，虽历经千年，驰道仍然寸草不生、干净平整。

秦驰道的具体路线、走向和布局，史书没有特别明确详尽的记载，但是由于秦驰道修筑的主要目的是方便秦始皇巡视全国，所以，从秦始皇五次出巡的路线就可以推断、验证秦驰道的布局。这五次出巡除了极少部分

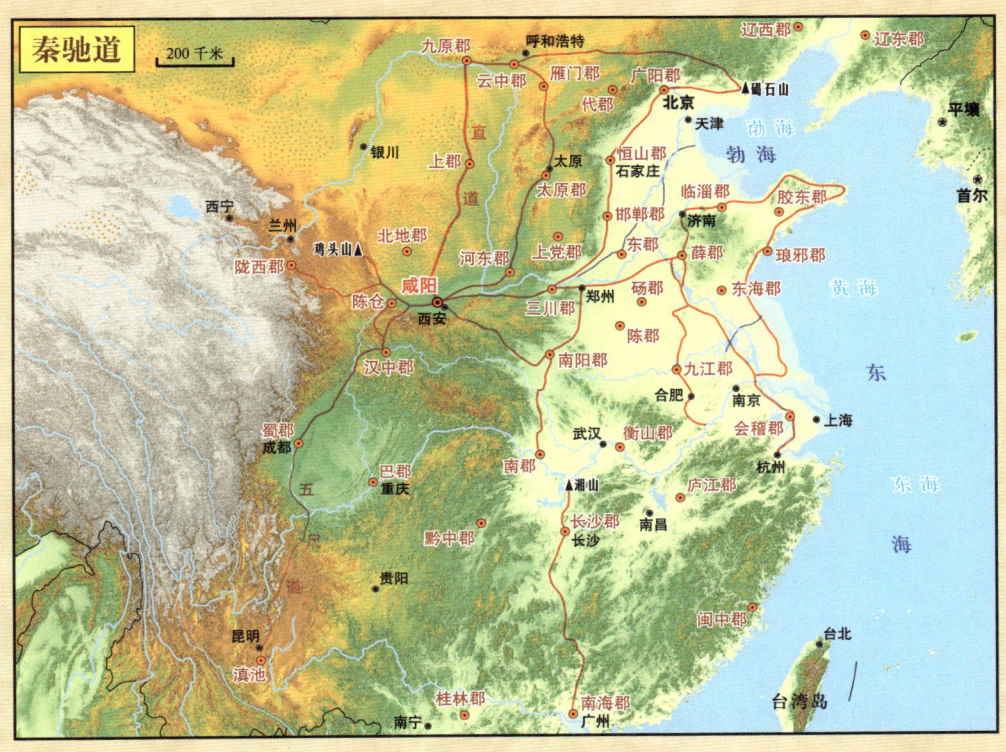

路程走海路、水路和直道外,"所经皆治驰道"。可以说,好大喜功的秦始皇,在记录自己巡游壮举的同时无意中记录了这项伟大的筑路工程。

除了五次巡游所经驰道外,秦朝还修造了从咸阳到九原的"秦直道"用以对付匈奴,修造了跨越五岭、平定百越的"通越道",修造了从四川宜宾到云南曲靖的"五尺道"。它们都在我们的地图上有所体现,可以视为秦朝驰道交通网的一部分。

地图专题：桃林塞与函谷关

地位： 由中原地区进出关中地区的交通要塞。

意义： 影响了中国数千年政治格局的地理要地。

透过地图说历史：

这是一幅比例尺非常大的地图，集中展示了秦朝起家地关中的地理入口。在科技不发达的古代，道路修建和物资运输能力都非常弱小，因此战争和行旅必须依赖天然形成的平坦道路。从中原到关中，最主要的就是避开大山，走黄河流淌的峡谷。认真观察黄河的两岸，可以发现北岸的通行条件很差，大河几乎沿山流淌，而南岸相对开阔。所以进出关中的几大要塞都分布在黄河南岸，也就是函谷关、桃林塞、潼关。

春秋战国时，函谷关是秦国的防守要地，其最狭窄处据说只能通行一辆兵车。因为函谷关的特殊地势，六国合纵也无可奈何。

潼关在函谷关以西，它在后世逐步取代了函谷关的地位。原因主要是函谷关过于偏远，距离关中平原近两百里，如果在这里驻守，物资供应会很艰难。而且进入关中的方法不止走陆路，还可以从山西出发，由黄河渡口乘船或者趁冬季在冰上渡河。这就导致一旦敌人从山西突破，函谷关守军就会被切断后路。潼关守军不仅没有这个隐患，而且可以迅速驰援，应对敌人渡河。此外，由于黄河不断侵蚀，函谷关的地理优势已经大不如战国时期，被废弃也是理所当然。

再说桃林塞,武王灭商后所谓"归马于华山之阳,放牛于桃林之野",就是将战马、战牛豢养于黄河以南的桃林塞和华山一带,这既是一种和平的姿态,也利于随时备战。

从"关"和"塞"今天的字形,已经很难理解它们的含义了,但在甲骨文和金文中,它们的意义一目了然,瞂(关)像是两扇上锁的大门,宀(塞)则是用两手把东西塞堵在屋子里。

时间　前221—前212

02　巩固统治

> 臣请史官非秦记皆烧之。非博士官所职，天下敢有藏《诗》《书》、百家语者，悉诣守、尉杂烧之。有敢偶语《诗》《书》者弃市，以古非今者族。吏见知不举者与同罪。令下三十日不烧，黥为城旦。所不去者，医药卜筮种树之书。若欲有学法令，以吏为师。
>
> ——《史记·秦始皇本纪》

【人物】秦始皇、蒙恬、李斯

【事件】铸造金人、修筑长城、焚书坑儒

天下统一后，秦始皇以严刑酷法管理臣民，修筑长城抵御匈奴，焚书坑儒进行思想钳制。

严管天下

统一天下后，如何巩固统治，消除六国残余力量，成为秦始皇必须考虑的重要问题。

经过再三考虑，秦始皇认为流落在民间的武器、盔甲是重大的安全隐患，于是下令将原六国的盔甲和兵器全部收缴到咸阳。这些盔甲和兵器，除一部分补充装备给秦军以外，其他的全部收入武器库。但即便将它们放入武器库，也无法消除秦始皇的担忧。

为了杜绝这些兵器被用来作乱，秦始皇下令将它们全部熔化，铸造成

> **秦始皇像**
>
> 秦始皇（前259—前210），嬴姓，赵氏，名政，秦庄襄王之子。中国历史上著名的政治家、战略家、改革家，是首位完成华夏大一统，建立首个多民族中央集权国家，首次称皇帝的封建君主。秦始皇为建立专制主义中央集权制度开创了新局面，奠定了中国两千余年政治制度的基本格局，被誉为"千古一帝"。

12个金人，并在每个金人背上刻下铭文，记录他的赫赫战功。据记载，12个青铜铸造的金人，平均高度达8.12米，最大的有13.7米，气势宏大，令人望而生畏。

收缴武器之后，秦始皇对六国仍不放心，于是将六国有钱有势的贵族纷纷迁到秦都咸阳以便控制，因这一政策被迁徙的人有十二万户。

控制武器和豪族后，秦始皇又从法律入手，加强对天下的管控。他命人制定详细的法律条文，即《秦律》。《秦律》条文规定缜密详细，涉及生产生活的方方面面，对中国的法律发展意义重大。但秦律的惩罚失于严苛，百姓稍有不慎便会遭受处罚，轻则罚款、服徭役、流放，重则没收家产沦为奴隶，更严重的还要被处死、灭族、连坐。

按照秦律规定，偷采价值不足一钱的桑叶，要罚服一个月劳役。如果五人以下合伙偷盗，偷来的赃物价值在一钱至二百二十钱之间，就要全部被流放。

秦律的严苛一方面是加强六国故地管理的需要，另一方面是为了保证秦始皇可以享受千古一帝的奢华。秦始皇在位期间，曾下令将原六国宫中的财宝和美女都运到咸阳供自己享乐，美人、财宝大增，秦朝原本的宫室就不够居住了。于是，秦始皇就仿照六国宫殿的形制在咸阳将其一一复建。不仅如此，他还下令修建极庙等恢宏的殿宇，并开通从极庙到骊山的通道，其中以宏伟辉煌的阿房宫为最。

修筑长城

公元前215年，一个方士献上"仙书"，书上有"亡秦者胡也"字句，正在巩固政权的秦始皇看到后冒出一身冷汗。"仙书"上的"胡"是那个时代对北方少数民族的统称。在当时，北方草原上，从东到西依次活跃着东胡、匈奴、大月氏。三个胡族中，大月氏转运丝绸，民族性格相对温和，与秦国多年商贸往来，东胡离秦朝统治中心遥远，只有匈奴在其领导者头曼单于整合各部落后，不时骚扰北方边境。由此，秦始皇认定方士所献书上的"胡"就是匈奴。

为了消除隐患，秦始皇派蒙恬率三十万秦军北击匈奴。面对来去如风的匈奴骑兵，蒙恬的战术是引诱匈奴人进攻，再利用强弓劲弩予以强力打击。匈奴人不知有计，被蒙恬打败，经过多次交战，逐步失去了肥沃的河

知识充电

方士

方士就是方术士，或叫有方之士。这一群体起源于战国时燕、齐等国的濒海地区，其思想起源则更早。他们的中心思想就是讲求长生，认为通过服食药物、祭祀鬼神可以成为神仙。在科学技术尚不发达的古代，方士一度是一个非常重要的阶层，个别方士甚至能左右国家的政治。秦始皇就是方术的笃信者，在他的支持下，方士阶层在秦朝发展迅速。

套地区，损失了不少精锐力量，残部由头曼单于率领退守漠北草原。

由于草原广阔，加之游牧民族居无定所，秦军虽然获胜却无法像灭亡六国一样永绝后患，为此，忧患意识极强的秦始皇借机命令蒙恬率军在北部边境将原赵国、燕国、秦国对抗匈奴的防御工事连接起来，再加以修筑扩充，最终形成西起临洮（今甘肃岷县）、东抵辽东（指辽河以东地区，今

成语典故

烽火狼烟

秦朝的烽火台沿线陈列，一般设在视野开阔的山巅处或草原上。山巅处的烽火台多由石块垒成，草原上的烽火台多由黄土夯筑而成，每两座之间的间距为一百到五百米。

若白天发现敌人，驻守烽火台的哨兵会燃起狼粪放出浓烟滚滚；若晚上发现敌人，哨兵则会燃起火堆。黑色烟柱、明亮火堆冲天而起，一瞬间就可以向下一座烽火台发出警报。根据烽火台传递的军情，后方的指挥官在很短时间内就能调兵遣将，部署作战计划。烽火狼烟因此成了战争的代名词。

▲乌鞘岭长城烽燧遗址

时间　前221—前212

孟姜女像

相传，秦始皇时，新婚三天的范喜良告别妻子孟姜女去修长城，最终因饥寒劳累而死，尸骨被埋在长城墙下。孟姜女历尽千辛万苦，到长城边给范喜良送衣服，却得知他已经死去。她在长城上哭了三天三夜后，长城坍塌了一部分，露出范喜良的尸骸。孟姜女安葬范喜良后，投海而亡。这个故事虽系虚构，但却鲜活地反映了当时普通民众对秦始皇残暴统治的不满。

辽宁的东南部和吉林的东南部地区）的绵延万里的恢宏壁障，也就是赫赫有名的万里长城。

除今天所见的雄伟城墙之外，蒙恬还在长城内外沿线修建了利于军队侦察和布防的边城、障塞。边城位于长城内侧，比内地县城的规模稍小，但设施基本相同。障塞位于长城内侧和外侧的险要之处，相当于军事哨所。障塞的附属设施就是有名的烽火台。

为了完成这在古代堪称奇迹的工程，在蒙恬的监督下，秦朝发动当地军民以及各地刑徒，花费了十年时间。

有了这道庞大的军事工程，匈奴深为忌惮，在秦始皇执政期间一直未敢南下。

然而，"秦为胡所亡"的预言却仍旧一语成谶——匈奴虽然没有攻灭秦国，但因为防范匈奴而牵制了大量兵力，以及为修筑长城而激起了沸腾民怨，终究导致秦朝土崩瓦解。

元 王蒙 桃源春晓图轴

与秦始皇的征服相对的，是底层百姓渴望安宁的愿望，他们渴望有一个与世隔绝的秘境，没有战乱，没有朝代更迭，黄发垂髫，怡然自得。在晋人陶渊明的想象下桃花源出现了。

征服百越

越族是中国境内一个古老的民族，他们很早就登上了历史舞台，春秋时著名的越国就是由一支越族人建立的。在《史记》的记载中，司马迁认为，越王勾践是大禹的后人，他的祖先受封于会稽（也就是大禹死去的地方），从而维持大禹的祭祀。这种说法未必准确，但起码说明越族历史悠久。

越国灭亡后，越族人就按照部族杂居在广袤的东南沿海，因为没有统一的国家，所以被称为"百越"。

当时的越人远离中原文明，有着剪短头发、镌刻文身的特有习俗，这些做法在中原是有罪的人才会被施加的，所以越人在中原人眼中非常野蛮。这样一个庞大的"野蛮"团体，在有魄力驱逐匈奴数百里的秦始皇眼中是不可容忍的，于是，秦对越人的征伐也就不可避免了。

这场大战和北逐匈奴几乎同时进行，秦始皇派屠睢为将，发卒五十万，组成五路大军分头南下。这些秦军战意高昂，从将到兵日夜奔波，在南方奋战了三年。然而越人勇猛倔强，宁死不肯为奴，秦朝大军一来便纷纷逃进穷山恶水，秦军运粮艰难、追击不便。可若秦军稍有懈怠，越人便会从深山老林跑来偷袭。秦军的处境日益艰难，连屠睢都在偷袭中丧生，死伤的秦军数以万计。伐越之战一时陷入僵持状态。

这是雄才大略的秦始皇无法容忍的，魄力惊人的他下令由史禄开凿灵渠——世界上第一条船闸式人工航道运河。经由十万军工，五年作业，高山大川被秦帝国的固执折服，湘水、漓水至此沟通，长江和珠江水网至此相连。秦王朝自长江流域出发的船只，可以通过漓江逾五岭直达岭南地域。在任嚣、赵佗两位将领的楼船威逼之下，百越再也难以阻挡。

这一次，秦始皇强征了大量移民随军前进，每占领一地便让移民留驻，营造稳定的后方。越人再无法包抄迂回、随意驰骋，被迫与秦军正面交锋。由于缺乏军事训练和专业装备，越人一败涂地，在秦始皇二十三年（前214），彻底被秦国征服。越人的土地也被划为桂林、象、南海三郡，受到秦朝的南海尉节制。为防止越人逃亡，秦始皇又在五岭要道驻兵，设立众多据点，把越人死死地围在了五岭以南。秦始皇对南越的战争显然并非正义，但这一战不仅将岭南纳入了秦朝版图，之后还施行了移民、修路等诸多政策，对中华统一民族的抟成意义匪浅。只可惜秦朝短命，还没能对岭南建立巩固的控制，就灭亡了，越人于是割地自立，再次和中原断了联系。

中外对比

公元前213年，秦始皇下令修万里长城；

公元前215年，罗马发动三次马其顿战争，历经近五十年征服了马其顿王国。

5 焚书坑儒

秦始皇三十四年（前213），秦始皇在咸阳宫大摆盛宴，有七十位博士参与宴会。席间，仆射周青臣大夸秦始皇的丰功伟绩，极言郡县制的好处，秦始皇非常受用。然而一番奉承之后，博士淳于越却对秦始皇泼冷水，说："商、周两朝之所以能统治千年，都是仰仗分封子弟与功臣辅佐社稷。如今，陛下废除了分封制，自己拥有天下，子弟却没有丁点土地，如果有人夺权篡位，又怎么能互相救助？做事不遵从以前的制度与习俗还能长久的，我从没听说过。周青臣当面阿谀，实在是在加深陛下的错误，根本不算忠臣。"

这番话不仅是在兴头上泼冷水，而且是公开反对作为秦朝基石的郡县制度。秦始皇当时没吭声，将这两人的意见交给百官讨论。

这次讨论表面上是制度之争，其实是诸子百家的观点之争，秦朝的郡县制是法家的主张，这一主张在实行过程中其实一直承受着诸子百家不计其数的挑战。为了永绝后患，李斯从学术管制入手，提出了一个数千年未有的惊世之见——焚书。他对秦始皇说："陛下如今建立了万世独一的功

焚书坑儒雕塑

时间　前 221—前 212

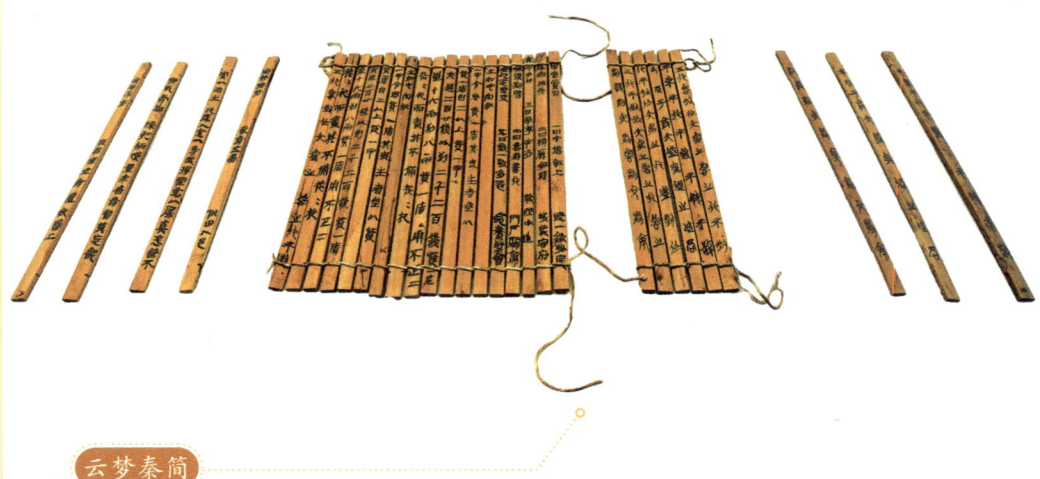

云梦秦简

　　云梦秦简是中国首次发现的秦朝竹简，写于战国晚期及秦始皇时期。出土于湖北云梦县睡虎地秦墓中，故名云梦秦简，又名睡虎地秦墓竹简。睡虎地共有竹简1155枚并80枚残片，竹简长23.1—27.8厘米，宽0.5—0.8厘米，上面全是墨书秦隶，记述秦朝各种条文制度，包括《秦律十八种》，此外还有一部分行政文书、医学著作，以及占卜凶吉的书。

业，时势早已大不同前，根本没必要拘泥于以前的制度，哪怕是三皇五帝之间，也没有因袭重复制度的先例，这些儒生太愚蠢了！如今天下安定，士人就应该学好法令，再不该像诸侯相争时一样做游学之士随意发表见解了。如今这些人不学习法令而以古非今，如果再不禁止，私人党派将会渐渐形成，皇帝的威望就会被削弱。我建议，除官家藏书和秦国史书，还有医药、占卜、农业类书以外，烧掉所有的《诗》《书》以及百家语和史书，敢擅自谈论《诗》《书》的人杀头，颂古讽今的人灭族。同时禁止私人办学，如果有想学习法令的，可以拜官吏为师。此命令下达三十天后，如果还有抗命不烧书的人，就判处他们黥刑，罚做筑城的苦役。"

　　李斯的话说到秦始皇心坎儿上了，他正打算大兴宫殿，自然不想一众读书人横加讽刺，于是即刻命人执行焚书令。这次焚书，主要销毁了民间的私藏，官方的藏书并未遭到毁坏，大量典籍也没有因此失传，可惜的是六国史书也被一同毁坏，损失了大量历史资料。

如果说焚书是一次有目的、有限度的知识垄断，那么"坑儒"就完全是一场无妄之灾。事情的起因是秦始皇宠信的方士卢生、侯生，这两人深受秦始皇信任，又身负为秦始皇寻觅长生不老药的重任。然而古往今来，哪有长生不老之药？于是卢生二人便以种种借口拖延时间，最后或许是手段用尽，竟然收拾行囊连夜弃官逃走，逃走前还说秦始皇残暴贪权，根本不该为他寻药。秦始皇认为自己被方士欺骗，非常愤怒，但又捉不到卢生二人，于是迁怒于咸阳城中的众多儒生，断言他们妖言惑众，命令他们互相检举。此举致使四百六十多名儒生受到牵连，坐实"犯禁"之罪。为了以儆效尤，秦始皇下令将这些人全部活埋，史称"坑儒"。

秦始皇坑杀儒生的态度坚决，连大皇子扶苏都无法劝阻，反而被贬到边境，与蒙恬一起监督军民修长城。

后来，秦始皇又以访求名士的名义，下令各地官员将本地书生骗到咸阳。这一次，七百多人也不幸被埋。

会稽刻石

《会稽刻石》创作于秦始皇三十七年（前210），原文刻于碑上，后损毁，仅余拓片。碑文的主要内容是颂秦德、罪六国、明法规、正风俗，由李斯亲自以小篆书写，具有极高的艺术价值和历史价值。

秦长城

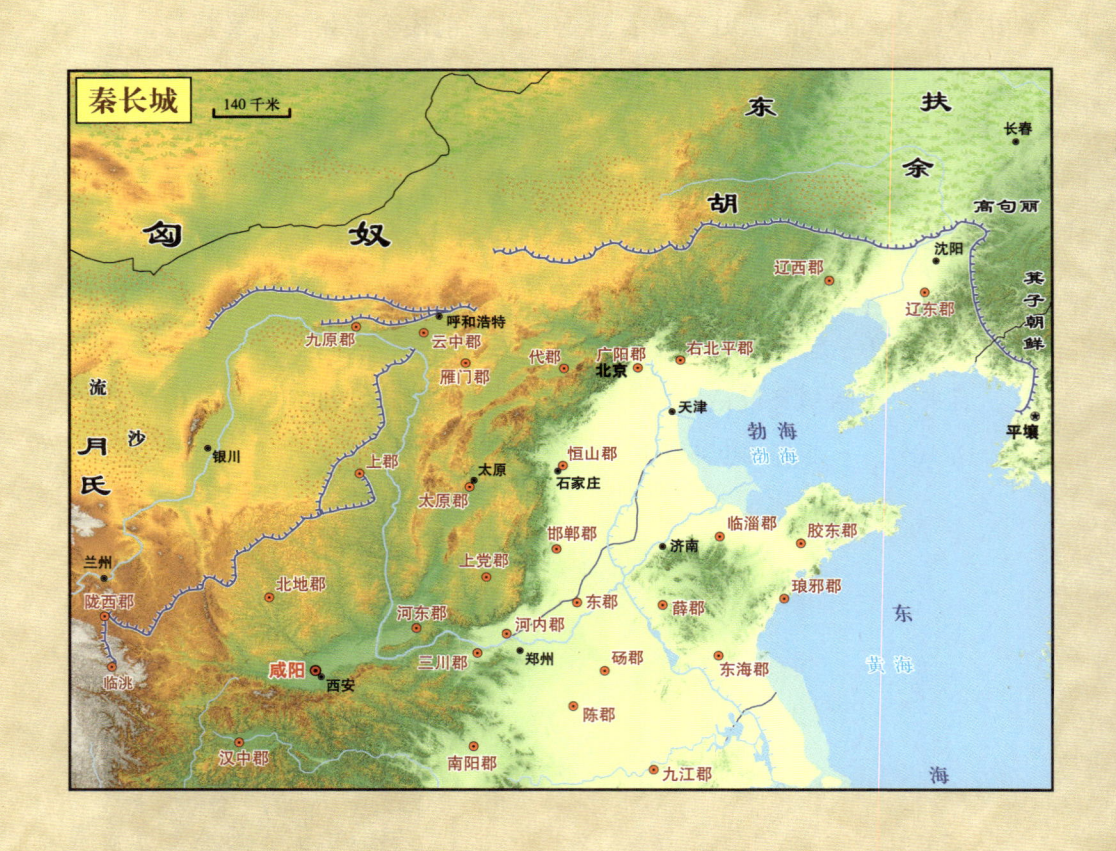

地图专题 秦长城

用途：抵御北方匈奴。
修筑方法：就近切割山石，磨平后干砌。
消耗人力：推测近百万。

透过地图说历史：

在地图上能看出，秦万里长城分为明显的三段，最西段主要保卫原秦国的土地，中间一段挡在赵国领土的北方，而东段则保卫着燕国、中山国的领土。这和史书上秦始皇二十三年（前214）将秦、赵、燕和中山等国的长城予以修缮、连贯一体是相符的。

长城所在的位置，或因循山脉走势，或衔接天然的山川险厄，或横亘于广阔的草原边界，对以骑兵为主、来去如风的匈奴等族是很大的阻碍。长城往往配有烽火台、驻兵营地，可以及早对游牧民族的入侵做出预警。

修筑长城是春秋战国时期的老传统，当时的长城不仅防北方的游牧民族，也防相邻的国家，但规模都有限，只有在秦始皇时第一次出现了万里长城。

万里长城不仅让匈奴不敢弯弓而报怨，也对古代的商旅、贸易有所影响，甚至可能影响了一些大型动物的迁徙。

百越分布范围

地图专题 越族

分布地： 大抵在今天的两广、福建、江浙一带。

族群： 闽越、干越、西瓯越、东瓯越、吴越、扬越、骆越等。

透过地图说历史：

越族是一个古老的族群，秦汉以前分布于长江中下游以南地区。他们既捕鱼打猎，又能够种田，并且擅长驾驶船舶。越族人所处的地方潮湿炎热，所以他们会剪短头发，住在干栏式的屋子里。因为南方多丘陵，地形复杂，所以越族部落众多，有"百越、百粤"之称。春秋末期的越国，就是一部分越人建立的，但越王勾践去世后，越国很快就瓦解了。

七雄争霸时期，远在南方的越人完全被楚国阻隔，和中原几乎断了联系。直到秦王嬴政灭楚，越人才开始和中原国家比邻。他们的一部分土地被灭楚的大将王翦顺势夺取，建立了会稽郡。

秦始皇南征百越，促进了越人和汉人的融合，至今仍有一些南方少数民族和越人有密切的关系。

时间　前220—前210

03 巡视天下

　　十一月，行至云梦，望祀虞舜于九疑山。浮江下，观籍柯，渡江渚。过丹阳，至钱唐。临浙江，水波恶，乃西百二十里从狭中渡。上会稽，祭大禹，望于南海，而立石刻颂秦德。

——《史记·秦始皇本纪》

【人物】秦始皇、张良、李斯、赵高、胡亥

【事件】泰山封禅、博浪沙遇刺、沙丘之变

　　秦始皇为实现天下安定的梦想，非常勤勉，不顾劳累，多次游巡威慑各地，最终死在游巡途中。奸佞赵高利诱李斯，最终篡改了秦始皇的遗诏。

爱出巡的始皇帝

　　秦始皇一统天下后，全力治理天下。除采取一系列巩固统治的措施外，还亲力亲为，多次出巡各地。

　　秦始皇二十七年（前220），秦始皇从咸阳出发，经过北地郡（今甘肃庆阳），到达鸡头山后，又经过回中道越过六盘山道，到陇西郡（今临洮）视察后返回咸阳，这是他第一次大范围出巡。

　　此次出巡所经的北地郡和陇西郡原是西戎游牧地区，是秦朝起家之地，直接影响到关中安危。秦始皇这次出巡，威慑戎人的意味相当明显。亲身出巡也让秦始皇明白交通的重要性，所以也是在这一年，秦朝开始修筑驰道。

除了威胁地方潜在的不稳定势力外，秦始皇出巡最主要的动机是宣扬皇威，加强皇帝对地方的影响力。这不能只靠武力，信仰和崇拜是更好的途径。因此，秦始皇决定在百姓观念中离天最近、为五岳之尊的泰山祭祀天地，向天地陈述自己的丰功伟绩，如此既可以传播天威，又可以名垂青史。

谋划一年后，秦始皇二十八年（前219），秦始皇率众臣及大批禁军离开咸阳，行程千余里，到泰山举行封禅大典。这次行程花费了三个月时间，路线大致是出函谷关，过洛阳，经过大梁、陈留、定陶，登上邹峄山，然后到达泰山举行封禅仪式。封禅流程十分考究复杂，大体是从泰山南面登顶，立碑刻石纪功，封禅完毕后，从北面下山，到梁父山祭地。

封禅之后秦始皇又游历了原齐国、楚国的重要城镇，最后从武关回到咸阳，相当于在中国的核心区域顺时针画了一个大圈。从距离上看，封禅之后的路程远远长于到达泰山的路程，因为齐、楚长期是原秦国的最大竞争对手，地域广大，在被兼并后，难免有不少残余势力散布在民间，且六国之中只有齐、楚远离关中地区，具备造反的地理条件。

如此盛大的出游示威活动，在未实现大一统的时代是不能想象的。

科学发现

封禅

封禅是中国古代最为盛大的祭祀典礼，封为"祭天"，禅为"祭地"。封禅的习俗来自由来已久的山川崇拜，历史传说中黄帝、舜帝都举行过此类仪式，而到春秋时，孔子提到的到泰山封禅的君王已然有七十多位，显然此时人们已坚信合法的统治者应由上天确定，而帝王要想证明自己的合法性，最好的办法就是在"天下第一山"泰山祭祀，从而承接天命。封禅仪式在中岳嵩山和东岳泰山都曾举行过，但泰山以次数多且影响大而出名。

时间 前220—前210

成语典故

取而代之

秦始皇巡游天下，意图以秦朝的威严震慑各方势力的不臣之心，然而武力威慑的效果往往因人而异，他盛大的仪仗反而刺激了一些人的雄心壮志。秦始皇游到会稽之时，百姓列队围观，围观者中一个少年目光炯炯，低声说道："那个人，我可以取代他。"这个少年就是日后推翻秦朝的西楚霸王项羽，"取而代之"这个成语就源于此。

威风的背后是刺杀

虽然秦始皇通过出巡等一系列手段扬威于天下，但这也激起一些人铤而走险刺杀他的决心。

早在秦灭六国之前，燕太子丹就派出荆轲行刺，秦灭燕国以后，秦始皇大力搜捕太子丹和荆轲的门客，几乎将他们斩尽杀绝。只有在易水边为荆轲击筑送别的好友高渐离改名换姓，打算靠击筑的技巧接近秦始皇伺机复仇。然而入宫之后，有人认出他是荆轲的朋友，禀告秦始皇。秦始皇爱惜他的才艺，没杀他，下令刺瞎他的双眼，然后继续留他在宫中击筑。高渐离虽然双目失明，又不能携带武器，但他在筑中灌铅，等秦始皇放松警惕时突然砸向秦始皇，然而没有打中，反被秦始皇下令当场杀死。自此，秦始皇再不接近六国之人。

秦始皇二十九年（前218），秦始皇第三次出巡。这次出巡路线与上次出巡大致一样，但回程不同——为了威慑故赵、故韩之地，他回程走的都是故赵、故韩的重要城镇。

渔阳筑

渔阳筑因出土于渔阳王后墓而得名，出土地在长沙望城坡古坟垸。该筑为黑漆五弦木筑，为中国目前出土的唯一一件实用筑。透过此筑，可隐约想见高渐离当年击筑刺秦王的风采。

出巡队伍经过阳武县博浪沙（今河南原阳县东南）时，遭到了一次暗杀。一个大铁锤突然飞出，砸向秦始皇车队。

这次暗杀行动是一个叫张良的人谋划已久的。张良是韩国人，祖上世代出任韩国相国。秦国消灭韩国时，张良年纪小，还没挂名官职，因而没被杀掉。国破家亡之后，年幼的张良召集身边奴仆，立志要报仇雪恨。

由于秦朝强大，张良只能通过刺杀秦始皇的方式复仇，为此，他变卖全部家产，找到一个善于使用铁锤的大力士，不惜重金为他打造一件重达"百二十斤（约三十千克）"的铁锤。

准备停当后，张良命大力士埋伏在博浪沙，等待秦始皇出巡队伍经过时，将铁锤朝着最豪华的车辆猛掷过去。然而却没击中秦始皇乘坐的车马，而是将随行的副车砸烂了。

秦始皇惊魂未定，立即展开搜索，抓捕凶手，但大力士早在张良的安排下逃之夭夭。秦始皇的随行护卫一连搜寻了十天，也没找到刺客的踪迹。

此后，虽然秦始皇通过刻石、出巡等多种方式宣扬皇威，试图在舆论上将秦朝统一六国定性为"烹灭强暴，拯救黔首"，结束各国之间"贪戾无厌，虐杀不已"战争的正义行为，但结果却不尽如人意，秦朝依旧没能稳定下来，各种刺杀、谣言不断。秦始皇心力交瘁，疲于应付。

时间　前220—前210

5 沙丘的惊天变局

　　社会治安问题始终牵动着秦始皇的心。为威慑东方故国各地，秦始皇三十七年（前210），秦始皇开始第五次东巡，随行者有丞相李斯、宦官赵高等人，以及得宠的小儿子胡亥。

　　七月盛夏，秦始皇率出巡队伍踏上归途。走到沙丘（今河北广宗县西北）一带时，秦始皇染上重病，感到命不久矣，于是他嘱咐李斯和赵高："现在就给扶苏写信，让他立刻动身赶回咸阳主持处理我的后事。"诏书刚刚写好，还没等送出，秦始皇就去世了。

　　当时，公子扶苏正和蒙恬率三十万秦军驻守在长城一线，对此全不知情。真正得知秦始皇死讯，并掌握权力的人有两个，一个是他身边的掌印

秦始皇陵修筑场景复原

　　秦始皇陵从秦王政元年（前247）即开始修建，历时三十九年方告完成，其规模之庞大，设计之完善在当时均达到史无前例的高度。陵墓有内外两重夯土城垣，象征着皇城和宫城。陵冢位于内城南部，据史料记载，陵中还建有各式宫殿，陈列着许多奇异珍宝。秦陵四周分布着大量陪葬坑和墓葬，已探明的有四百多个，其中就包括举世闻名的兵马俑坑。

秦朝的服装

兵马俑是秦代人民风貌的鲜活复现，根据其形制可以看出秦代服制的基本特点。由于秦始皇曾"兼收六国车旗服御"，因此秦服饰又是战国服饰的一种集成。通过对兵俑的总结可知，秦朝男女服饰都是交领、右衽、衣袖窄小，衣服边缘和腰带多有彩织装饰。而军服则长达膝盖，对称直裾，两襟的下角如燕尾形状，这与《礼记》中的记载也是吻合的。

宦官、胡亥的老师赵高，一个是丞相李斯。赵高与蒙恬关系不和睦，与扶苏关系也不亲密，看着遗诏，便打起了歪主意。他先怂恿胡亥趁机夺取皇位，然后利用李斯贪恋富贵权势的软肋拉拢他。李斯担心扶苏登基后自己失宠，最终同意和胡亥、赵高勾结，秘密策划了一场惊天大阴谋：全面封锁皇帝的死讯，并以皇帝的名义伪造诏书，令胡亥继承皇位，令扶苏和大将军蒙恬自杀。

随后，他们把秦始皇的马车用帷幕遮挡得严严实实，在大队人马簇拥下迅速回咸阳。一路上，有人照常向车里递水送饭，其他官员也照常请奏。天气炎热，为防止尸体臭味被人闻到，赵高派人买回咸鱼，在每辆马车上放上两桶。

回到咸阳后，李斯和赵高仍然不敢发布秦始皇的死讯。等传令扶苏和蒙恬自杀诏令的使者从边疆赶回，他们才将秦始皇病逝的消息公告天下，同时宣布遵"遗诏"拥戴胡亥继位，即秦二世。

胡亥登上皇位后，李斯保住了丞相之位，赵高则当上了郎中令，成为秦二世的心腹大臣。而手握重兵的公子扶苏明知是伪诏，却因为子不疑父的孝道自杀而死，大将蒙恬不服，请求上诉，结果被李斯接管兵权，幽囚起来。这次篡位不仅让秦朝的统治者水平急转直下，更使得人心背离。

时间　前 210—前 207

04 荒淫的秦二世

> 二世曰："善。"乃行诛大臣及诸公子，以罪过连逮少近官三郎，无得立者，而六公子戮死于杜。公子将闾昆弟三人囚于内宫，议其罪独后。……宗室振恐。群臣谏者以为诽谤，大吏持禄取容，黔首振恐。
>
> ——《史记·秦始皇本纪》

【人物】秦二世、李斯、赵高

【事件】二世杀宗室、李斯之死、赵高弄权

秦二世得位不正，时常担心其他宗室和功臣夺权。赵高借机大行严刑峻法清除异己，连李斯都被构陷。最终秦二世也被赵高控制。

残暴的小儿子

胡亥是秦始皇最小的儿子，从小跟随中车府令赵高学习写字和狱律法令等事，虽然深受秦始皇喜爱，但胡亥自知无论才德还是辈分都轮不到自己做皇帝。因此，当上皇帝后，秦二世有些心虚，担心其他兄弟姐妹质疑和反对他，又担心镇不住秦始皇时的功臣良将。赵高看透了秦二世的心意，当即怂恿秦二世采取残忍策略，诛杀异己。秦二世继位时不过二十一岁，哪知其中利害，当即在咸阳寻找借口，处死了十二个兄弟，随后又在杜邮

（今陕西咸阳东）借故处死六个兄弟和十个姐妹。即便如此，秦二世还觉得处理得不够彻底，因为秦朝宗室众多，总有不少一时找不到把柄的人。

比如秦二世的兄弟将闾三人，他们为人沉稳，遵纪守法，口碑非常好。秦二世见一时半会儿找不出什么罪名陷害他们，就将他们关在宫内。等其他兄弟被杀后，再派使者以不臣的罪名逼他们自杀。

面对使者，将闾辩驳道："宫中礼节，我们没有违背；朝廷位次，我们没有逾越；应答问题，更没一点言语差错。为什么说我们不是国家忠臣，我要明白自己的罪过再死！"使者见此，只好告诉他们："我也不知道你们有何罪过，只是奉命行事。"将闾三人听到这话，相对而泣，高呼三声"天啊，我哪有罪过？"便相继自杀而死。

再如秦二世的兄弟公子高，他见兄弟姐妹们一个接一个被迫害致死，意识到自己也难逃厄运，便决定上书给秦二世，说自己愿意到骊山为父皇殉葬，打算用自己的死来保全家人。

秦二世见公子高主动求死，非常高兴，不仅同意他为父皇殉葬，还赐给他十万钱。

秦始皇廿六年铜诏版

该器为青铜铸造，长10.8厘米，宽6.8厘米，厚0.3厘米，重150克，其上刻有统一度量衡的诏书："廿六年，皇帝尽并兼天下诸侯，黔首大安，立号为皇帝，乃诏丞相状、绾，法度量则不壹歉疑者，皆明壹之。"这是秦朝历史的珍贵见证，具有极高的文物价值，秦二世继位后也颁布过铜诏，仍然大力推行秦始皇时的制度。

时间 前210—前207

风流人物

李斯

李斯（？—前208），战国末楚国上蔡（今河南省上蔡县芦岗乡李斯楼村）人。秦朝著名政治家、文学家和书法家，对中国文字的演进、中华文化的统一都有重要影响。李斯一生才干颇高，但品行有缺，先是因忌妒构陷韩非致他冤死狱中，后是贪图富贵而伙同赵高政变，最后屈节迎合秦二世。他的结局和韩非一样，冤死牢狱、上书无门，颇有些讽刺。

兄弟姐妹尚不放过，秦二世更不可能放过不听话的大臣，至于谁不听话，多半由赵高说了算。当时朝中除了赵高、李斯位高权重外，蒙毅、蒙恬两兄弟、右丞相冯去疾和将军冯劫都颇有影响。

这些人中赵高最恨的就是蒙氏兄弟，因为他早年犯法被主管的蒙毅治过死罪。由于蒙氏世代掌兵，赵高不敢亲自下手，就对秦二世造谣说，秦始皇原曾想立秦二世做太子，但蒙毅极力阻止。秦二世信以为真，不但没释放蒙恬，还将蒙毅也囚禁起来，遍寻他们兄弟的"罪证"。虽然身在狱中，但蒙氏兄弟的势力仍然足以造反，所以秦二世不亲自杀他们，而是逼迫他们认罪自尽。蒙家忠于秦国已三代，面对逼自己自尽的使者，蒙毅和蒙恬都做了一番赤胆忠心的倾诉，然而使者根本不敢为他们传话，两位大将只能含恨而终。

在杀大臣的同时，赵高将自家亲信一个个安插在要职，兄弟赵成做了中车府令，女婿做了咸阳县令，其他朝中要职也大多被换为赵高党羽。

在赵高的怂恿下，秦二世不仅杀了许多朝中大臣，还在巡视天下的途中寻机处置了大量地方官吏。于是很讽刺的一幕出现了，秦始皇巡视天下威震四海，而秦二世巡视天下却弄得人心惶惶、百姓离心。

5 被"套路"的李斯

一番"整治"之后，秦二世志得意满，以为天下大定。而他胸无大志，并不想追求什么丰功伟绩，一心只想享乐人生。对于秦始皇生前的种种政策，他好的不学，坏的却一一延续。他不仅继续大征民夫为秦始皇修墓，还继续扩大秦朝的宫殿规模，继续修建阿房宫。此外，他还征发了五万士卒，名为守卫咸阳，其实就是骑马射箭、驯养犬马禽兽陪自己玩乐。

一番折腾之下，百姓民不聊生，各地多有反心日盛者。秦二世仅仅继位一年，就引爆了陈胜吴广起义，而部分地方官员和原东方六国遗民纷纷响应，发展到数以十万计的规模，极大地震撼着秦朝根基。然而陈胜等人毕竟布衣出身，政治和军事水平有限，这场起义最终被秦朝大将章邯镇压，只不过陈胜虽败，但各地已经揭竿而起了。面对危局，秦二世浑然不知，只顾声色犬马，而赵高则忙于铲除最后的眼中钉李斯。

里耶秦简

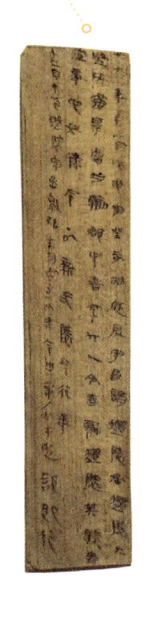

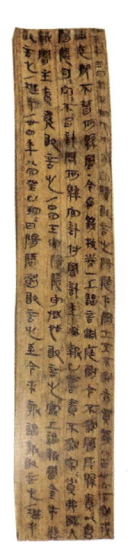

《仓颉篇》是中国古代继《史籀篇》后又一部启蒙识字课本，它最初由三篇文字构成，分别是李斯的《仓颉篇》、赵高的《爰历篇》和太史胡毋敬的《博学篇》，共二十章，是秦始皇统一六国后实行"书同文"政策的产物。秦朝灭亡后《仓颉篇》仍然流行使用，直到唐代之后才完全亡佚，不过仍有一部分凭借墓葬中的简牍得以留传。

时间　前210—前207

清 袁江 阿房宫图屏

奇珍异宝

阿房宫

公元前212年，秦始皇下令修建宏伟辉煌的阿房宫。这座宫殿建在一条河沟之上，需要深挖淤泥，回填夯土，工程量极大极重。为了完成任务，几十万民夫、囚徒和奴隶被征调劳役。按照秦始皇的规划，阿房宫分为两大建筑群：前殿建筑群和"上天台"建筑群。可惜的是，阿房宫还没建完，秦始皇便驾崩归西。那时候，阿房宫仅建成前殿的地基，相当于九到十个标准足球场的面积。

李斯虽然参与了不光彩的沙丘政变，但其本质和赵高完全不同，他还是有志振兴秦朝的。眼见叛乱迭起，李斯有些着急，多次想见秦二世，但秦二世忙着玩，没空见他。

见此情形，赵高假意对李斯说："如今，关东造反的人很嚣张，皇上却仍然沉迷声色犬马，毫不关心时局。我有心劝阻一番，但无奈位卑言微。您是先帝重臣，说话有分量，为什么不进谏皇上呢？"李斯苦笑摇头说："我哪里没想这件事啊！只是找不到劝谏的机会啊！"赵高见状赶忙提议道："只要您肯劝谏皇上，我一定给您留意机会。"

事后，赵高遵守协定，每当秦二世在歌舞狂欢，与众姬妾厮混时，就派人去告诉李斯。李斯不知有计，每次都撞上尴尬。一连数次，秦二世气得破口大骂："李斯这个人，是不是专门拿我寻开心？！我闲着时他不奏事,偏偏在我快活时再三扫兴。是看我年轻,瞧不起我吗?"

赵高趁机添油加醋,说李斯可能是想以秦二世登位的秘密为要挟,从而裂土封王,随后他又污蔑李斯父子和起义军勾结谋反。登位的不光彩是秦二世最大的软肋,而李斯的儿子李由又正好在跟起义军作战时坚守不出,秦二世就疑心大起,派人前去核查虚实。

李斯明白中了圈套,上书给秦二世,为自己申诉冤屈,同时指出赵高有谋反意向,提醒秦二世当心。可秦二世相信赵高,将李斯的上书交给赵高看。赵高趁机哭诉:"李斯父子早就有谋反的想法了,他们担心的人是我。我死不足惜,只是担忧您的安危。"秦二世信以为真,竟将李斯交付司法官审讯,而主办此案的正是赵高。

赵高为人狠辣,为达目的无所不用其极,连秦右丞相冯去疾、将军冯劫这样的高官落在他手上都因为不愿受辱而自杀。但李斯仍怀有昭雪的幻想,不愿自尽。

于是赵高将李斯的三族、门客全都捉住,天天严刑逼供,打得李斯皮开肉绽、体无完肤。李斯实在受不住酷刑,只得招了假供,他觉得自己有

成语典故

指鹿为马

秦二世登基以后,沉迷享乐,赵高则权柄日重。有一天,赵高牵着一只鹿来到大殿,对秦二世说:"我找到一匹好马,特来献给陛下。"满朝大臣见了,有的坚持说那是一只鹿,另一些胆小怕事的人却纷纷附和:"真是一匹好马!"

赵高暗暗记下那些坚持说鹿的人,没过多久就找理由设计杀害他们,那些说马的人却个个加官晋爵。此后,朝廷大小官员再不敢轻易违背赵高的意思。

雄辩之才，是秦朝有功之臣，又无谋反之心，只要上书就能争取到秦二世的赦免。但狱官畏惧赵高不敢传书，李斯的申诉书遂被赵高丢弃。

秦二世二年（前208），李斯被处以腰斩，三族都被诛灭。

李斯死后，赵高当上了丞相。秦朝事无大小，都完全由赵高决断。赵高在朝廷里排除异己，几乎成为太上皇，渐渐不把秦二世放在眼里。讽刺的是，赵高忙于内争，对外患却左支右绌，在其打击异己时，农民起义军已经席卷到关中了，以至于其所争来的只是一个濒临崩溃的王朝。

谏逐客书（节选）

李斯

是以泰山不让土壤，故能成其大；

河海不择细流，故能就其深；

王者不却众庶，故能明其德。

时间　前209—前208

05　大泽乡刮起的反秦风暴

> 斩木为兵，揭竿为旗，天下云集响应，赢粮而景从。山东豪俊遂并起而亡秦族矣。
>
> ——《过秦论》

【人物】陈胜、吴广、刘邦、项梁、项羽、熊心、宋义、章邯

【事件】大泽乡起义、项梁起兵、共尊楚怀王

"王侯将相宁有种乎"的怒吼是划时代的，在其感召下，各路义军成为推翻秦朝的最重要因素。而义军共主楚怀王的所作所为，也为秦灭后的楚汉相争埋下了伏笔。

大泽乡起义

秦始皇在位时，征用大量劳工，建造长城、阿房宫、骊山皇陵等，给老百姓带来了沉重负担。秦二世继位后，统治更为残暴而执政水平却远不如秦始皇，以致朝臣和地方官员皆惶恐不安，而服役的百姓更是不堪其苦。不满情绪在各阶层迅速蔓延。

秦二世元年（前209），九百个农民被征到渔阳去戍守边防。正逢雨季，道路泥泞，他们走到蕲县（今安徽宿州南）大泽乡时，洪水冲毁了道路，被迫停下来。

按当时的法令，行军戍边有严格的期限，逾期有重罪。见此情形，

九百个农民的领头人陈胜和吴广商量说："如今，我们逃跑被抓回去是死，起来造反，夺不到天下也不过是死，同样都是死，为什么不去争夺天下呢？公子扶苏、原楚国大将项燕威信很高，很多百姓还不知道他们已经死了。我们打着他们的旗号号召天下，肯定有人响应！"

商定造反后，他们开始做舆论准备，在一块绢上写上"陈胜王"，然后将其塞进鱼肚子里。第二天，伙夫做饭时，在鱼肚子里发现了绢上的字。消息传开，大家都认为是上天的旨意。

趁着众人议论纷纷，吴广于半夜钻进密林隐藏起来，点燃一堆篝火，模仿狐狸的声音呼叫"大楚兴，陈胜王"。人们惊讶极了，将类似狐狸的叫声当作神仙在告诉大家陈胜是真命天子。

准备妥当之后，吴广故意公开说要逃跑，激怒两名督尉，遭到当众鞭打。此举引发众怒，陈胜趁机带众人一拥而上。杀死两名督尉后，陈胜站到高处说："我们耽误了行军期限，即使没被处斩，驻守边塞也会死去一大半。大丈夫不死则已，死就得有个名堂！难道那些王侯将相都是天生的贵种吗？"

大家纷纷高呼，表示愿意听从陈胜的指令。陈胜随即宣布起义，自任将军，任命吴广为都尉，并假借公子扶苏、大将项燕的名义，举起"楚"字旗，按照军事编制重新组织队伍，开展军事行动。

起义消息传开后，许多老百姓前来加入。起义军势如破竹，一举攻破蕲县及周边的铚（今安徽濉溪西南）、酂（今河南永城西南）、苦（今河南鹿邑）、柘（今河南柘城）、谯（今安徽亳州）。占领陈县（今河南淮阳）后，陈胜称王，定国号为"张楚"。

此时，起义军已拥有上万名步兵、上千名骑兵和六七百辆战车。

陈胜起兵之后，各地云集响应，而秦朝大量人马被抽调戍边，一时无以应对，各地数千数万规模的起义军数不胜数。这些起义军虽然名义上响应陈胜，但见陈胜称王，自己也大多自立为王，陈胜只得一一顺应变化，为他们加封，将主要精力用在西进灭秦上。当时张楚军的将军是陈郡的贤

时间 前209—前208

成语典故

揭竿而起

大泽乡起义后，附近老百姓纷纷加入起义军。起义队伍在迅速壮大，可是天下的刀剑武器都被秦朝收缴了，去哪儿弄那么多的刀和枪呢？陈胜和吴广只得带领大家砍木棒做刀枪，削竹子做旗杆，浩浩荡荡奔赴战场。这件斩木为兵、揭竿为旗的事件被记录下来，形成了一个专门用来形容农民起义的成语——揭竿而起。

人周文，他一路招兵买马，打到函谷关前已经有几十万人马，上千辆兵车。

秦朝军队都在各地，一时抽调不出人马应对，然而秦将章邯想出办法，以赦免为条件，将武器发放给在骊山修墓的苦役和奴仆，让他们与张楚军作战。章邯的军事能力很强，一战即大败周文大军。陈胜连忙号召各路侯王帮助，但这些人各怀心思，不肯来咸阳碰壁，只是借机壮大自己。

章邯连战连胜，先后击败周文、解围荥阳，随后反倒一路向陈胜的根据地陈郡打来。起义军刚刚组建，良莠不齐、人心不一，陈胜又不善统治，任人唯亲，以致连遭败仗，陈胜、吴广最终都被自己人杀害而死。

泗水亭长和楚国大将

虽然陈胜仅仅为王六个月就被镇压，但由于张楚军牵制了秦王朝的兵力，其余各路义军迅速壮大起来，这些义军的领袖多半成了秦汉之际有名的诸侯，各路诸侯中以刘邦和项梁对历史影响最大。

刘邦和陈胜一样是百姓出身，早年在泗水当亭长。所谓亭，原本是战国时期各国在边境设立的机构，秦朝时为乡里设置的地方基层组织，每十里左右一个，亭长的职责主要就是维护治安。作为地方官，刘邦隔一段时间就要负责送本地服徭役的人去咸阳。看到秦始皇的威风后，刘邦大为感慨，觉得大丈夫就当如此。一次押送中，因为服役辛苦动辄有性命之忧，刘邦押送的人逃跑了很多。看到无法交差，刘邦索性让大家各自逃命，自己则带了几个愿意跟随他的人啸聚山林。

刘邦像

后来陈胜起兵，沛县县令有心响应，于是将刘邦等人召回扩充力量，但看到刘邦手下有百十人时，县令有些害怕，拒绝刘邦进城。刘邦见状，用箭射了一封信到沛县城内，声称各路诸侯都已起兵，沛县父老要是跟着县令按兵不动，迟早会被各路义军消灭。沛县百姓非常害怕，于是杀死县令跟随刘邦，刘邦由此成为一路势力。刘邦起义之初不算顺利，由于手下背叛，他失去了老家丰邑（今江苏丰县），几次派兵都没能收回，后来和章邯的手下作战，也没能得利。

比起刘邦，项梁的起义要顺利得多。项梁是楚国的贵族，陈胜起义假借的项燕就是他的父亲。项梁当时手上并无兵马，所以采取了和刘邦类似的方式——杀死会稽郡守夺位。他假意跟从郡守起兵，伺机让自己的侄儿项羽杀死了郡守。项羽有万夫不当之勇，会稽郡府内的不从者很快就被镇压，其余人纷纷表示服从。夺得会稽郡府之后，项梁又利用自己在吴中郡的影响力召集豪强官吏，以他们为军官，发动吴中下属各县，会集了八千精兵。安排完毕后，项梁自任会稽郡守，任命项羽为副将，率军去占领下属各县。

项梁控制吴中、会稽之时，陈胜已经被章邯大败，不得不求救各路诸侯了。为了说服项梁出兵，陈胜的手下召平假传陈胜命令，任命项梁为张楚的上柱国，项梁是楚人，在楚国，上柱国是仅次于令尹的全国第二高官。项梁很满意，于是率八千精兵渡过长江准备和章邯作战。一路上，不少起义军震慑于项梁的威望率军投奔，到下邳（pī）时项梁的人马已壮大到六七万。此时驻扎彭城的起义军领袖秦嘉不服陈胜，自己又立了一个楚王景驹。

项梁抓住机会，将秦嘉背叛楚王陈胜、自立楚王的行为定性为大逆不道，借机攻灭了他，吞并了他的军队。连番扩张之后，项梁已然成为各路义军中声望最盛者，连刘邦都投到其门下借助力量。项梁对刘邦很满意，为他增拨五千士兵、十名五大夫级军官。借着这些生力军，刘邦率军收复了背叛自己的丰邑。

项梁比陈胜有远见，得知陈胜已死，意识到形势严峻，于是召集刘邦等将领在薛地（今山东滕州市）召开会议。此时，谋士范增前来献策，他分析陈胜失败的原因，认为项梁在楚国起事，想要得到百姓的支持，就必须拥立楚王的后代。

项梁深以为然，派人从民间寻找到楚怀王的孙子熊心，虽然熊心此时不过是个放羊人，但项梁仍然自号武信君，拥立熊心为王。为了博取人们的同情并昭示恢复楚国之意，熊心和祖父用了一样的称号，也即"楚怀王"。

秦 石铠甲

1998年，秦始皇陵发现石铠甲陪葬坑，出土了大批石质铠甲和兜鍪。铠甲和兵马俑一样属于陪葬品，其石料均为青色石灰石，经表面抛光、长方形钻孔、处理边棱和边角以编缀成型。为了贴合人体曲线，石片并不是平板，而是正面微鼓、背面微弧，有些石片还刻有文字。

不甘做傀儡的楚怀王

拥立楚怀王之后，项梁的起义军声望大振，他联合齐国的田荣、司马龙且在东阿（今山东聊城）将秦军打得大败，解救了东阿之围。随后又乘胜追击，先后打下城阳（今山东莒县）、雍丘（今河南杞县），连李斯的儿子李由都被斩杀了。

项梁起义军连番获胜之后，章邯暂缓对其他起义军的军事行动，将项梁作为平定的头号目标，秦朝也不断为章邯增兵。而项梁军却因为连胜有些骄纵，越发轻视秦军。楚国原令尹宋义见状很担忧，劝谏项梁说："打了胜仗就放任将帅骄傲、士兵怠惰，这样是要失败的，如今我军士卒已经稍有怠惰了，而秦国却在不断增兵，我真为您感到担心。"项梁正是得意的时候，对于这些劝告根本听不进去。可宋义毕竟很有身份，又不好无视，于是打发他出使齐国。宋义乐得远离是非之地，赶去齐国的途中还劝齐国的使者高陵君显慢点儿赶路，免得送死。

宋义的判断是正确的。得到大批增兵后，秦二世三年（前208）秋，章邯命令秦军夜袭驻扎在定陶的项梁楚军，楚军没有防备，一战而溃，项梁也在乱军中被杀死。

项梁死后，章邯认为楚地群龙无首不足为惧，于是转而派兵北渡黄河攻打刚刚建立的赵国，又将赵国打得大败。远在盱眙（xū yí）的楚怀王因此逃过一劫，而且因祸得福，迅速借项梁死去而刘邦、项羽在陈留作战之机收拢起义军的实权。

由于定陶已失，原来的国都盱眙（今江苏淮安）难以防守，楚怀王便下令迁都彭城（今江苏徐州），将项羽、吕臣、刘邦等掌兵的将领封赏一番，趁机控制了他们的军队。此时齐国使者高陵君显也到了楚国，通过他的转达，众人一致觉得宋义贤能。楚怀王有意加强自己的控制，于是借机对宋义大加赞赏并委以重任，以制衡项羽等人的权力。

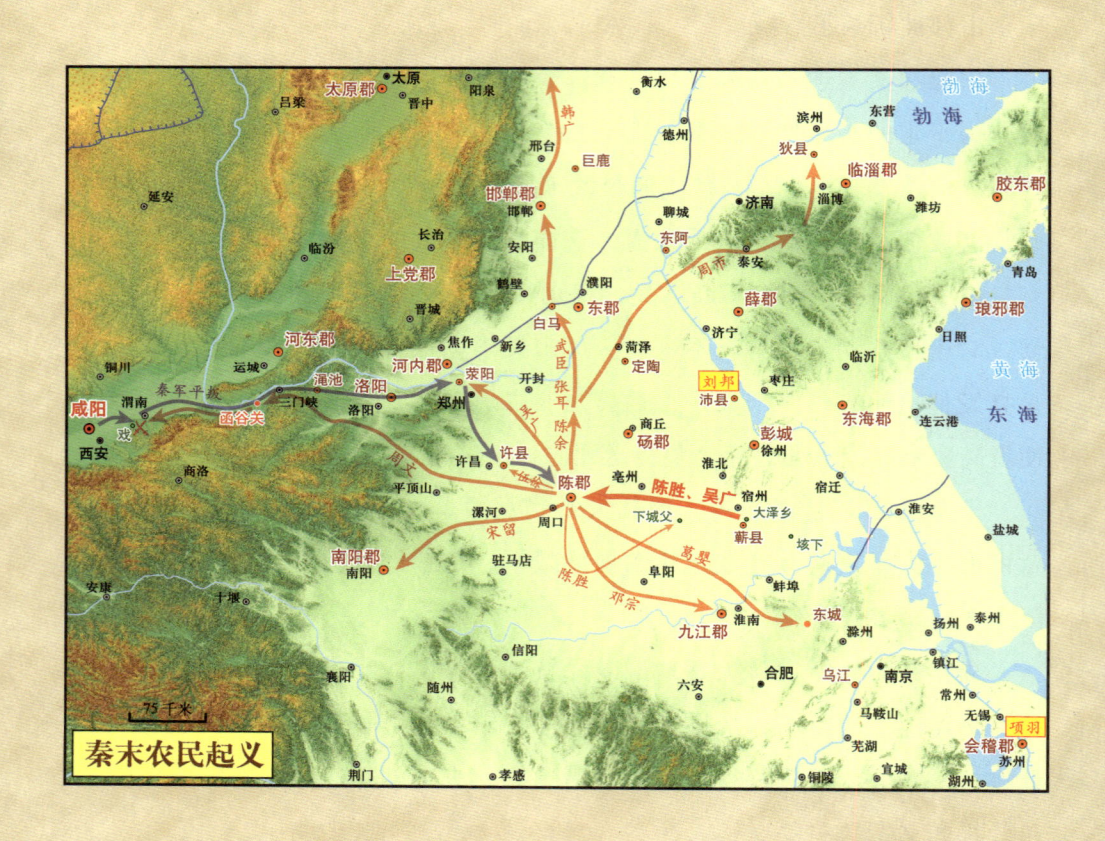

秦末农民起义

地图专题 秦末农民起义

性质：中国历史上第一次大规模农民战争。

作战双方：秦朝军队；关东各地的农民、反秦官吏、儒生、六国贵族。

背景：秦朝末年，赋税徭役繁重，法律严苛，秦政府和农民之间的矛盾迅速激化。

透过地图说历史：

陈胜吴广起义，犹如在滚烫的油锅中投下的第一滴水，天下云集响应。在从大泽乡到陈郡的区区两百多公里中，九百戍卒的队伍壮大到数万，各地农民更是群起响应。这股反抗的浪潮向四面八方散去，六国故地纷纷建立起对应的政权，函谷关以东片刻已经非秦朝所有。

然而，在西去直捣秦朝核心的大战中，这支农民起义军主力却被章邯临时组建的军队打得一败涂地。陈胜委任的大将周文落败以后，陈胜、吴广很快被害身死，章邯于是率兵东进，开始逐步消灭复起的关东六国。

沛县的刘邦和会稽的项羽，就在这场大战中，逐渐成长为反秦主力。

时间　前208—前206

06 推翻暴秦的年轻人

> 项羽乃悉引兵渡河，皆沉船，破釜甑，烧庐舍，持三日粮，以示士卒必死，无一还心。于是至则围王离，与秦军遇，九战，绝其甬道，大破之……
>
> ——《史记·项羽本纪》

【人物】项羽、章邯、刘邦、秦二世

【事件】巨鹿之战、章邯降楚、赵高弑主、约法三章

巨鹿之战项羽以弱胜强，使秦朝遭到致命一击，秦朝灭亡成为不可阻挡的趋势。灭秦之战中，各路诸侯的矛盾渐显……

巨鹿之战的青年英雄

掌权之后楚怀王不得不面对强大的章邯，此时章邯所率领的秦军已经攻下赵国、攻下邯郸，自称赵王的赵歇等人逃往巨鹿（今河北邢台平乡县），被秦将王离、涉间率二十万秦军团团围住。不久，章邯也率二十万秦军到达巨鹿南部，修建了一条甬道为王离所部秦军输送粮草物资。有了足够的后勤保障后，王离命令秦军向巨鹿发起了一次次猛攻。躲在城内的赵歇急得团团乱转，派人送出密信，向楚怀王和其他六国旧贵族求救。

虽明白唇亡齿寒的道理，但各路诸侯也看出章邯这样布阵相当于围城打援，因此只敢修筑营垒遥遥对峙，巨鹿之战其实已成为决定秦与诸

侯命运的决战。

楚怀王也派出了援军，一路楚军由上将军宋义、副将项羽、末将范增率领，负责去解救巨鹿的赵军，其中的将领都听命于宋义，称其为卿子冠军；一路楚军由刘邦率领，负责进攻秦朝的核心关中。

临行时，楚怀王当众承诺："谁先攻下关中，就封谁为关中王。"

秦二世三年（前208）冬季，救援巨鹿的楚军走到安阳一带。宋义惧怕秦军，决定等秦赵两败俱伤之后再出兵攻打，在此一连滞留了四十六天。项羽急不可耐，再三催促。

项羽像

宋义却讥笑项羽说："论冲锋陷阵，我肯定比不过你；论出谋划策，你肯定比不上我。还是等秦军和赵军决战以后，我们再趁其疲惫出击吧！"说罢下令，军中如有不服管束者，一律处死。

项羽听了十分愤怒，他认为大军久留不战不仅士气受损，而且军粮不足，可宋义不仅不听从劝告，连为自己儿子送别都要大办酒宴，实在不可救药。于是，一天早上，项羽闯入军帐，一剑杀死了宋义。他召集将领们，诈称是奉楚怀王密令处置了胆小怕事的宋义。将领们不满宋义，又敬畏项羽，因而无不听命，推立项羽为代理上将军。消息传回，楚怀王也只能追封项羽为上将军了事。

随后，项羽派遣英布、蒲将军担任先锋，率两万人渡过漳河，取得小胜。见楚军取得初胜，赵国连忙继续请援，项羽接受请求后亲自率剩余人马，全军渡河去解巨鹿之围。渡河之后，项羽命人把做饭的锅全部砸烂，把渡河的船全部凿沉，每名将士只准携带三天的干粮，以示此战有来无回，胜则生，败则死。

带着有来无回的锐气，项羽率军到达后，一连发动九次猛攻，打得秦军丢盔弃甲,秦军输送粮草的甬道也被冲断。负责围城的王离当场被抓,涉间被逼自杀。

楚军出战之时,前来救援巨鹿的燕国、齐国等各路军队其实早已到位,因害怕秦军,各自筑起十几座壁垒观战。壁垒之中,只见楚军孤军血战,以一当十,杀声轰鸣四野,吓得各路诸侯胆战心惊。打败秦军后,项羽召见各路将领。那些没敢参战的将领心里惴惴不安,进门时无不跪地而行,没一人敢抬头仰视项羽。

此战之后,各路诸侯共拥项羽为上将军,接受其管辖。

坑杀降兵的冷血将军

巨鹿之围成功解除,章邯得到消息后自知无力再战,率军驻扎在棘原(今河北平乡),与驻扎在漳南(今河北故城东北)的项羽军对峙。项羽军步步进逼,秦军节节败退,消息传到关中,连秦二世和赵高也意识到不妙,赶忙派人责问。章邯非常恐惧,派长史司马欣去咸阳向秦二世报告战场具体情况。司马欣到咸阳三天,赵高既不接见他,也不安排他见秦二世。司马欣心里害怕,觉得赵高并不信任自己,急忙逃回自己的军队,前脚刚走,后脚就被赵高追杀。

司马欣逃回军中,对章邯说:"赵高在朝中弄权,下面的人不可能有所作为。如果我们打赢各路诸侯,赵高必定忌妒我们的功劳,寻机陷害;如果我们打不赢,也难免被各路诸侯杀死。希望将军早做打算啊!"

这时,赵国的陈余也写信给章邯,历数秦朝名将白起、蒙恬的可悲下场,讲述赵高专权的恐怖,劝他审时度势,倒戈与各路诸侯联合,共同攻秦,割地为王,以免自己和家人被白白处死。

章邯被说动了,暗中派人到项羽营中谈判,想要签署和约。谈判没有成功,项羽命令蒲将军日夜率兵渡过三户津,在漳水南岸和秦军作战,秦军再次被打败。于是,项羽率楚军全力出击,在汙水攻击秦军,将其打得大败。

章邯被接连打败，再次派人去见项羽，请求订立和约。项羽见军中粮食不足，也同意与章邯讲和。不久，项羽与章邯约定在洹水（今四川、甘肃境内的白龙江）南岸殷墟见面。章邯见到项羽，涕泪交下，向项羽诉说赵高的种种行径。项羽听后接受章邯归降，立他为雍王，让他跟随在自己身边。

　　章邯走投无路畏死投降，但手下的二十多万秦兵却另有心思。他们都是秦人，深知如果打不下关中，自己的父母妻儿必被秦朝所杀，而且，由于六国士兵大多在服徭役时受过秦军虐待，此时对秦军也是视同奴隶。项羽粮草有限，又无法控制秦兵反抗情绪的激化，于是残忍地命令手下将二十多万秦兵全部活埋在新安城南，只有章邯、司马欣、都尉董翳三人活了下来。此举导致秦朝最后的精锐殆尽，也使得关中百姓对项羽和章邯等人恨之入骨。

秦 石砚

　　在汉朝以前，砚称作"研"，是用来研磨墨汁的研磨工具，后与笔、墨、纸合称为"文房四宝"。战国至秦朝的砚，多为石质，呈扁平圆形。在湖北孝感地区云梦睡虎地秦墓中，除了笔墨简牍以外，还发现一件秦朝石砚。它用鹅卵石粗制而成，并附有一枚研墨石，砚与研墨石的磨面尚可见残墨痕迹。

在位四十六天的秦王

　　项羽战于巨鹿之时，刘邦率军攻打秦朝的腹地关中，这一安排是怀王有意为之的，因为刘邦为人更宽厚仁慈，可以减弱秦地的反抗，当然这也有制衡项羽权力的想法。

时间　前208—前206

秦二世还不知道天下大乱的消息，但章邯失败以后他也感觉到赵高所谓的"盗贼作乱"形势严峻，多次派人责问赵高。赵高心中害怕，于是产生了谋反的心思，他一面托病不见秦二世，一面暗中派人联络刘邦，请求瓜分关中各自为王，一面则秘密跟弟弟赵成、女婿咸阳令阎乐商定弑君计划。

一切安排妥当后，赵高派内应在宫内散布谣言，说起义军攻来了，命令阎乐派人追击。阎乐以此为借口调空了咸阳的兵马，自己则率千余人以追击起义军为名，冲进秦二世所在的望夷宫，大声责骂守门官："起义军都进了宫门，你们为何不抵挡？"守门官莫名其妙，说："宫内外禁卫森严，哪里有起义军进宫呢？"阎乐不容分辩，杀死守门官，率军冲进望夷宫。他们逢人便砍，见人就放箭，一时间宫中血肉横飞。

秦二世这才明白是怎么回事，想要招呼左右抵抗，但无人敢上前。只有阎乐凶狠狠地说："你是个无道暴君，搜刮民膏，残害无辜。天下人人都背叛了你，你自作打算吧。"秦二世见此，气势大减，说："那让我见一下丞相！"阎乐一口拒绝："不行！"秦二世仍不死心，哭丧着脸，哀求说："可以给我一个郡王当吗？万户侯也行。"阎乐摇摇头。秦二世绝望地说："只要能保全我和妻儿的性命，我情愿做一名百姓。这总行了吧？"阎乐不耐烦地说："我奉丞相的命令，替天下百姓铲除暴君。你说得再多我也不敢禀报。"秦二世见大势已去，无可奈何，拔出长剑自杀。

赵高得知秦二世自杀后，匆匆召集文武百官和诸公子集会，历数秦二世的暴行并决定将他贬为平民，选取秦宗室中贤明的公子子婴登基。因为害怕六国诸侯反对，赵高决定去皇帝之名，称子婴为秦王。

子婴早已耳闻目睹赵高的种种罪行，他知道自己将要做傀儡，随时可能重蹈秦二世覆辙。于是，他打算暗中除掉赵高。本来子婴斋戒五天后即可正式登王位，但期限到时子婴却推说有病，不肯前往。赵高无奈，只得亲自去请。趁此机会，子婴突然命人出手，一刀就将赵高砍死。随后子婴召群臣进宫，历数赵高的罪孽，并夷其三族。

汉元年（前206）十月，子婴做了四十六天秦王后，刘邦便率汉军来到霸上（今陕西西安东）。子婴见大势已去，率文武百官向刘邦投降。刘邦接受了，将子婴交给手下官吏管理，率军西入咸阳。

刘邦进入咸阳城后，把老百姓召集起来，说："从今天起，秦朝法令全部废除。我和列位父老定下三条约法——第一，杀人的偿命；第二，打伤人的治罪；第三，偷东西的办罪。刑罚是从轻还是从重，要看犯罪大小。"

老百姓非常高兴，拿出粮食犒劳汉军，但刘邦坚辞不受。老百姓更加满意，又纷纷请刘邦留下来称王。刘邦见关中富庶，地势险要，也起了称王的心思，于是克制私欲率军撤出咸阳，封闭秦朝的府库，禁止军队滥取秦朝的财物以及打扰百姓，最后返回霸上驻扎。同时他还派出一些兵马守在险要的函谷关，不准任何军队进入。

成语典故

斩蛇起义

在起兵前，刘邦只是一名小官吏。某天夜里，他喝了很多酒，迷迷糊糊地从一条小路走进湖沼地，遇到一条大蛇挡住去路。他二话没说，拔出宝剑将大蛇砍成两段。不知道从哪里钻出来一位老妇人，哭哭啼啼地说："我儿子可是白帝的儿子啊，只不过变成一条蛇，挡在小路上，没想到竟然被赤帝的儿子杀了！"说罢就忽然不见了踪影。这件事传出后，大家都说刘邦是天选之子。

地图专题 巨鹿之战

性质：秦末起义军摧毁秦军主力的战役。

作战双方：秦将章邯；赵、燕、齐各国联军，项羽所率的楚国援军。

背景：秦二世三年（前207），秦将章邯进攻赵国，重兵围困巨鹿，赵国灭，则各路诸侯唇亡齿寒。

透过地图说历史：

巨鹿之战，打出了"破釜沉舟""作壁上观"两个成语。破釜沉舟的是渡河救赵的楚军，作壁上观的是自北方援救赵国的齐、燕等义军。

巨鹿之战其实是定陶之战的后续。当时，秦将章邯先灭张楚大军，后于定陶大败项梁，相当于以一己之力将起义军中最强大的两股力量消灭了。因此，各路诸侯人人自危，而章邯则误判楚地形势，放任项羽、刘邦的势力，决定优先北上平定赵地。赵地的都城邯郸很快被击破，城墙被摧毁，百姓被迁走，赵军残余只能退守北方的巨鹿。

从地图可以看出，图上标有两条黄河。浅蓝色的是今天的黄河，而深蓝色的河水才是当年的黄河，这是黄河的河道变迁导致的。认清黄河旧道的位置，我们才能理解章邯命令王离包围巨鹿，而自己率军在棘原驻扎的用意。这里靠近河道，是秦军运送物资的重要地点。与此同时，在巨鹿城北方，燕、齐等国的援军也到了，他们看到巨鹿城被围却不敢出战，于是在城北修筑壁垒观望，这就是"作壁上观"的出处。

接下来就是项羽破釜沉舟的故事了。在巨鹿城下，王离战败，但这只是秦军的精锐前军，章邯手下的秦军主力仍未大败。巨鹿之战的意义是打破了秦军不可战胜的错觉，也将各路义军结合在项羽的麾下。

此时章邯主力所在的棘原是有漳水和项羽相隔的，所以整合各路义军后，项羽的战略就是渡过漳水，策划和秦军的决战。

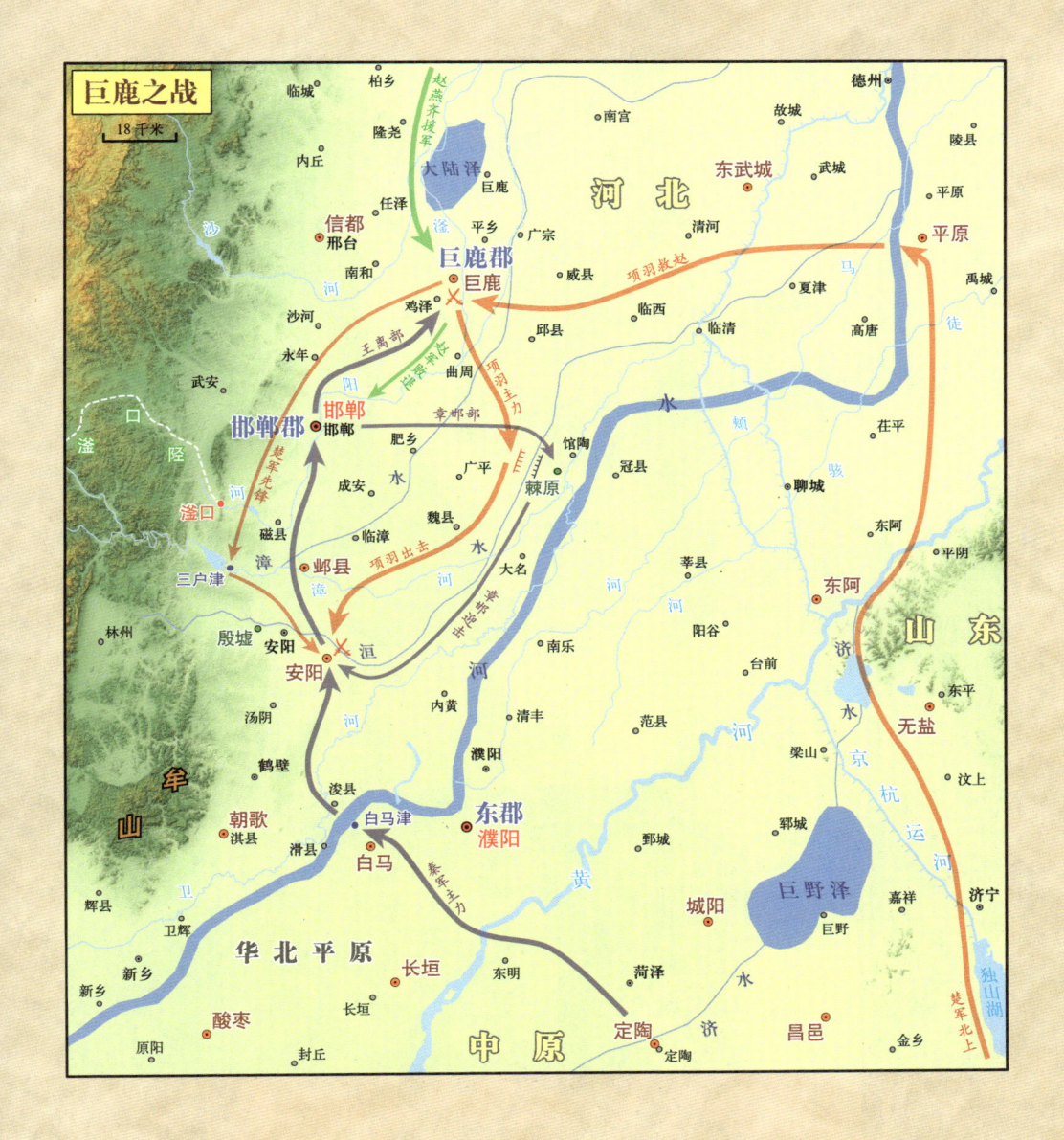

章邯是很有能力的将军，各路义军其实和秦军相持了半年之久也没能消耗多少秦军的有生力量，反倒是项羽军中粮草几乎耗尽。促使楚军获得压倒性胜利的，是赵高、秦二世不断地威逼责难，致使章邯投降。即便在投降前夕，章邯还是手握二十余万秦军。

　　如此有用的一支力量本来是争霸天下的资本，可项羽自己都没有粮食，根本无法供养，于是秦汉之际最大的屠杀发生了。

漢光武

克復舊物 保全功臣
褒旋忠節 崇重儒術

前 206 — 前 202	楚汉相争
前 202 — 前 195	巩固皇权
前 195 — 前 180	吕氏摄政
前 180 — 前 140	文景之治
前 141 — 前 127	武帝改革
前 133 — 前 119	对匈战争
前 135 — 前 107	四方拓土
前 139 — 前 104	西域称雄
前 92 — 前 89	暮年执误
前 87 — 前 74	昭帝执政
前 72 — 前 51	孝宣之治
前 48 — 前 33	盛极而衰
前 33 — 前 7	外家擅朝
前 7 — 前 1	哀帝让国
前 22 — 9	篡汉建新

西汉

前 206—9

……汉朝政治败坏的根源，其端实开自霍光秉政之时的，那便是宰相之权，移于尚书。……自霍光秉政，自领尚书，宰相都用年老无气和自己的私人，政事悉由宫中而出，遂不能有正色立朝之臣。……朝无重臣，遂至嬖倖得干相位，外戚得移朝祚，西汉的灭亡，相权的丧失实在是一个重要的原因。

——吕思勉《吕著中国通史》

时间 前206—前202

07 可歌可泣的楚汉之争

……羽背关怀楚，放逐义帝而自立……自矜功伐，奋其私智而不师古，谓霸王之业，欲以力征经营天下，五年卒亡其国，身死东城……

——《史记·项羽本纪》

【人物】项羽、范增、刘邦、韩信、萧何、张良

【事件】鸿门宴、诸侯背楚、鸿沟之盟、垓下之围

项羽刚愎自用，不听人相劝。鸿门宴上怀妇人之仁，鸿沟之盟后轻信承诺，垓下之围中谋不足而勇有余，最终败给知人善任的汉王刘邦。

鸿门宴

收服章邯后，项羽实力空前膨胀，兵马由六七万扩充到四十万。自恃兵力强大，项羽不愿乖乖听命，私自决定在救赵后不回彭城复命，而是率领各路诸侯直奔关中，打算先行入关称王。但行军路上却传来刘邦抢先进入咸阳还封闭了函谷关的消息，项羽火冒三丈，当即派英布强行打下函谷关，随后长驱直入，率四十万大军赶到新丰鸿门，距离刘邦霸上的十万人马不过四十里。项羽在谋士范增等人的劝说下认定刘邦野心不小，准备犒赏士兵消灭刘邦。

但还未发兵，消息就被他的叔父项伯泄露给了刘邦的重臣张良。刘邦

自知实力不如项羽，于是采纳张良的计策，和项伯私下结为亲家，托他给项羽传信，表明自己马上就会登门谢罪。项羽听了项伯的话，觉得刘邦先攻下关中有功在先，又确实没有取走秦朝的财宝，贸然进攻有些不仁义，于是决定见见刘邦。

刘邦一见到项羽，立即谢罪说："我和您同心协力反秦，您率军在黄河以北作战，我率军在黄河以南作战，谁能想到是我先进入关中、灭掉秦朝啊！现在，有小人挑拨离间，才使我们之间产生了误会。"项羽有些被说动，决定留下刘邦，设宴招待。项羽、项伯、范增、刘邦、张良都参加了宴会，席间，范增多次向项羽使眼色，并举起佩玉示意项羽动手。但项羽顾及情谊，没有回应。

范增叹了口气，离席找到项庄，说："大王太仁慈了。你进去敬酒，敬完酒，就请求舞剑，寻机把沛公杀了。否则，我们都将会被他俘虏的！"

项庄按照范增的吩咐进去，敬完酒说："大王和沛公饮酒，军营里又没什么可以娱乐的。请让我表演一下剑术吧！"说罢拔剑起舞，剑尖不断向刘邦靠近，项伯见势不妙，也起来拔剑起舞，以身体掩护刘邦，项庄一时无从下手。

张良看到这惊心动魄的一幕，马上起身到军营叫来刘邦的将军樊哙。樊哙听后怒发冲冠，拿着剑、持着盾牌，直接进入军门，将门口阻拦的卫士撞倒在地上。他瞪着眼睛看着项王，头发直竖起来，眼角都快裂开了。项王握着剑，挺起身，问："你是干什么的？"张良说："他是沛公的护卫

龙纹剑珌

珌（bì）是安在剑鞘尾端的玉制品。汉代剑珌大多为不规则的长方形或梯形，纹饰以螭纹为主，采用浮雕或透雕的技法雕琢，工艺细腻，具有不错的艺术价值。

时间 前206—前202

鸿门宴图

1957年下半年,在河南洛阳老城西北发现的西汉墓室中出土了这幅有趣的壁画,该画位于墓室后室西墙,整体呈梯形,据郭沫若考证为《鸿门宴图》。该图共绘有八个人物,左右各四人,画面中刘邦与项羽二人席地而坐,相向对饮。右侧为项羽,体态肥壮,左手下垂,似握一匕,右手举羊角形杯做敬酒状;左侧为刘邦,似较文雅,左手下垂似执一黑色的弓,右手举于胸前,面向右而身体后缩。

樊哙。"项羽佩服樊哙的勇气,赏赐他喝酒,然后让人给他一条未煮熟的猪前腿。

樊哙吃猪腿时,项羽问:"你还能不能喝酒?"樊哙趁机说:"我死都不怕,还怕喝一杯酒吗?秦王有虎狼之心,想尽办法杀人、惩罚人,导致天下人背叛他。楚怀王曾和诸将约定:'先攻入咸阳的人封王。'如今,沛公先攻入咸阳,一点儿东西都不动用,下令封闭宫室,率军退到霸上,就是为了等大王到来。至于派兵把守函谷关,是为防备其他盗贼出入和意外变故。这样劳苦功高,您非但不封侯赏赐,反而听信小人谗言,想杀有功的人,只有灭亡的秦国才这么做事。我认为,大王不应该这样。"

项羽自知理亏,说不出话,只是让樊哙坐下。坐了一会儿,刘邦借上厕所的机会带着樊哙、夏侯婴、靳强、纪信,从郦山脚下取道芷阳,抄小路逃跑了,只留下张良带着礼物,等刘邦差不多回到军营时,才进去献上礼物道歉解释。

谋士范增知道刘邦跑了，气得用剑把礼物击得粉碎，指着项羽数落道："你这小子不值得共谋大事！将来夺大王天下的一定是刘邦，我们都要做他的俘虏了！"

最终，凭着机智果断和手下人的忠诚，刘邦逃离了这场一生中最危险的宴会，鸿门宴的典故则流传千古。

诸侯背叛了楚霸王

鸿门宴后不久，项羽率军进入咸阳，他没有像刘邦一样节制手下，反而放任对秦朝有深仇大恨的六国士兵屠毁咸阳，已经投降的秦王子婴及故秦贵族官吏大多被杀死泄愤，宏伟的阿房宫被愤怒的士兵纵火焚烧，大火三月不灭，大批财宝和妇女被劫掠。这些暴虐举动令关中百姓恨之入骨。

占领咸阳之后，项羽派人请命楚怀王，请求封他为王。没想到楚怀王只回了冷冷的两个字——如约。至此，项羽对楚怀王的容忍终于到了极限，他假意将楚怀王尊为义帝，实际却将其架空，然后对各路诸侯说："当初起事时，虽然我们临时拥立六国诸侯的后代以讨伐秦朝，但是三年以来真正身披铠甲、手持武器冲锋陷阵、风餐露宿推翻秦朝天下的却是我们列位。"各路诸侯无不赞同，项羽便借机改变原来义帝和六国后代为王的格局，将这些领兵的将相分封为诸王并分别镇守各地，只象征性地给义帝留了些土地，而他自己如愿以偿地自封为西楚霸王。

时间 前206—前202

项羽此番分封,不仅彻底破坏了反秦起兵时的权力结构,而且任人唯亲,有失公允。当时天下有近二十路势力、四十八郡,项羽自己就占了九郡,势力无与伦比,唯一可惜的是他因为思念故乡,没有把地势险要、土地肥沃的关中分给自己。

大封天下后,项羽和各路诸侯纷纷率军回到封地,天下大体回到了春秋时的状态,而项羽实际成了各路诸侯的霸主。虽然没有杀死刘邦,但为了抑制他,项羽将汉中、巴蜀等四十一个偏远的县作为刘邦的封地,将其封为汉王,封地位置在今天被群山环抱的四川一带,意图以闭塞的地形阻挡刘邦对外扩张。紧邻刘邦封地的关中地区被一分为三,分别作为章邯、董翳、司马欣三个秦朝降将的封地,用以节制刘邦。

当时,汉中通往关中交通不便,只有一条五百里长的栈道最利于行军打仗、运送粮草。刘邦进入汉中时,为消除项羽的猜忌,令人放火烧掉栈道。但一到汉中,刘邦便紧锣密鼓地招兵买马,开始做征服关中的准备。此时,他身边已聚集了张良、萧何、韩信、樊哙等文臣武将。

栈道模型

在刘邦积蓄力量时，项羽也在不断巩固统治，他以古代的帝王必然居于上游为借口，将义帝强行迁出，让他以长沙彬县为都城。迁都途中，项羽又暗中指使衡山王吴芮、临江王共敖杀死义帝。

项羽天下共主的位置还没坐多久，他分封时有失公允的弊端就显露出来了，各路诸侯多有因不服分封大打出手的，尤其是齐国的田荣，得知项羽将原来的齐王田市封为胶东王，而将齐国将军田都封为齐王后非常不满，当即发兵造反，杀死田都和济北王田安，统一了三齐之地。而陈余也借助齐国的兵马击败了在故赵称王的常山王张耳，迎回了原来的赵王歇，自己则出任代王。

面对各路诸侯的挑衅，项羽决定率兵东进，征服齐国。刘邦见项羽无暇西顾，决定采取大将军韩信的计策，派出不少人马装模作样地修理被烧毁的栈道以吸引关中守军注意，待关中守军明显侧重于栈道后命韩信率军翻山越岭，从一条陡峭山路绕过栈道，突然攻占交通要塞陈仓（今陕西宝鸡）。

此时是汉高祖二年（前205）八月，距项羽分封诸侯不过半年多，守卫陈仓的守将就是章邯。虽然章邯是颇有能力的将领，但他的对手是用兵如神的韩信，所以三战三败，最终被包围在废丘。他的封地也被刘邦收入囊中。随后汉军多路推进，陇西（今甘肃临洮）、北地（今甘肃庆阳西南）、

彭城之战场景

时间 前206—前202

上郡（今陕西绥德）都被平复，大约只用了三个多月，关中一带便落入刘邦手中。吞并关中之后，刘邦担心项羽攻打，于是派张良给项羽传信，说自己只是因为没得到该得的职位而不满，得到关中以后就满足了，不敢再向东推进。项羽忙于平乱只能听之任之。

这次征讨齐国耗费了项羽半年时间，他只顾征服，再次采取坑杀降兵、焚烧城郭、掳掠老幼妇女的策略，以致齐国的反抗此起彼伏。借此机会，刘邦积极招降敌将、抚慰父老、大赦罪人，渐渐站稳脚跟。

次年春天，刘邦以关中为根据地发兵向东，声势浩大。沿途的诸侯王要么像魏王豹一般倒戈，要么像殷王司马卬一样被吞并。汉军就这样一路推进到洛阳，在新城，刘邦得知义帝被杀的真相，决定亲自为义帝发丧，手下人马也都身穿白衣白甲，以报仇的名义号召诸侯、昭告天下。此时项羽的主力仍然陷在他一手造成的战争泥潭中，以致刘邦拉拢了五个诸侯国共五十六万人马一起讨伐项羽，一举把项羽的都城彭城攻陷了。

5 主公挨打，大将立功

项羽虽然不善为政，但其军事能力无可置疑，得知彭城沦陷，项羽亲率精兵三万人回师救援。而刘邦此时志得意满，搜掠彭城里的宝物、美人，每天饮酒设宴。于是，项羽回援的军队和刘邦决战于彭城，刘邦猝不及防被打得大败，人马四处奔逃，被楚军追杀消灭了十余万。追击一直持续到灵璧东的睢水之上，汉军被逼入河水，尸体把河流都几乎填堵了。刘邦只带着几十人突围而出，一路被追赶得连亲生儿女都想抛弃，最终跑到舅哥吕泽的军队里才得以收敛败军，恢复元气。这一战刘邦失掉了所有附庸伐楚的诸侯，他们见楚国强大，再次倒戈对汉。不过项羽也顾此失彼，在他急救彭城的时候，田横把齐国又给收复了，并立田荣的儿子为齐王。

本来楚兵乘胜灭汉是顺理成章，但是项羽为政暴虐的弊端再次显露，这一次刘邦派人挑拨早就因为征兵和项羽有矛盾的九江王英布，英布果然

成语典故

胯下之辱

韩信在未成名时曾受过不少欺辱。某日，有个恶少纠集了一帮人，拦住韩信说："你虽然身材高大，喜欢佩带刀剑，其实是个胆小鬼。要是不怕死，你就拿剑刺我；要是怕死，你就从我胯下爬过去。"韩信仔细地打量着对方，觉得自己寡不敌众，硬拼必然吃亏，于是低下身去趴在地上，从恶少的胯下爬了过去——这就是成语"胯下之辱"的由来。

▲韩信像

造反，再次把项羽拖了几个月。虽然最终英布被项羽击败，但是败退的英布又投到刘邦麾下，使得汉军进一步强大。

这时天下的局势其实是以楚汉两家为主导的诸侯混战，也就是著名的楚汉争雄。这一时期各路诸侯摇摆不定，都为利益恩怨驱使，并无一定立场。此时汉军的策略大体是主力以荥阳为防御中心，以关中、汉中为支撑，修筑甬道从黄河另一端收取敖仓的粮食和楚军对抗，两军相持甚久。而另一路汉军则对付楚军的帮手，以韩信为大将军，不与楚军正面交锋，而先行平定倒向楚国的各路诸侯，形成对楚国的迂回包抄。

两路之中刘邦所部正面与楚交锋，战况非常惨烈，真正逆转楚汉对峙局势的是大将军韩信。韩信是中国兵学教科书级人物，其战绩大多成为兵学上的经典案例。自刘邦出汉中以来，他率一路汉军暗度陈仓击败秦朝名将章邯夺取关中，又以木罂（一种罐子绑成的木排）渡河击败魏王豹，尽收魏国之地，随后挥师东进背水列阵，以数万人马击败赵军二十万，从而名闻天下，以至于只靠一纸文书就平定了燕国。

时间　前 206—前 202

西汉　双獭捕鱼戈

秦汉时代，春秋战国流传下来的青铜技艺得以进一步发展，并被广泛运用到生活和战争用具上。这柄双獭捕鱼戈以青铜生动地塑造了两只捕鱼的水獭，既有艺术价值，又是一件可怕的战场凶器。

就在韩信风光无限时，刘邦所率的守军却是左支右绌，由于甬道被打断，粮食供给不足，处境十分危险，最终被打得从荥阳退回关中。其间，这路汉军取得的最大成就就是用反间计除掉了项羽的核心谋士范增，至此，项羽的战略决策水平就急转直下了。

刘邦形势危急不仅和项羽猛攻有关，也和韩信势力过强尾大不掉有关，为了控制韩信，刘邦冒险潜入他军中，趁韩信熟睡夺了他的兵权。有了这些队伍，刘邦才挽回了被项羽追打的局面，而韩信只能从被征服的赵国征兵，继续攻打齐国。

这时，楚汉争雄已经进入相持阶段。韩信再次成为决定争雄结果的关键点，他先是凭借着卓越的军事才能强行打下了齐国（此时刘邦的谋士郦食其已经劝服齐王投降），随后又凭手上兵马在潍水截流，水淹了楚国大将龙且的二十万楚兵。龙且之死真正撼动了项羽的势力，以致他卑辞请求和韩信三分天下。但是刘邦技高一筹，用齐王的封号保证了韩信的忠诚。手握重兵的韩信倒向刘邦之后，腹背受敌的项羽最终只得于公元前 203 年和刘邦相约平分天下：以鸿沟为界，西属汉，东属楚。刘邦认为项羽兵力仍然强大，且百姓疲惫，就答应了。

成语典故

楚河汉界

楚河汉界，是秦朝灭亡后的楚汉争霸时期的历史典故。楚汉两方曾在荥阳展开长达四年的争夺战（前205—前202），后双方相约以鸿沟为界、中分天下，"鸿沟而西者为汉，鸿沟而东者为楚"，这就是历史上著名的"楚汉相争，鸿沟为界"故事的由来。

鸿沟，位于河南省荥阳市黄河南岸广武山上，是战国时魏惠王下令开挖的一条运河，从荥阳开挖，引黄河水为水源，经行今天的中牟、开封等地，最终经颍河注入淮河。鸿沟沟口宽约八百米，深达二百米，在战国至东汉的四百年里，是中国北方最重要的运河主动脉，也是古代的一处军事要地。

垓下悲歌

订立鸿沟之盟后，项羽撤军回彭城，刘邦也想撤军回汉中。

张良和陈平劝刘邦说："您已拥有大半天下。现在楚军疲惫不堪，归心似箭，且粮草告急。如今，正是灭掉他们的大好时机。我们应趁机发起攻击！"刘邦采纳此建议，率军继续攻打楚军。

刘邦与韩信、彭越等人相约，一起攻打楚军。当刘邦率军到达固陵（今河南淮阳西北）时，韩信和彭越却并没如约率军前来，以致刘邦被项羽打得大败。刘邦问左右："这是什么原因呢？"张良说："我们即将灭楚，而韩信和彭越还没得到分封，积极性当然不会很高。如果您许诺提前给他们封地，他们一定会马上出兵的。"

刘邦想来想去，派人致信韩信、彭越，声称灭楚之后，将陈县以东滨海一带封给韩信；睢阳以北到谷城一带封给彭越。韩信、彭越接到分封这

时间 前206—前202

霸王别姬塑像

才踊跃出兵，共同围攻项羽。

当年冬天，在几十万汉军的频频攻击下，项羽终于抵挡不住，率十万楚军退到垓下（今安徽灵璧东南）。

此时，楚军兵困粮尽，士气低沉，处境艰难。一天深夜，项羽睡不着觉，忽然听到四面八方传来楚地民歌，不由惊道："怎么回事？难道刘邦已占领了楚地吗？为什么他军队里有这么多楚人？"

和项羽一样，楚军将士听到故乡的歌声也大为悲怆，不少人也跟唱起来，神色痛苦而又迷茫。

项羽心知大势已去，长叹一声，望着多年相伴的乌骓马和虞姬，悲伤地唱道："力拔山兮气盖世，时不利兮骓不逝。骓不逝兮可奈何，虞兮虞兮奈若何。"虞姬也流着泪，跟着唱起来。

一曲唱完，虞姬趁项羽不备，拔出他腰间的佩剑，当场自杀。项羽痛哭后，擦干眼泪，抓起长剑，率剩下的八百铁骑突围而出，一路道路险阻，再加上汉军骑兵追杀，逃到东城时只有二十八人仍然跟随左右。项羽感觉难以脱困，笑道："我起兵八年，身经七十多战，未曾一败，落到今天这种境地，实在是上天要我灭亡。虽然只有这些人手，但我仍能为诸君三胜敌军，打开缺口，诛杀敌将！"说罢率军反冲，猛斗之下当真杀死汉军数百、军官两名，随后向乌江奔去。

风流人物

范增

范增是项羽的头号谋士，有亚父之称，他自项梁起兵就以七十多岁高龄追随项氏，立下汗马功勋。但项羽刚愎自用，优柔寡断，多次对他的正确策略弃之不顾。后来刘邦意识到范增的威胁，就趁项羽使者来汉军大营时上演了一出反间计。先是以美酒厚礼招待，随后询问使者来意，等使者说是项羽所派时，刘邦故作惊讶，说："我以为是亚父的使者，没想到却是项王的使者。"说罢，令人换上粗茶淡饭。使者大怒，回去后如实禀报，项羽顿生疑心。范增闻此大怒，气愤地说："天下局势已定，大王自己看着办吧！"言毕即请求告老还乡，在回家途中悲愤病死。

项羽、刘邦入秦

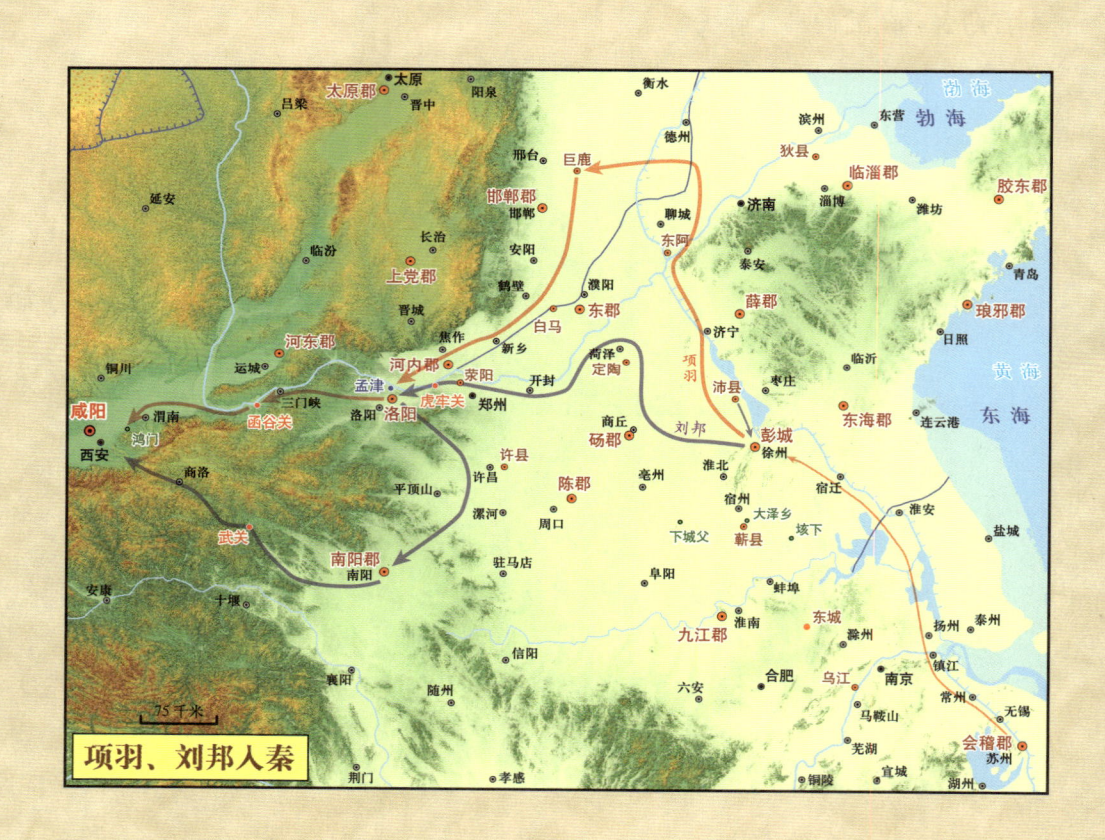

地图专题 咸阳会面

实质：秦末起义军内部的一次斗争。
博弈双方：刘邦、楚怀王熊心；项羽及其收服的诸侯联军。
背景：项梁起兵时，立楚怀王的后人熊心为共主，但随着形势变化，壮大的项羽已不甘心受制于人。

透过地图说历史：

从地图上不难看出，刘邦灭秦的路线拐了两次大弯。他最初的进军目标在菏泽西南的昌邑，但是屡次受挫，幸而谋士郦食其献上良策，建议他先攻打秦朝存放粮食之地——陈留（今河南开封）。刘邦很听劝，于是转向西南，得到了大量物资，这才一路向西拿下了荥阳、平阴，控制了黄河渡口。

此时，想入关中直走最近，但这样就需要打下重镇洛阳。洛阳地形险要，刘邦没有占到便宜，所以转而攻打南阳郡，从这里还有一条山路能够迂回进入关中。这回刘邦先是把郡守逼得入城死守，然后以封侯诱惑其投降，不仅使军队没了后顾之忧，还引来沿途秦朝势力纷纷投降，最后顺利地率先挺进关中。

而项羽虽然因为多打了仗而落后，但他在巨鹿之战中收服了各路诸侯，吸收了秦军力量，兵力远在刘邦之上，自然不认先入关中为王的说法。于是，咸阳外的尴尬局面就出现了。

地图专题 背水之战

性质： 中国历史上置之死地而后生的经典战例。

作战双方： 韩信、张耳所率的汉军；陈余、李左车指挥的赵国军队。

背景： 楚汉相争，各路诸侯纷纷站队，刘邦分兵两路，由韩信率军对付项羽的诸多盟国。

透过地图说历史：

背水之战被历代兵家所盛赞，原因在于这一战的艰难。

韩信所率汉军，此前已经历了在魏国的大战，从史书记载的踏血而行等细节，可以推测其激烈程度。在这样高强度作战后发起长途奔袭，虽然可以趁热打铁，但风险可想而知。

韩信所选的道路在地图上一目了然，是一条穿越太行山脉、长近百千米的险路——井陉。这条路不仅艰险、漫长，而且出口狭窄，利于防守。所以赵军第一时间堵在了井陉的出口。

以重兵控制险地，加上以逸待劳，二十万赵军的作战条件要比韩信的远征军强多了，而且从韩信只能分兵两千这一点来看，他的军队是否有万人还是有待考量的。所以，如果赵军采用大军坚守不战、分兵切断韩信粮道的策略，那么韩信的远征可以说是毫无机会。

而韩信的智慧在于他敏锐地察觉并利用了几个隐性条件。其一，当时各国军队成员都是武装的农民，作战意志不强。其二，井陉口的狭小地形限制了大军施展，战争的态势有被局部战况影响的可能。其三，古代作战信息传递滞后，且赵军上下都担心汉军另有后手。

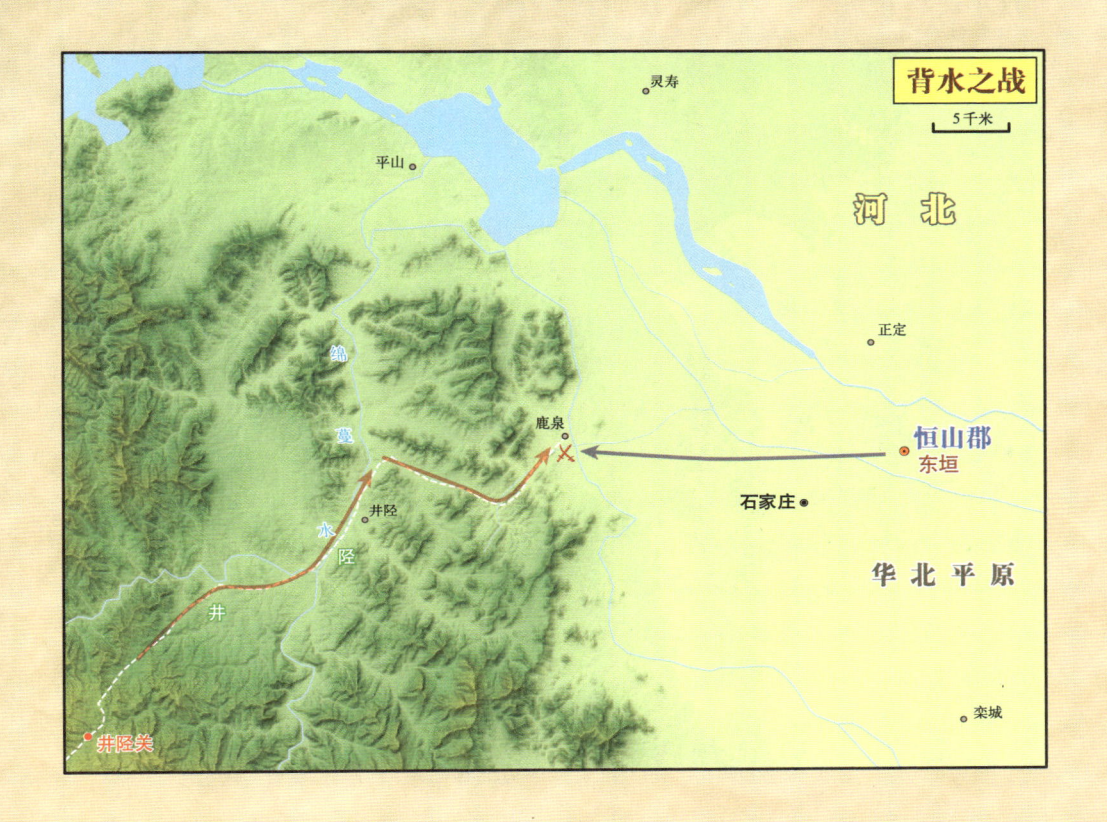

因此，韩信以自身为诱饵，大张旗鼓、先败再退，那些遗落的大将军旗鼓吸引了各部赵军为争功而纷纷冒进。但追至狭窄区域后，赵军很快发现，求生心切的汉军一时难以攻灭。所谓穷寇莫追，这时放缓战斗节奏是正确的策略，可赵军后退时却发现两千多汉旗已出现在本军大营。按照古代军队的建制，若是百人一旗，则大营内的汉军足有二十万！这个消息的真伪，即便陈余有勇气去验证，底下的士兵也是不会听信的，赵军全军因此溃散。

大量旌旗不是行军途中可以赶制的，而韩信区区万人的军队在翻山越岭之际，竟然带了两千多面大旗，可见背水一战策略必定是谋划已久的。

正所谓"兵士甚陷则不惧，无所往则固，深入则拘，不得已则斗"，背水之战体现的同样是《孙子兵法》的经典规律。

汉王灭赵

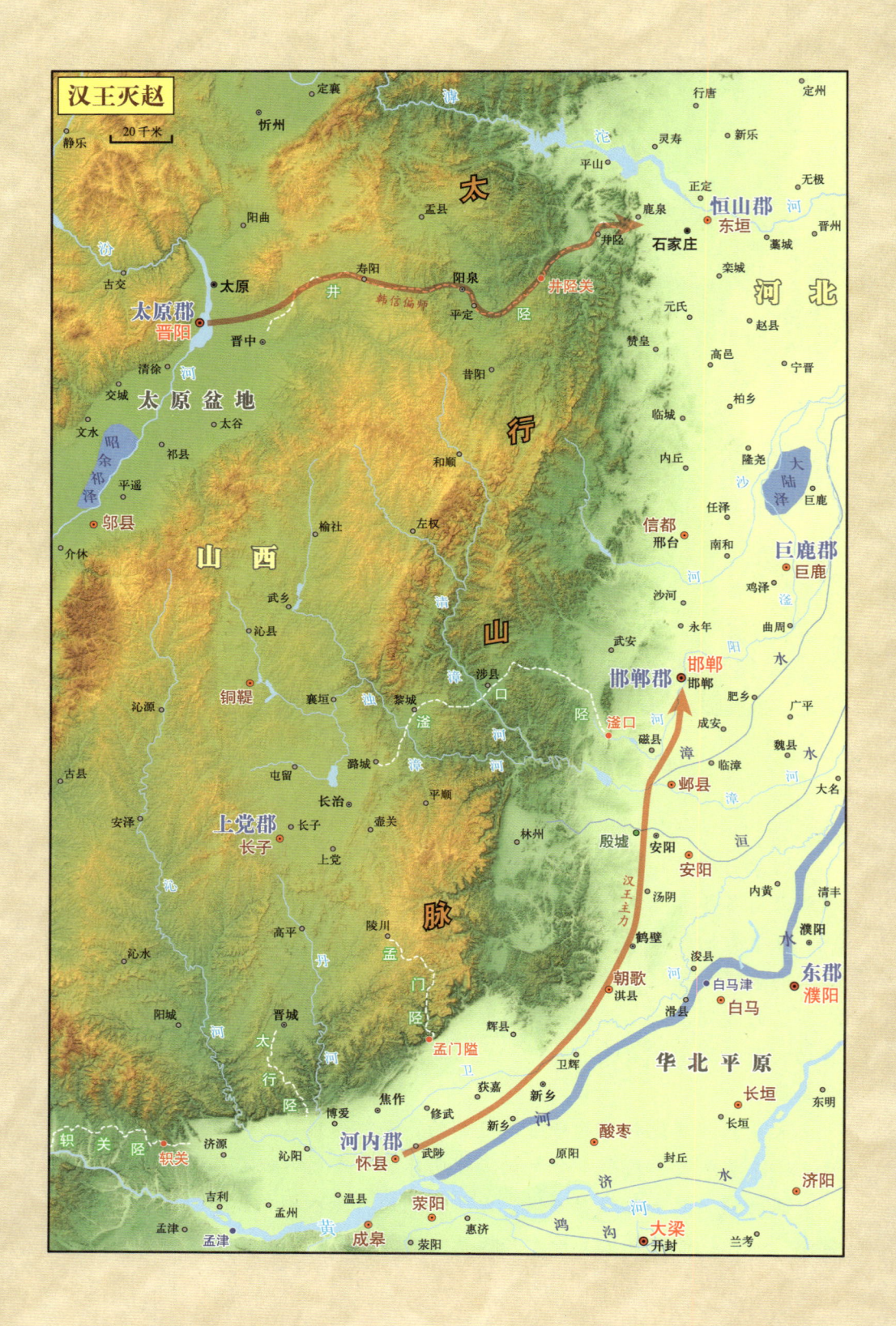

地图专题 汉王灭赵

性质：决定楚汉之争胜负的转折之战。

作战双方：刘邦所率的汉军主力；韩信、张耳所率的井陉奇兵；陈余、赵王歇所率的赵军主力和赵地各郡人马。

背景：楚汉鏖战于荥阳、成皋，战事胶着之际，刘邦冒险分兵北上，继魏国之后继续突破东方的赵国。

透过地图说历史：

楚汉之争的正面战场在成皋、荥阳，侧面战是韩信所部在燕、赵、齐的大战。这是一场宏大的大战，即便是所谓的侧面战场，战况也异常精彩复杂。

在《史记》的《淮阴侯列传》《项羽本纪》《高祖本纪》中，汉灭赵之战似乎就是背水一战后汉军摧枯拉朽地拿下了赵国。但是，从《史记》为靳歙、周緤、周勃、张耳等人所作的列传来看，却能发现很多值得补充的细节。通过这些细节，完整的汉灭赵之战应当不止韩信威震天下的背水奇谋，还包括刘邦的北上配合。

按照《史记·傅靳蒯成列传》的记载，将军靳歙曾经在汉灭赵之战中单独率军抵达河内，在朝歌击溃了赵贲郝军，随后跟从刘邦从安阳打到棘蒲，攻下了七个县。然后他又随从刘邦攻下了邯郸。不仅如此，这位靳歙将军还在攻破邯郸以后参加了降服邺县的军事行动。我们印象中一直追随刘邦，在荥阳鏖战的将军周勃、召欧等的传记中则都有参与平定燕、赵的功绩。很显然，在汉灭赵之战中，韩信的奇兵制胜固然关键，刘邦以及麾下众多将领的北上配合，同样是快速收服赵地的关键。《史记》中还有将军周緤随从刘邦渡过平阴渡口，和淮阴侯于襄国会面的细节，襄国就是地图上的信都，从位置来看，这次会面恰好是两路汉军完成对赵国夹击的标志。

地图专题 鸿沟划界

性质： 楚汉双方的短暂妥协。

签订方： 刘邦；项羽。

背景： 随着盟国被一一平定，加上彭越不断袭扰，在打了四年的荥阳之战中，项羽已明显有了颓势，加之拉拢韩信三分天下的提议遭拒，项羽短时间内已无力消灭刘邦。

透过地图说历史：

刘项之争中，荥阳是主战场，这里有敖仓这样的存粮重地，还有虎牢关这样的险要关隘，可以说是刘邦的东大门。由于楚军骁勇，刘邦即便有敖仓和虎牢关为屏障，背靠关中、巴蜀源源不断的兵员粮草，也被打得捉襟见肘。

但随着韩信在东方的节节胜利，以及彭越不断地袭扰楚军粮道，再加上刘邦从韩信麾下夺走的大批精锐补充军队，这场战争已经不是项羽靠个人能力所能解决的了。

虽然从史书"鸿沟而西者为汉，鸿沟而东者为楚"的描述来看，楚汉双方似乎仍然平分秋色。但从地图来看，鸿沟和议其实是楚军的一次重大妥协。

所谓鸿沟，其实是一条古运河。它是战国魏惠王时所开凿的，从荥阳市出发，北引黄河，东流至今开封市北，然后折而向南，最终流入颍水。经由鸿沟，中原大地上的黄河、济水、睢水、颍水、涡水，乃至以南的汝水、淮河等主要河道都可以连通一体。

鸿沟实际上是黄淮平原水道交通网的绝对枢纽。楚汉共享鸿沟，意味着汉军可以通过贯穿楚国腹地的水网威胁楚国的各个地区。

鸿沟为界的意义还可以通过对比另一件事来认识，当时，楚军屡次攻击汉军的运粮要道，刘邦曾提出以荥阳为界的要求，但被范增回绝了。从荥阳到鸿沟的南北段，这条楚汉分界足足东推了接近一百五十里。

有趣的是，如今我们称界限分明时会用到成语"画若鸿沟"，但鸿沟和议，却着实是一个不清不楚的短命协议。

地图专题 垓下之战

性质： 楚汉战争的最后决战。

战斗双方： 刘邦、彭越、韩信；项羽。

背景： 楚汉相持中，东方的韩信逐渐壮大，项羽腹背受敌，同意划界言和。楚军刚撤军不久，刘邦便违背和约，趁机追杀。

透过地图说历史：

垓下之战开始前，刘邦就联合彭越、韩信对项羽展开了一次漫长的追杀。项羽撤军之初，想要返回的是位于东方的彭城，但发现刘邦行动后，项羽立即回师，在固陵和刘邦打了一仗，这一战彭越和韩信都没有按约定赶来，所以刘邦落败。

失败后，刘邦很快明白了原因，许下了封地封王的报答，彭越和韩信这才出兵，项羽也就无法支撑了，一路东逃，直到被围困在垓下。他听到四面楚歌，以为汉军已经完全占据了他的楚国领地，所以率军突围奔赴自己的起家地江东。

来到长江的乌江渡时，项羽孤家寡人，悲愤难当，最终没有选择渡江，而是自刎身亡。

读者可能会困惑：项羽的都城在彭城，在地图上看，从荥阳去彭城直接向东走又近又快，但项羽全程在向东南进军，失败后更是直接南退江东，他为何不回彭城？

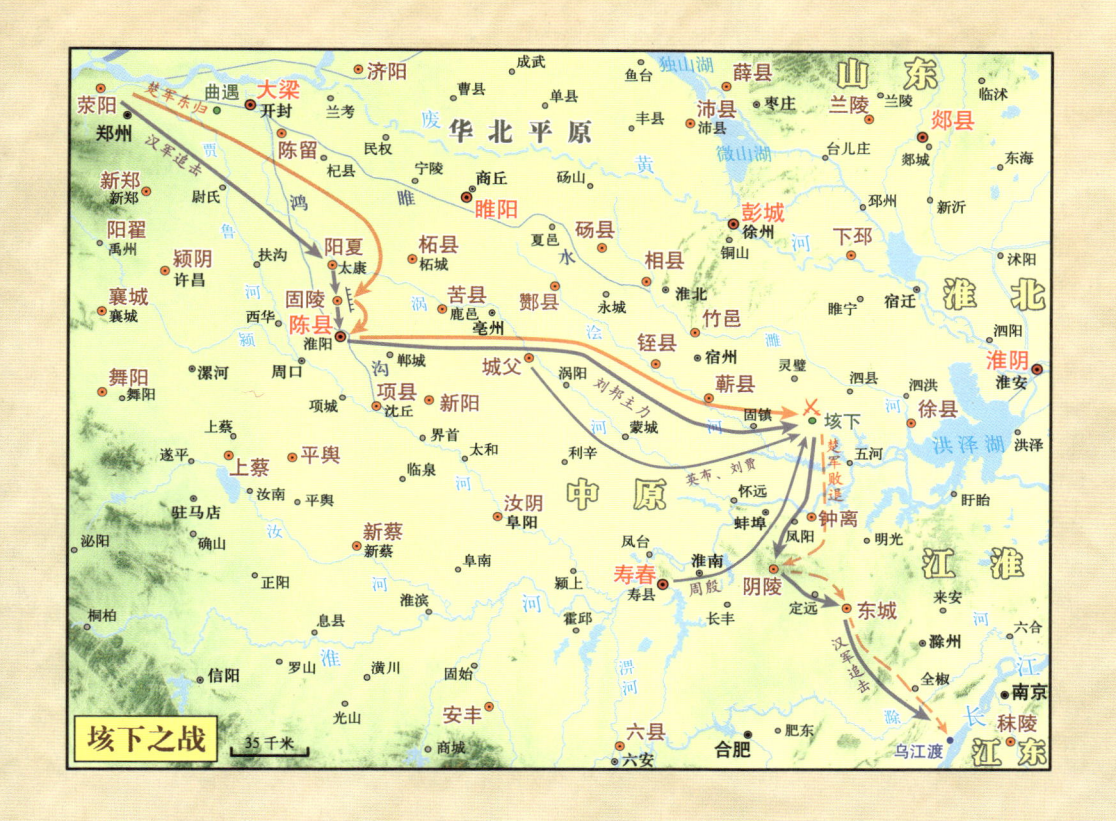

原因很简单，回不去。自荥阳东归时，项羽确实想回彭城，回彭城要过大梁，可控制梁地的就是他的死对头彭越。项羽只能舍近求远，绕回彭城。可撤退途中，韩信也加入了战斗。图上虽然没有标注韩信的行军线路，但韩信当时是齐王，兵马自然在山东，而垓下决战时他是作为主力参与包围的。从山东向垓下画线，彭城正在线上。史实也是如此，韩信出兵后，快速攻陷了薛县、沛县、彭城，垓下决战前，项羽其实已经无都城可归了。

韩信包围项羽时，曾经被击败一次，可获胜的项羽却没能突围，反而很快被击败。这是因为，韩信一开始的目的就是挡住项羽的正面突围，而非首战获胜。他以三十万大军摆了一个五军阵，特点就是正面兵多不易冲破，一旦敌人冲阵，正面可以稍微后撤，两翼则快速包夹敌人侧面。项羽看似初战得胜，实际是钻进了韩信的口袋。

时间 前202—前195

08 在废墟建起新王朝

> 高祖欲长都洛阳，齐人刘敬说，乃留侯劝上入都关中，高祖是日驾，入都关中。
>
> ——《史记·高祖本纪》

【人物】刘邦、刘敬、冒顿、韩王信、韩信、彭越、英布

【事件】定都长安、制定朝仪、白登之围、剪灭异姓诸侯王

为在废墟上建立王朝，刘邦不得不一切从头开始。面对内忧外患，刘邦尝试以武力征服匈奴未果，遂制定和亲政策，决定以主要精力对付异姓诸侯王。

都城选哪里？

项羽死后，楚地全都归汉，为了安定人心，刘邦亲自为项羽发丧，封他为鲁公，将项氏宗族也进行封侯安抚。处理完楚地之后，刘邦回师定陶（今山东省菏泽市定陶区），接手了韩信的军权，天下至此总算安定下来。

次年年初，诸侯王与文武大臣一起上书，请刘邦称帝。刘邦象征性地几番推辞后，才在定陶汜水边举行登基大典，建立汉朝。

汉朝初建时各路诸侯及韩信等大将势力颇大，而刘邦其实是各路势力中最强大的一支，为了巩固统治，他不得不广封诸侯，以韩信为楚王、彭越为梁王、英布为淮南王、共驩（huān）为临江王，如是种种。而他自己

则在地势险要、位于天下中心的洛阳建都。

刘邦刚即位不久,临江王共驩就造反了,打的旗号是为项羽报仇。这场叛乱持续几个月才被平定。战后刘邦本想大兴土木修筑城墙,把洛阳营建起来,但平民娄敬对定都有不同看法。通过同乡虞将军推荐,娄敬进入宫中问刘邦:"皇上建都洛阳,是要比照周朝吗?"刘邦点了点头。

娄敬接着说:"周朝时,洛阳是天下中心,距离四方诸侯都差不多远,贤能之士都能前来。后来,诸侯越来越强大,洛阳虽为天下中心却无

汉初三杰图

风流人物

汉初三杰

所谓"汉初三杰",是指建汉过程中最有功绩的萧何、韩信、张良。三人中萧何擅长内政,不仅为刘邦举荐了韩信这样的关键人才,还在刘邦进入咸阳后率先收取了秦朝的户籍地图,为刘邦的霸业奠定了基础,楚汉争霸时萧何把握关中,保障刘邦有源源不断的兵员和粮草补充。韩信擅长的是军事,其功绩前文已经提过。至于张良,他其实也擅长军事,但因为身体病弱,所以没有实际掌兵,而是担任运筹帷幄的工作,刘邦鸿门谢罪、烧毁栈道、劝反英布、利诱韩信和彭越的计策都出自他的筹划。

回想这三个人时,刘邦感叹:"此三者,皆人杰也,吾能用之,此吾所以取天下也。"

时间 前202—前195

风流人物

五陵豪杰

汉朝与匈奴和亲之后,刘敬觉得关中刚刚经历过战争,人丁稀少,又有匈奴威胁,应当加以充实,建议将齐、楚、赵、韩、魏等国的后代和名门世家全部迁入关中。如果国内平安无事,他们可防御匈奴;如果诸侯王有什么变故,他们也能率军东进。刘邦采纳了他的意见,将十多万人陆陆续续迁往关中地区,为他们修建长陵县邑居住。此后,汉惠帝修建安陵、汉景帝修建阳陵、汉武帝修建茂陵、汉昭帝修建平陵之时,也都竞相效仿,相继在陵园附近修造安陵邑、阳陵邑、茂陵邑和平陵邑。它们和长陵一起并称五陵,成了汉代豪族的聚居地。

险可守,反倒被诸侯所控制。如今,天下刚统一,社会动荡不安,洛阳显然不是建都的理想之地。关中一带土地肥沃,又有天险,易守难攻,才是建都首选啊!"

刘邦一听茅塞顿开,召集大臣商议。虽然很多大臣反对,但张良积极支持。经过反复思考,刘邦决定迁都长安,在那里建长乐宫。因定都长安有功,娄敬被任命为郎中,并赐姓刘,即刘敬。定都关中后,为了安抚人心,刘邦推行了大量优惠政策:为挽留各国士兵,他下令,但凡在关中安家的免十二年徭役,回家乡安家的免六年;为恢复生产,他允许流离在外的灾民回乡,恢复被迫卖身为奴者的自由,还将田租降低为每年收获的十五分之一。

由于政策得当,虽然这一年有燕王臧荼、项羽旧将利几等人谋反,但已然无法撼动汉朝统治。

5 草根君臣学规矩

建立汉朝，迁都长安后，对有功之臣的处置成为当务之急，想要天下安定，一则要对功臣论功行赏，二则要完善礼仪规制、建立尊卑之别。

论功行赏不是一件容易的事，汉初功臣有很多都是布衣出身，粗豪骄横，十分难以管制。经过一番筹划，刘邦在论功行赏时将萧何排在第一位。很多带兵打仗的将军不服气，吵吵嚷嚷。刘邦就骂道："打猎时，追捕野兽的是狗，发号施令的是人。你们冲锋陷阵，就像猎狗，萧何负责发号施令，就像猎人。怎么可能相提并论？"一众大臣这才不敢吭声。评定位次之后，因为功臣太多无法一次封完，所以没受封的大臣又开始吵嚷不休。刘邦没有办法，只能采纳张良的计策，先把自己最恨但偏偏有功的雍齿封了侯，大臣们一看雍齿都被封侯了就没人担心轮不到自己了。

处理过这桩事后，刘邦越发觉得这些骄兵悍将实在是粗鲁不堪，脾气一上来敲桌子、砍柱子的事情都做得出，实在该管教一下。儒生叔孙通趁

奇闻逸事

太公请拜

当皇帝之后，刘邦每五天去见一次父亲刘太公，行的是家人之间的父子礼。刘太公的家令见了，对刘太公说："天上没两个太阳，地上没两个皇帝。如今，皇帝虽然是你的儿子，但他是天子；太公您虽然是皇帝的父亲，身份也是臣子。怎么能让天子跪拜臣子呢？如果这样的话，会影响皇帝的威信啊！"后来，刘邦见父亲时，刘太公拿着扫帚，亲自到门口扫地迎接。刘邦大惊，立即扶起父亲。刘太公说："皇帝是人主啊！怎么能因为我乱了礼法呢！"于是，刘邦就尊刘太公为太上皇。

机向刘邦提议："打天下时，儒生无用武之地，守天下时，却不能少了儒生。我愿意为皇上到鲁国寻求礼制。"刘邦有些意动，但又担心礼仪太过复杂烦冗。叔孙通明白他的意思，赶忙说："不同朝代有不同的礼仪。我可以去故鲁地，召集精通古代礼仪和秦朝礼仪的儒生，为皇上制定简单易行的新礼仪。"

刘邦听罢，欣然同意。于是，叔孙通到故鲁地曲阜，召集了三十多名儒生，将他们带回长安，以夏、商、周、秦的礼仪为基础，研究出一套切实可行的礼仪后开始让人每日练习。刘邦见过后，觉得不错，便令叔孙通把这套礼仪向文武百官推广。

汉高祖七年（前200），长乐宫建成，刘邦决定举行盛大的朝会，借机正式使用严谨规范的礼仪之道。经过之前的训练，大典有条不紊地展开，谒者带大臣们依次进入大殿，大殿整齐排列着种种仪仗，两旁分列骑兵和步兵，台阶上下站立着几百人，功臣、列侯、将军及其他武官依次站在西边，面朝东边，丞相及其他文官依次立在东边，朝向西边，每一列都有负责传呼的傧相。当皇帝的御车从后宫驶出时，随行人员列旗传话，文武百

圯上授书

传说张良少年时在桥上碰到一个老者。老者脾气很怪，故意把鞋扔下桥去，还很不客气地让张良去捡，张良看在对方是个长者，就耐着性子去捡，捡上来之后老者让张良给自己穿鞋，张良也只能照做。老者觉得张良孺子可教，又多次试探他的心性，觉得非常满意，于是送给张良一部奇书，据说张良就是从这本书里学到了兵法和韬略。

官毕恭毕敬地依次朝贺。

行礼之后,一场盛大酒宴举行了。所有官员都叩伏在席,并按照爵位高低依次起身,向皇帝一一敬酒。负责纠察的御史监督着官员的举动是否符合礼法。稍有不合礼法的官员,就会立即被拉出去。

看着眼前的一切,刘邦心满意足地说:"今天,我才体会到当皇帝的尊贵。"他任命叔孙通为太常,赐其五百金,同时封那些参与制定礼仪的人为郎官。从此,汉朝礼仪正式建立起来。

5 无奈的和亲

从秦始皇去世,到刘邦逐步平定天下,中原地区持续了十几年的战争,万里长城也渐渐形同虚设。趁着这段时间,北方被蒙恬击退的匈奴快速恢复着实力,逐渐渡过黄河再次恢复了和中原的旧界。此时,匈奴出了一位强悍的领袖,名叫冒顿(mò dú)。冒顿颇有才干,轻视骏马、财物、美人而重视国土,治军森严。在他的带领下,匈奴一战击败草原霸主东胡,自此一发不可收,犹如狂风卷过草原,赶跑月氏(zhī),兼并了楼烦和白羊等周边部落,建立起强大的匈奴帝国。随后又趁着中原混战夺取河套地区,以及朝那、肤施等地,直接威胁到关中。当楚汉争雄之时,冒顿已经拥有三十万能开弓射箭的战士,开始数次威胁中原。

刘邦建汉称帝后,意识到匈奴难缠,于是封韩王信(也叫韩信,为与淮阴侯韩信区分,称之为"韩王信")于晋阳(今山西太原),意图让他负责抵抗匈奴。

汉高帝六年(前201)秋天,冒顿率十万匈奴军进攻韩王信的都城马邑(今山西朔州)。韩王信抵挡不住,多次派使者向匈奴求和。此举令刘邦非常生气,当即写信责骂韩王信。韩王信收到信后害怕被刘邦制裁,索性开城投降匈奴,并引领匈奴骑兵杀向晋阳。晋阳一带的百姓惨遭劫掠。

刘邦忍无可忍,于汉高帝七年(前200)冬天,亲率三十二万汉军北

时间　前202—前195

匈奴王冠

匈奴单于和亲瓦当

征。战初,汉军从晋阳到离石(今山西省吕梁市离石区),屡次重创韩王信与匈奴联军,收复不少失地。而冒顿率四十万匈奴军,作为韩王信的后援,并未急于决战而是伺机而动。

这时天降大雪,汉军衣物单薄,很多士兵的手指都被冻掉,见军心开始动摇,刘邦迫切地想与冒顿单于速战速决。得知冒顿率军驻扎在代谷(今山西繁峙县至原平市)后,他连续派出几批使者,以访问为名,去侦察匈奴军情。冒顿将计就计,命人藏起精壮兵马,只露出一些老弱残兵和瘦弱牲畜。

刘邦听了使者的汇报,以为匈奴军非常疲惫,战斗力并不强,便打算轻装快进,一举击败冒顿。但刘敬认为,匈奴示敌以弱,必定有诈,力劝刘邦慎重。刘邦大怒,令人将刘敬囚禁起来,准备等战争结束后再处罚他。

汉军进攻以后,冒顿单于佯装不敌,引得刘邦再次上当,下令大举追击。由于主力部队行进速度慢,贪功心切的刘邦就亲率三千骑兵充当先锋追杀,正好落入冒顿四十万匈奴骑兵的掌中。在平城,汉军骑兵与匈奴骑兵展开大战,因为人数不足只得退守白登山(今山西省大同市东北马铺山)。随后,匈奴军包围白登山,并展开猛烈进攻。

凭借地形优势,汉军抵抗了不善攻坚的匈奴骑兵七天七夜,但始终无法突围。继续僵持下去,这支骑兵要么冻饿而死,要么力尽而亡。幸好陈平想到一条计策:"冒顿很宠爱妻子阏氏(yān zhī),不如派人用重金贿赂阏氏,求她说几句好话,或许冒顿可以放了我们。"

刘邦只得一试,备下黄金珠宝,派陈平去见阏氏。阏氏收下礼品,十分满意,就对冒顿说:"两国的君主不应该相逼太甚,以我们的实力,现在即使杀了刘邦,夺到汉朝的土地,单于您也终究不能在那里居住,何况刘邦身后还有几十万汉军,始终是个不小的威胁。而且我听说刘邦也是有天神相助的,曾多次反败为胜。如果一直相持下去,双方损失都很大,不如先放了他吧!"

冒顿想了想,觉得有几分道理,加之战前和他有约的韩王信部将王黄、赵利并没有如约赶来,让他怀疑汉军和韩王信有勾结,害怕节外生枝,于

奇闻逸事

鸣镝弑父

冒顿命人制作出一种特殊的箭,这种箭射出时能发出"呜呜"的啸声,遂称"鸣镝"。他和部下约定:"鸣镝一出,所有人都要朝着鸣镝的方向射箭,谁没有做到就砍谁的脑袋!"一次,冒顿把鸣镝射向最心爱的骏马,手下有人犹豫不决,结果全被杀死。又有一次,冒顿朝着心爱的妻子射出鸣镝,又有些部下不敢射箭,同样被当场击杀。有一天,冒顿的父亲头曼单于去郊外打猎,冒顿跟随在后,他忽然朝着父亲射出一支鸣镝,部下听到箭声纷纷射箭。仅在片刻之间,头曼即落马而死,冒顿就此成为新首领。

时间 前202—前195

是便令人将包围圈放开一角。第二天早晨，刘邦化装成陈平的卫兵，从缺口悄悄逃离了白登山。汉初对匈奴的第一场战争以失败告终。

匈奴的强大让刘邦改变了态度，从求战转向求和，刘邦不仅赦免了刘敬，还将他封为关内侯，并且为匈奴多次侵扰汉朝北方边境一事虚心地向他求教："你认为两国之间怎样才能避免战争？"刘敬思考后提出和亲的建议，就是和匈奴缔结婚姻关系。刘邦长叹一声，命其前去向匈奴提亲，同时订立了停战盟约。

刘邦本欲将长公主嫁过去，可是皇后吕雉舍不得女儿，整日哭闹不休。刘邦只好将庶民家的一名女子封为公主，嫁去了北方草原。除此以外，汉朝每年还会向匈奴赠送大量的丝绸、粮食、美酒……在和亲政策的作用下，双方以长城为界各据一方，汉朝的北方边境方才获得暂时的安宁。

5 非刘氏不得封王

从秦朝灭亡到楚汉争雄再到汉朝初建，百姓的生活有所改善，制度却一再倒退。秦始皇费尽心思推行的郡县制被六国势力不分青红皂白地否定了，先有项羽封十九路侯王，后有汉初刘邦大封诸侯。这些诸侯中有很多本来就具有强大的实力，只是名义上认刘邦为共主，对政局稳定极其不利。尤以异姓诸侯王最不安分，其中比较强大的有楚王韩信、梁王彭越、淮南王英布、赵王张耳、燕王卢绾、韩王信、长沙王吴芮。刘邦之所以一战失利就主动和亲通好匈奴，是因为要优先解决异姓诸侯王的问题。

汉室处理异姓诸侯王的手段分为两种，一种是被动地等待其谋反后加以镇压，如燕王臧荼、临江王共骜；另一种则是主动地削夺压制，如楚王韩信。在楚汉相争时，韩信原本要挟刘邦封他做了齐王，但是项羽刚被打败，刘邦就借机夺了韩信的军队。汉高祖五年（前202）正月时，因为齐国强大，刘邦不放心，就把韩信从齐王削为楚王。削权之后，汉高帝六年（前201）十月，有人告发韩信谋反，十二月，刘邦在接见韩信时，把措手

清 袁耀 汉宫秋月立轴

韩信削王为侯，郁居长安数年后起事于秋冬之际。长安城内，宫墙深深，热闹是别人的，也许只有一钩残月在凄凉秋夜与韩信为伴。

不及的韩信绑起来收押，然后削其为淮阴侯，楚国被分为两半，其中一半分给了刘氏宗亲。

韩信被削之后，名为淮阴侯，实则被带到了帝都长安，不能在地方带兵了，他每天郁郁寡欢，总算安分了几年。韩信之后，公元前198年，有人诬告赵王张敖（张耳儿子）想行刺皇帝。刘邦命人将张敖关押入狱，严刑调查。后来，虽然查明此事是赵国相国贯高主使，但张敖已被趁机降为宣平侯，赵国也被划给了刘邦的儿子刘如意。

刘如意年纪小，政事由担任赵相国的陈豨（xī）负责。陈豨不久即暗地联合叛逃匈奴的韩王信部下，于汉高祖十年（前197）九月起兵叛乱，自立为代王。刘邦亲自率军去平叛，出兵之时韩信却托病不去。因为陈豨上任前受过他的教唆，眼下陈豨谋反，他正好可以在长安起事。由于没有什么兵马，韩信决定假传圣旨赦免各个官署里服役的罪犯和奴隶，用他们杀死吕后和太子。然而消息泄露，吕后就设计骗韩信陈豨已死，让群臣都来庆贺。陈豨的生死关系韩信起兵的成败，所以他冒险去探听真相，结果被吕后杀死在宫中。韩信死后，陈豨的叛乱也在次年被平定。

汉高帝十一年（前196）是异姓诸侯王的一次大洗牌，一则刘邦借除掉韩信之机有意削夺一些不端的诸侯王权力，一则各路诸侯王人人自危，索性直接造反。

这一年先被消灭的是梁王彭越，起因是刘邦在打陈豨时向彭越征兵，但彭越托病不去，只让手下把兵带了过去，由此惹得刘邦猜疑。彭越的部将扈辄趁机建议彭越谋反，但彭越没有答应。后来，彭越的太仆因获罪逃亡长安，控告彭越与扈辄谋反，彭越因此被抓捕入狱。刘邦"查实"了彭越的罪状，决定将他废去王位发放到蜀地，但吕后不同意，她对刘邦说："彭越是个猛士，把他放到蜀地，就等于埋下祸根，不如趁机杀了算了。"刘邦同意了。

得知韩信、彭越先后被杀，淮南王英布惶恐不安，当年七月就起兵谋反了。英布姓英，因为受过黥刑，也叫黥布，他是和韩信、彭越一样擅长作战的将军，所以这次叛乱气候要大得多，荆王刘贾被杀，楚王也兵败，整个楚地大都被他占有。这场叛乱一直持续到汉高帝十二年（前195）十

知识充电

庙号

古代君主死后灵位会被放置在宗庙内供后人祭祀，作为晚辈，后代君主不能直呼祖先的谥号，为此，在供奉时就大多以庙号来称呼。隋以前，并不是所有君王都有庙号，一般是对国家有大功、值得子孙永世祭祀的先王才会特别追上庙号，以示永远立庙祭祀之意。

另外，由于后世皇帝谥号字数膨胀，且美谥泛滥，所以庙号反而取代谥号，起到盖棺定论的功用。

月,最终英布和刘邦在蕲县以西决战,英布落败。至此,异姓诸侯王中只剩下比较弱小的长沙王吴芮。

铲除异姓诸侯王后,刘邦没有意识到问题的根源在于封邦建国制度,转而大封本族子弟为王,想以刘姓王避免叛乱。为此,他召集满朝文武,在长安城内的宗庙里举行仪式,杀白马起誓:"非刘氏而王者,天下共击之。若无功上所不置而侯者,天下共诛之!"翻译过来就是:凡不是刘姓的人,一概不准封王,没功劳的人,一概不准封侯。如果谁敢违背盟约,全天下的人都可以杀他!誓毕,刘邦和满朝文武都喝下血酒。

也是在这一年,刘邦作了有名的《大风歌》,深切地传达出了天下初定,他迫切希望有人帮他守卫国家的心声。

汉 大风歌碑(拓片)

"大风起兮云飞扬,威加海内兮归故乡,安得猛士兮守四方!"

《大风歌》是汉高祖刘邦创作的一首诗歌,是他平英布凯旋,过沛县,邀集故人饮酒时所作。据说当时刘邦酒酣,击着筑,唱出了这首直抒胸臆、豪情流露的名作。作为一个布衣天子,刘邦能作出这首诗,可谓文学史上的奇迹。

太行八陉地图

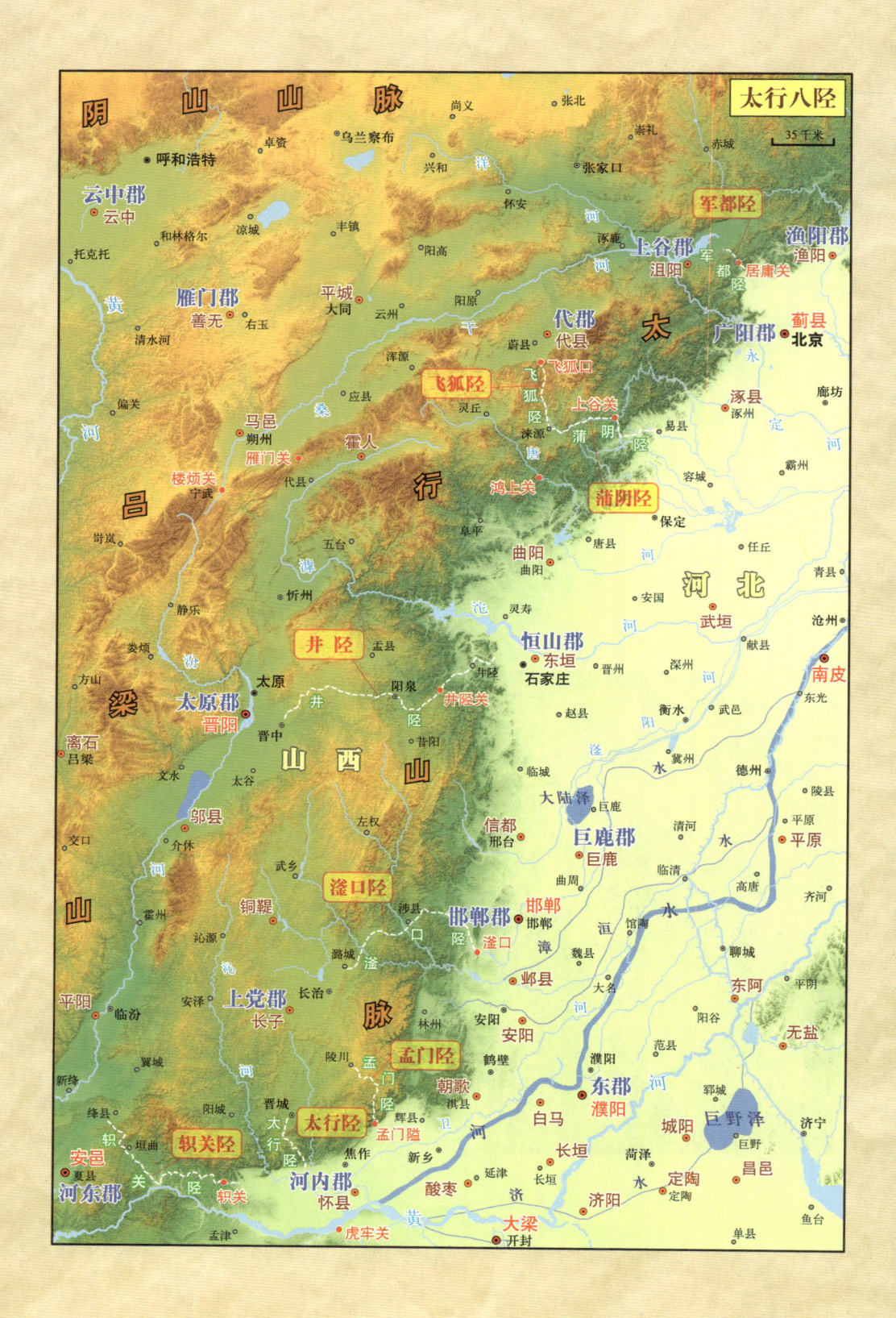

地图专题 太行八陉

地位：山西高原进入河北平原的交通要道。

包含：轵关陉、太行陉、孟门陉（又名白陉）、滏口陉、井陉、飞狐陉、蒲阴陉、军都陉。

透过地图说历史：

这张地图选取了山西高原和河北平原的交界之处，可以很明显地看出，设色青黄的连绵群山占据地图左上方，设色黄白的广阔平原占据地图右下方，两种地形将地图几乎对半分割。

这种地图颜色的分割落在现实中，就是一段自南而北，绵延四百余千米，宽度可达百千米的太行山脉。

太行山脉的海拔在一千米以上，最高峰小五台山可达近三千米，它的东部是陡峭的大断层，西部则稍微斜缓一些，但也是过渡到一片山地之中。这样的地理条件对古代的交通产生了巨大的影响，家喻户晓的神话故事"愚公移山"就发生在太行山脚下。

能搬开大山创造通路的巨人自然是不存在的，幸好太行山本身有很多东西向的山谷，这里地形相对平坦，形成了天然的通路，也就是有名的太行八陉。读者们要注意把"陉"和"径"区分开，"陉"的意思是山脉中断之处。

太行八陉自从被摸索出后，就成了军事和交通要道，即便在今天，它们也是很多交通线的所在地。比如309国道就穿过滏口陉的滏口关，石太铁路则从井陉穿过。

太行八陉以险要著称，而它们本身又是连通中国两大地理区域的要道。因此，这八条路上的关键之地往往成为历史上著名的关口。著名的飞狐口、紫荆关、居庸关、天井关、土门关都分布在太行八陉上。值得注意的是，天井关不在井陉，而在太行陉。

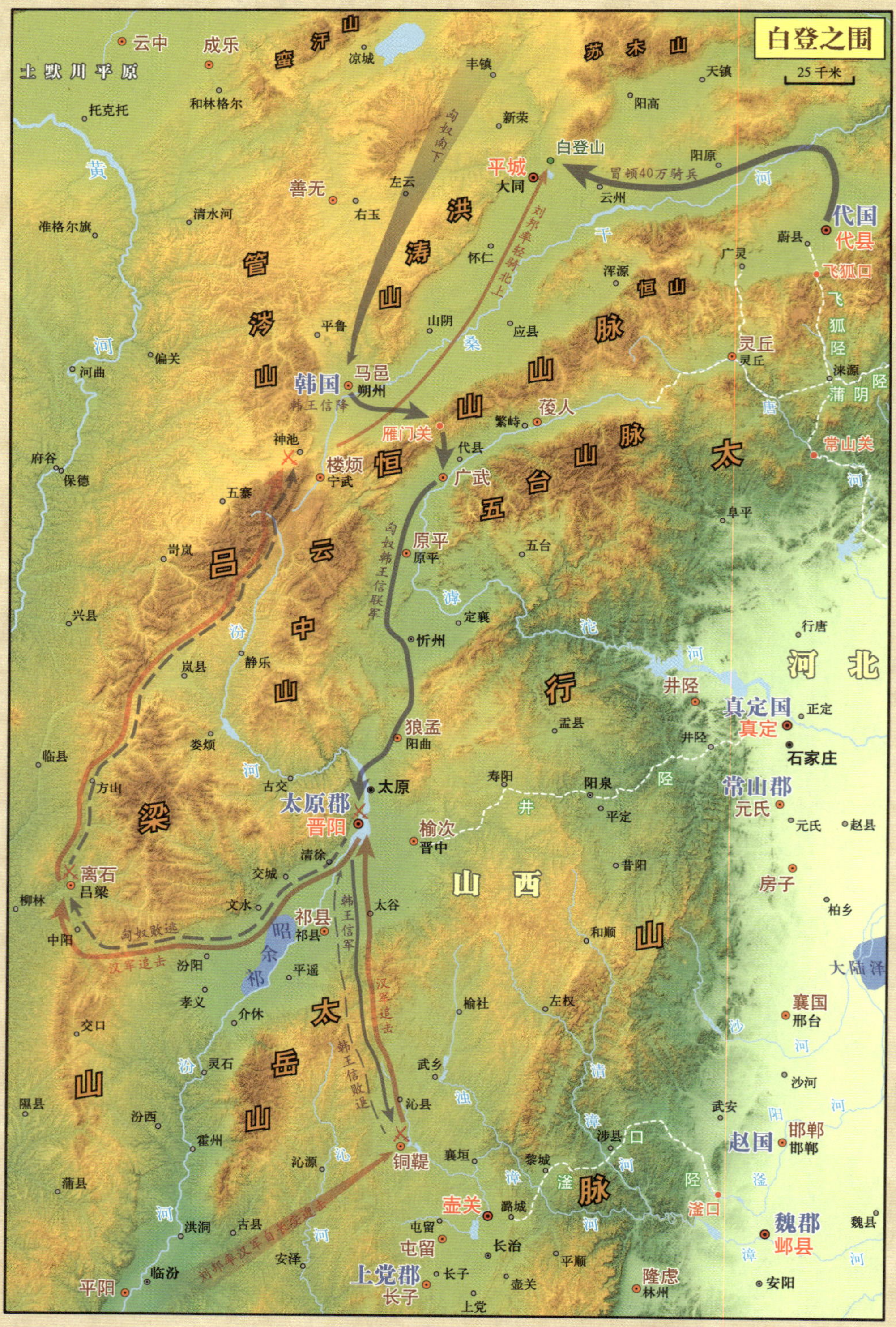
白登之围
25千米
土默川平原
云中
成乐
蛮汗山
凉城
丰镇
苏木山
天镇
托克托
和林格尔
阳高
新荣
白登山
阳原
平城
大同
冒顿40万骑兵
匈奴南下
黄
善无
左云
云州
河
代国
代县
蔚县
准格尔旗
清水河
右玉
洪
刘邦率轻骑北上
干
广灵
飞狐口
管
怀仁
浑源
恒山
涛
飞
狐
涔
平鲁
山阴
应县
脉
灵丘
陉
河
偏关
桑
山
涞源
河曲
韩国
马邑
朔州
山
蒲阴
陉
韩王信降
唐
神池
雁门关
繁峙
葰人
常山关
恒
代县
脉
府谷
楼烦
宁武
广武
山
太
保德
五寨
五
台
阜平
河
吕
云
匈奴韩王信联军
原平
五台
岢岚
中
滹
定襄
兴县
汾
沱
行唐
忻州
河
河北
静乐
岚县
山
行
井陉
真定国
正定
真定
盂县
狼孟
阳曲
井陉
石家庄
临县
娄烦
河
古交
寿阳
阳泉
陉
方山
太原
常山郡
太原郡
晋阳
井
元氏
元氏
平定
赵县
梁
榆次
晋中
清徐
昔阳
离石
交城
山西
房子
吕梁
柳林
文水
祁县
太谷
柏乡
中阳
匈奴败逃
韩王信军
和顺
山
汉军追击
昭
汾阳
祁县
大陆泽
余
平遥
汉军追击
祁
孝义
太
榆社
左权
襄国
介休
邢台
交口
韩王信败退
沙
河
汾
灵石
武乡
清
岳
沙河
山
隰县
沁县
浊
武安
阳
河
汾西
漳
涉县
口
赵国
邯郸
邯郸
霍州
沁
山
襄垣
黎城
沁源
铜鞮
漳
滏
脉
河
陉
滏
蒲县
壶关
潞城
滏口
河
魏郡
洪洞
古县
屯留
魏县
河
长治
邺县
屯留
刘邦率汉军自长安北上
安泽
漳
平顺
河
上党郡
长子
隆虑
平阳
临汾
长子
壶关
林州
安阳
上党

地图专题 白登之围

性质： 汉、匈的第一次大规模交锋。
战斗双方： 刘邦；冒顿单于。
背景： 秦末大乱中，北方的匈奴不断壮大，袭扰中国的北方边郡，镇守北方的韩王信不堪其扰，叛汉降匈。

透过地图说历史：

匈奴是古代中国北方草原的游牧民族，一旦物资匮乏就会南下劫掠。韩王信所在的山西是匈奴南下的重要路径。由于韩王信的叛变，匈奴肆无忌惮，深入内地围攻汉朝重镇晋阳。刘邦忍无可忍，于是亲率三十多万军队从长安出发应战。

起初，匈奴和韩王信的军队屡屡被击败，刘邦因此小瞧匈奴，沿山间路追击匈奴败军。匈奴都是骑兵，来去如飞，刘邦为了不追丢目标不顾劝阻，在大雪天气只率领少量轻骑兵追赶，主力均被远远落在后面。

不想在大同一带，刘邦遭遇了冒顿单于的四十万骑兵，周围地势平坦，逃回已不现实，刘邦只好就近据守白登山上，被围困七天之久。这一战让汉朝意识到了匈奴的强大，在很长一段时间里都采取了妥协的对匈政策。

时间 前195—前180

09 吕后摄政

> 高后女主称制,政不出房户,天下晏然。刑罚罕用,罪人是希。民务稼穑,衣食滋殖。
>
> ——《史记·吕太后本纪》

【人物】吕雉、萧何、曹参、刘盈、周勃、刘章

【事件】吕戚争嫡、临朝称制、萧规曹随、诸吕被诛

吕雉是历史上第一个临朝称制的太后。她在位期间,整体上稳定了汉朝,但也给后世带来了不良影响,尤其是诸吕封王,使外戚成为威胁朝政的力量。

吕后和戚夫人的太子争夺战

吕雉是刘邦的结发妻子,父亲吕公颇有些社会地位。在一次寿宴上,刘邦因气度举止被吕公看中,招作女婿,据说为此吕公推却了沛县县令的求婚。吕雉比刘邦小十五岁,嫁给他时,刘邦一贫如洗。吕雉是个坚毅刚强的女子,刘邦参加反秦起义,家里全靠吕雉一人肩负。楚汉争霸期间,刘邦战败逃跑,吕雉及儿女成为楚军俘虏,鸿沟之盟后,吕雉母子才回到刘邦身边。但此时刘邦已有宠爱的戚夫人,戚夫人也生下了儿子刘如意。刘如意虽然年幼,却很像刘邦,再加上戚夫人日夜吹枕边风,刘邦于是有了改立如意为太子的想法。

此刻吕后虽为皇后，但已年长色衰，且无法和刘邦常见面。吕雉深知更换太子对她意味着什么，思量之下立即决定找张良求计。张良此时已经称病闭门不出很久了，他无心权势，一心学习养生之术，不想再掺和政斗。见吕后求计甚切，便说："在战争时期，皇上确实能听我的建议。但这是在朝堂之上，而且是废长立幼，不是靠献计献策就能了结的事。我知道，皇上很敬重商山四皓，曾想尽办法都没能请他们出山。如果您能设法请他们出来辅佐太子，也许会起作用。"

商山四皓指东园公唐秉、夏黄公崔广、绮里季吴实、甪（lù）里先生周术。他们是秦始皇时七十名博士官中的四位，学识渊博、德高望重，因为反感秦始皇的暴政而隐居商山。吕皇后得到张良的点拨后，让太子亲笔写信，命人带着信和厚礼去请商山四皓。商山四皓同意了。

这四人见识十分不凡，刚出山就赶上英布造反。当时刘邦的身体状况已经不佳，就打算让太子刘盈带兵出战。商山四皓闻讯立马建议吕后，说英布乃是当朝的名将，太子此去恐怕有去无回，不如您去和陛下哭诉，请陛下为了妻儿出征。

刘邦早就对刘盈看不上眼，听了吕后的哭诉，不耐烦地说："我就知道这小子靠不住，还是老子自己去吧。"

这个决定注定了吕戚之争的结局，趁着刘邦在外，太子刘盈节制长安兵马，吕后司掌政事，威信迅速建立起来。等到刘邦大胜归来，在吕后的安排下，太子刘盈带商山四皓出席酒宴。刘邦发现商山四皓后大吃一惊，问："此前，我多次邀请你们出山，都遭到拒绝。为什么你们会追随我儿子呢？"

张良像

商山四皓回答说："皇上轻视读书人，而且脾气急躁，我们不愿意受辱，才坚持隐居。如今，太子仁孝恭敬，爱护读书人，天下人都愿意为他效力，我们就来了。"

刘邦默然不语。

待到酒宴散去，刘邦对戚夫人说："我原本想更换太子，可如今太子有商山四皓辅佐，羽翼已成，不可能再换人了。"戚夫人听了失声痛哭。

从此，刘邦再也不提废立太子之事。

五代 王齐翰 四皓图

被写进本纪的太后

凭借儿子的地位，吕后协助刘邦做了很多大事，很多有反心的重臣都是她出手除去的。刘邦死后，刘盈继位，也就是汉惠帝，汉惠帝温良懦弱，年纪又轻，朝政大权于是落到吕后手中。

吕后掌权后，对与她争宠的戚夫人实行明目张胆的报复。她命人将戚夫人的头发拔光，用铁链锁住她的双脚，让她穿上破烂的衣服，住在破烂的屋中。还命令她每天舂米，舂不完就不准吃饭。戚夫人受尽苦楚，一边舂米一边唱："子为王，母为虏。终日舂薄暮，常与死为伍。相离三千里，当谁使告女！"歌声悲凉，闻者黯然。

吕后知道以后，立刻派人召戚夫人儿子赵王刘如意入宫，准备找机会杀掉他。刘如意推脱多次，最终无可奈何地被叫来。汉惠帝虽然没有实权，但确实非常仁慈，他害怕弟弟被杀掉，就亲自迎出城去，每日起居和弟弟形影不离。即便如此，吕后也没有放弃，她趁着刘盈出去打猎，派人用毒酒把刘如意害死了。没了儿子，戚夫人的境遇更惨，她的手脚被砍掉，双眼、耳朵被弄残，嗓子也被毒哑，如同牲畜般被养着。

害死戚夫人母子后，吕后又将矛头对准了刘邦的长子齐王刘肥。她本想再用毒酒害死刘肥，但汉惠帝唯恐其中有诈，抢先接过酒壶，为齐王和自己各倒一杯。吕后大惊，上前打翻刘盈的酒杯。刘肥起了疑心，也没敢喝。最后，幸好有人给刘肥献策，让他从自己的封国割出一个郡给吕后的女儿鲁元公主，这才免去杀身之祸。

吕后接连杀害王族宗室，目的自然是为母子俩的统治铺平道路。但汉惠帝天性仁慈，最受不得这些残酷，于是自暴自弃、纵情酒色。汉惠帝七年（前187），才二十三岁的刘盈便病死了。刘盈死后，吕后正式称制，所立的都是年幼的皇帝，以便自己独掌汉室大权。

萧规曹随

吕后做了很多残酷的事情，这大多出于维持权力的需要，其实这在历代并不鲜见，只是这样明目张胆的不多罢了。单论政治而言，吕后对汉王

知识充电

临朝称制

临朝称制是指在君主制时代由皇后、皇太后或太皇太后等女性统治者代皇帝执掌国政。如果男性代理国政，太子称"监国"，其他男性称"摄政"。临朝称制由吕后所开创，自有临朝称制以来，大部分皇朝都有此现象，唯独终明一代未有一位皇太后临朝称制。当然，吕后并不是第一位管理国事的女子，早在战国时期就有秦国的秦宣后、赵国的赵威后管理政事的先例。

时间　前195—前180

朝是有功无罪的,她帮助汉朝平稳地过渡到了文景之治,而且至死也没有篡夺刘氏江山的想法。

吕后为政的纲略可概括为一个成语——萧规曹随,也就是无为而治。"无为而治"出自春秋时道家思想的"无为而无不为",说的是放任自然,不过度干预,顺应事物自身的发展。由于道家追奉黄帝和老子为圣,所以也称"黄老之学"。黄老之学得以流行是因为秦朝实行法家的严刑峻法,让百姓不得安生,出身平民的汉朝统治者自然希望无为、少为。

但是无为而治的前提是有一套完备合理的制度,这套制度其实还是秦朝的法度,因为那是当时最完备、最合理的法度。秦朝灭亡只是一个偶然事件,因为秦始皇用民过度又突然死亡,本来贤明的扶苏没能继位,反而赶上秦二世这个庸主:任何一个条件改变,历史都未必如是。

秦律得以实行的主要推手是萧何,萧何原本是秦朝官吏出身,深知秦朝律法的便利,破咸阳后又得到了完整的秦朝图籍,相当于继承了秦朝的完备制度。凭借完备的律法,自汉朝建立,萧何执政十几年,人民生活安定,国家逐渐富强。

刘邦临死时,萧何也春秋已高,吕后于是特意询问:"萧丞相百年之后,谁能继任呢?"刘邦说:"曹参。""曹参之后呢?""王陵可以,但他有点憨直,需要陈平辅助。陈平智谋有余但不能独担大任,周勃虽然文才不行,但安定刘氏天下的一定是他,可以让他做最高军事官太尉。"

刘邦的这段话,料定了此后汉朝十几年的形势,吕后深以为然,所以萧何死后,她就安排曹参为相。

曹参刚刚上任时,大臣们以为会有一番变动,事实却与之相反。他颁下一道命令,要求朝中政务均按照萧何的做法去办

萧何像

长信宫灯

这是一件通体鎏金的青铜器，因曾放置于窦太后的长信宫中而得名。它的主体是一个呈跪坐姿势的宫女，由头部、身躯、右臂、灯座、灯盘和灯罩六部分组成。宫女体内中空，左手执灯，右手与衣袖连为一体，看似是在挡风，其实这是用来吸收油烟的管道。

理，所有官员履行旧职，没有任何变动。曹参本人则是处理完日常政务便唱歌、喝酒，有人向他提意见，他就把人家灌醉了事。

那时汉惠帝尚在，他怀疑曹参看不起他，就把曹参留下询问。曹参一听笑着反问："皇上和先帝相比，谁更贤明英武？"汉惠帝说："我怎么敢和先帝相比？"曹参又问："那么，我和萧何相比，谁更适合当丞相？"汉惠帝笑了："我觉得你不如萧何。"曹参接着道："陛下说得对。要知道，在统一天下之后，先帝和萧何制定了许多明确又完备的法令，难道我们还能制定出更好的吗？只需遵循执行，照章办事，已经能够治理国家、安顿民生了，为什么还要再去更改呢？一旦更改，只怕会动摇根基、节外生枝啊。"汉惠帝听了恍然大悟，这才明白对方的一番良苦用心。

在曹参担任丞相的三年里，国家政权趋于稳定，社会经济快速发展，人民生活水平也在日渐提高。人们特意为他编了一首歌谣，大意是："萧何定法律，明白又整齐；曹参接任后，遵守不偏离。施政贵清静，百姓心欢喜。"

吕后不仅严格任用刘邦嘱咐的人才主政，还多次推行减轻赋税、废除灭三族的酷刑、抵制铺张浪费等德政。对于匈奴，这个性情坚毅狠辣的女人表现出难得的容忍，哪怕单于说出"你死了丈夫、我死了妻子"这种粗鄙的挑衅也不以为意，坚定地维持了和亲制度。

5 夺回刘家天下的周勃

吕后为政最大的问题或许是她为了巩固统治而大肆屠戮刘氏、重用吕氏，甚至打破了刘邦"非刘氏而王者，天下共击之"的誓言。吕后不仅封已死的父亲为吕宣王、哥哥吕泽为悼武王，还将多位吕氏子弟分封为侯。吕氏子弟常常仗势，在刘氏子弟面前飞扬跋扈。赵王刘友、梁王刘恢都被逼死。

吕后在位时，此事除了憨直的丞相王陵以外没人敢反抗，但刘氏以及功臣们与吕氏的矛盾却逐渐深化到不可调和的地步。汉高后二年（前186），在某次酒宴上，吕后让朱虚侯刘章担任监酒官。刘章答应了，并要求按军法处置违反酒令规矩的人，吕后一口答应。

酒至正酣时，刘章唱道："深耕穊（jì）种，立苗欲疏。非其种者，锄而去之！"吕后非常生气，这首诗说白了就等于说不是刘家的种，全都要铲除，但吕后强忍着没发火。

过了一会儿，有个吕氏子弟不胜酒力，想偷偷离席。刘章发现后，眼疾手快，一把揪住对方："擅自逃离酒席者，军法处置！"说罢，就拔剑将那人杀死。

在场的所有人都惊呆了。吕后狠狠瞪着刘章，但因有言在先，也无话可说。

从此，吕氏对刘章又恨又怕。刘氏宗族和大臣陈平、周勃、陆贾等人则对刘章大为敬重。

吕后称制八年，为了方便统治先立了汉惠帝的太子刘恭为帝，这个小皇帝继位时只有三岁，因为童言无忌地表达过不满，于是被吕后幽囚杀死。刘恭之后，吕后又将汉惠帝的另一个儿子常山王刘义立为皇帝，这也是个小孩子。由于吕后称制，所以他们都没有年号，被称为前少帝和后少帝。

汉高后八年（前180），吕后病死。临死前，她明白吕氏封王不得人心，担心吕氏子弟遭到报复，于是命令吕王吕产担任相国掌控南军，赵王吕禄为上将军掌控北军，叮嘱他们一定要牢牢掌握兵权，不要离开长安。

周勃、陈平等大臣担心吕氏篡位，但手中无兵，根本奈何不了吕氏，

西汉 皇后之玺

这是一枚印面呈正方形的玉玺，2.8厘米见方，通高2厘米，重33克。它是用新疆和田羊脂白玉雕成的，玉色纯净无瑕，四壁均琢有云纹，玺钮则制成匍匐的螭虎形，玺面刻有四个字"皇后之玺"。作为汉代皇后玉玺的唯一实物资料，人们推测它很可能是皇后吕雉所用之物。

就去找刘章。刘章也没有兵马，于是打算号召刘姓诸侯王带兵勤王。齐王刘襄接到刘章的密信后，公开发布讨吕檄文。得到消息后，吕产派灌婴率军前去镇压。灌婴内心倾向刘氏，所以出而不战，命令全军驻扎，并派人秘密联系刘襄，约定伺机一同攻入长安。

刘襄起兵后，长安城内的大臣也在积极行动。他们派郦寄去游说吕禄，骗他说吕后所封的吕氏三王已成既定事实，大家没有不同意的，只是你们不回封国才惹得齐国兵变，如果你们交出军权回到封国做大王不是更好吗。吕禄本来就担心遭到报复，不免有些意动，他回去和吕家人商量，吕家人也游移不定，只有其姑妈吕嬃（xū）怒骂："你交出军权，吕家人不是要死无葬身之处了吗？"吕禄这才作罢。

但时隔不久，听说灌婴和齐王联合后吕禄有些怕了，在一众大臣的劝说下决定把将印交出，自己回到封国避祸。周勃于是冒险假传圣旨进入北军驻地，历数吕氏的罪行，并让将士们表态："拥护刘氏的人露出左肩，拥护吕氏的人露出右肩！"话音刚落，全体将士齐刷刷露出左肩。

随后，周勃率北军去捉拿吕禄。吕禄早得到消息，仓皇逃出长安。吕产尚不知道北军已经失去控制，率南军奔向皇宫，准备篡位，结果被刘章率北军袭击杀死。南北军全都落入刘章、周勃、陈平手中，长安城内的吕氏全部被周勃传令处死，逃跑的吕禄也没能幸免。

就这样，在周勃、陈平、刘章、刘襄等人的通力合作下，汉朝江山重回刘氏手中。

时间　前180—前157

10 贤明厚德的汉文帝

> 孝文帝从代来，即位二十三年，宫室苑囿狗马服御无所增益，有不便，辄弛以利民。……上常衣绨衣，所幸慎夫人，令衣不得曳地，帏帐不得文绣，以示敦朴，为天下先。治霸陵皆以瓦器，不得以金银铜锡为饰，不治坟，欲为省，毋烦民。
>
> ——《史记·孝文本纪》

【人物】刘恒

【事件】轻徭薄赋、废除肉刑、克勤克俭

刘恒为帝是个意外，其贤明更是出人意料。他登基后，实行轻徭薄赋政策，鼓励农业生产，废除肉刑，使汉朝逐渐富裕起来。

轻徭薄赋

清除了吕氏一族，汉室继承人成了问题。汉惠帝一脉都是幼子，而且这些孩子有吕氏的血脉不能让大家安心。于是几位功臣在汉高祖刘邦的儿子中选中了代王刘恒。刘恒原本没有任何竞争优势，因为他的母亲薄姬本是魏王豹的妻妾，而且刘邦去世时他只有九岁。

但世事难料，刘邦血脉被吕后大肆清理十六年后，刘恒反而是最合适的继承人了。于是，汉高后八年（前180），远在代国的刘恒进入长安登基继位，史称汉文帝。

继位之初，汉文帝将诸吕侵夺的齐、楚土地物归原主，随后分封了一批有功之臣，陈平和周勃分别为左、右丞相，灌婴任太尉，刘章等人则各加封食邑、赐予财物。这些拥戴功臣原本极易居功自傲、危及政治，但几乎只身来长安继位的汉文帝不仅将他们安置妥当，而且仅两年就把京师中的南北军都收归自己的心腹之手，手段极为高明。

稳定了朝廷之后，汉文帝开始推行各种恩惠政策，大体有如下几点：

1.赐予国内所有成年男子一级爵位，凭爵位可得田宅和土地；每一百户女子赐予一头牛、十石酒；

2.全天下无妻、无夫、无父、无母、无子的贫苦人和各地方八十岁以上的老人，以及九岁以下的孤儿都可以按月到官府领取米、肉、布帛等生活用品，地方官须按时按节去慰问他们；

3.鼓励百姓向皇帝提意见，不管是采取递上奏折、当面劝谏，还是等在路边拦皇帝马车的形式，都不治罪。

除了这些恩惠措施外，刘恒还大力施行削减赋税徭役的政策，从根本上减轻百姓负担。在吕后年间，汉朝田税为十五分之一，已经是较低水平，但汉文帝仍然下令"除田租税之半"，即租率由十五税一减为三十税一，汉文帝十三年（前167）还全部免去田租。此外，算赋（汉代政府对成年人征收的一种人头税）也由每人每年一百二十钱减至每人每年四十钱，徭役则改为成年男子每三年服役一次。而且，为了百姓有更多田土耕作，连一部分皇家园林、猎场也被汉文帝开放给百姓。

这样的减免，在中国封建社会史上是独一无二的。

开言路、减酷刑

所谓开言减刑，就是广开言路，减轻刑罚。两者其实相辅相成，没有宽容法度，广开言路就只是空话。

由于汉朝继承秦律，所以也沿用了犯重罪则祸及家属，甚至一族被收

时间　前180—前157

为奴婢的严厉处罚。汉文帝却认为百姓不违法主要靠教化，法律制裁如果不公正只会让百姓敌视法律，于是力排众议废除了祸及家属的连坐处罚。

连坐制度以外，汉朝还沿袭了由来已久的多种肉刑。所谓肉刑，就是伤害人身体的刑罚，比如在脸上刺青的黥刑，割掉鼻子的劓（yì）刑，砍去足部的刖（fèi）刑。汉文帝在执法过程中感受到肉刑相伴终生的特性，觉得轻罪处肉刑极不合理，于是下令将黥刑改为剃掉头发、束颈服刑四年，将劓刑改为打板子三百下，将斩左趾改为打板子五百下。当然，一些用于震慑重罪的肉刑，仍然予以保留。

奇闻逸事

缇萦救父

汉文帝削减肉刑最直接的原因是一件突发事件，当时的名医淳于意因为无心之失被判了肉刑，一旦落实一生便都毁了。淳于意的小女儿缇萦十分伤心，一路跟着囚车去了长安。她上书皇帝："一个人受过肉刑，以后就是想改过自新，也没办法恢复以前的样子。我愿意为官婢，替父亲赎罪，请陛下给他改过自新的机会。"汉文帝深受感动，不久就废除了肉刑。

刑法宽松是否会纵容犯罪？不少人生出了担忧。然而事实恰好相反，由于民生安定，生活渐渐富裕，百姓不仅没有肆无忌惮，反而越发淳朴，犯罪的人也越来越少。社会环境开明，就有很多人敢于给皇帝提建议，称为诤谏，这种事历朝历代都有，但真正以法律形式保障诤谏者安全的却不多见。有鉴于此，汉文帝于是下诏："今法有诽谤妖言之罪，是使众臣不敢尽情，而上无由闻过失也。将何以来远方之贤良？其除之。"

西周　刖人守门方鼎

　　刖人守门方鼎是一尊罕见的、形制为方体且以受刖刑者为元素设计的宝鼎。该鼎分上下两层。鼎的下部为盛炭火的炉膛，炉膛正面铸有能开闭的两扇门，门边有一刖刑奴隶，裸体束发仅剩右足，侧身屈膝跪坐在门边作守门状。虽然西周远早于西汉，但千百年来五刑是一脉相承的，我们仍能看到汉文帝废除肉刑前受刑者的凄惨境遇。

　　废除诽谤妖言罪后，汉朝的言路就开阔了，而且为各方学术的发展提供了宽松的氛围，儒学在宽容的环境下快速发展，这为儒学成为学术主流做好了铺垫。

时间 前180—前157

二十三年没花过大钱的皇帝

汉文帝时代的诸多政策能得以推行和汉文帝个人宽仁节俭的品行是分不开的，他真正做到了身体力行，为天下表率。

为了表示重视农业，鼓励人民开辟籍田，汉文帝以天子之尊亲自耕种土地，用来作为给宗庙祭祀的祭品。为了劝民蚕桑，他令皇后亲自织布，制作衣服。至于进献的物品，他也大多厚辞不受。皇宫里彰显天子威严的服饰、车架、狗马、各类侍从一律能减则减，连最宠爱的妃子都不许穿拖地长裙、用锦绣帷帐。在他的带领下，汉朝文武百官也确实出于真心或私利地节俭了很多。

汉文帝虽对自己严格，但对臣子却很宽容，对法律则极为尊重。

明 仇英 纯孝图册·亲尝汤药

汉文帝为君节俭淳朴，在家也是有名的孝子，他的母亲薄太后曾经生病三年，汉文帝每天都不顾草药毒性亲自为母亲品尝汤药，确保无虞才敢让母亲喝下，这就是二十四孝里有名的"亲尝汤药"。

有一次他行到中渭桥，有人从桥下走过惊了为天子驾车的马，当场就被汉文帝的骑士抓住了。主管的官员按律审判，认为应处罚金。汉文帝当时正在气头上，说："幸亏我的马和顺，若是换了别的马岂不伤了我？只处罚金怎么够呢？"但主管的官员没有理会这个请求，反而拿法律天下一平的道理说给他听。汉文帝最终还是接受了这个处理结果。

还有一次他巡视霸上、棘门、细柳三处对抗匈奴的军营，霸上和棘门两营见了天子车驾无不拜服迎接，畅通无阻，可到了细柳营中竟然连门都进不去，守门士兵说军中没有天子诏书，只有将军周亚夫的将令。汉文帝只好传诏请周亚夫下令开门。开门以后，营中士兵又拦住车驾，说军中不能驱驰，汉文帝只好缓缓地走进去。好不容易见了周亚夫，他又说自己甲胄在身不宜跪拜，只行军礼了事。汉文帝受此待遇不仅没有生气，反而感叹周亚夫才是真正的将军，把守卫京都的要职中尉任命给了他。

汉文帝在位二十三年，没有增加过宫室、苑囿，连一座耗资相当十户中产之家资财的露台也舍不得修。他死后严令百姓只许吊唁三天，三天里嫁娶、祭祀、喝酒、吃肉一概如常，遗体因山而葬，墓中所用的都是便宜的瓦器，金银铜锡的装饰一律不许有。

时间 前180—前157

11 汉文帝的顺时用才策略

> 文帝时，会天下新去汤火，人民乐业，因其欲然，能不扰乱，故百姓遂安。
>
> ——《史记·律书》

【人物】刘恒、陈平、周勃、贾谊

【事件】陈平独相、贾谊献策

汉文帝继位之初，一方面对拥立有功者封功行赏、加以笼络，另一方面注重对新型人才的选拔与任用，通过各种方式"举贤良方正"，并顺时而用之。

谁更适合当丞相

汉文帝继位之初，手上的势力屈指可数，完全是一位空降天子。拥立有功的周勃、陈平等功臣把握重权，其中尤以周勃为最，汉文帝对他们厚加赏赐、封侯加爵，但很多人仍留在京中不肯到封地去。

汉文帝有些苦恼，恰好此时接到了丞相陈平的辞呈。陈平是汉高祖最有智慧的谋士之一，项羽的谋士范增死在他的反间计下，楚王韩信也因为他的一条计策被刘邦"突袭"夺了兵权，至于诛灭诸吕，那就更不必提。汉文帝想起自己刚入长安时，陈平率领群臣于郊外迎接，那时候的他身体健康，时隔不久怎会病得不能任职了？

西汉　嵌贝铜龟镇

古代人时常会把小型的青铜器、玉器放在案头上把玩欣赏，因为它们都有一定的分量，所以人们在玩赏的同时，也会顺手用来压纸或者是压书，所以被称为"镇"，久而久之，发展成为一种文房用具——镇纸。

汉文帝猜得没错，陈平此时是以退为进，见汉文帝询问才拐弯抹角地说："汉朝初建时，我比周勃的功劳大，铲除诸吕时，我的功劳不及他，可职位却在他之上（陈平为右丞相，贵于左丞相），我愿意把尊位让给他。"

汉文帝明白陈平的打算，决定借陈平敲打一下周勃，于是以周勃为右丞相，陈平为左丞相。周勃升职后志得意满，但干了没多久，汉文帝就当着百官的面考核周勃的工作："周丞相，全国一年之中要审理的案件有多少？"周勃一听，愣了，低着头回答不知道。汉文帝又问："那么，全国每年的钱粮收入和支出是多少？"周勃紧张得额头冒出冷汗，羞愧难当，最后只得请罪说也不知道。

汉文帝见目的达到，转头又问陈平，陈平不慌不忙地说："这些事都有专门的官员管理，判决案件归廷尉主管，收入与支出归内史主管，皇上可以问他们。"汉文帝装作不高兴："这些事各有主管，那么你这个左丞相主管何事？"陈平不卑不亢地回答："丞相对上辅佐天子，对下安抚万民，对外安定周边小国和诸侯，对内使百姓拥附朝廷，令文武百官各安其职，各负其责，各得其所。"汉文帝听得十分满意，连连点头。

出了皇宫，周勃有些埋怨，对陈平说："这些话您怎么不早教我！"陈平说："您身为丞相，怎么连丞相的责任都搞不清呢？难道陛下问起长安城里有多少盗贼，你也要强行回答？"周勃这才长叹一声，知道自己远远不如对方，很快就递交辞呈，让陈平独揽大权。

陈平去世以后，周勃复任丞相，汉文帝再次敲打他："前几日我诏令列侯回到封地，有人却迟迟没有出发，丞相您为他们做个表率吧。"

周勃明白了汉文帝的意思，赶忙带头辞官回到封地，几经敲打后心高气傲的周勃终于安心做他的富家翁去了，汉朝也免于一场权力之争。周勃的儿子却依旧被汉文帝倚重，也就是赫赫有名的周亚夫。

风云人物

陈平

陈平年少时，家中十分贫困，但他很喜欢读书，尤其喜欢道家的黄老学说。有一年，村里举行一场祭礼，他被推举为大家分肉。陈平手起刀落，将大块肉切分得十分均匀，哪一家都觉得公平合理。有一位老人称赞道："这孩子分祭肉分得真是称职！"陈平听了生出感慨："如果有机会治理天下，我也能像分肉一样处理得均匀合宜。"陈平虽才智高，但也有贪财好色的缺点，汉文帝知人善用，并不计较——比起周勃，陈平不仅才干合适，而且没有作乱的野心。

5 生不逢时的贾谊

汉文帝继位的第二年，河南郡吴公进入长安任职，向朝廷举荐了自己的得意门生贾谊。贾谊十八岁时便在洛阳一带小有名气。进入长安后，这位年仅二十多岁的读书人即被任命为全朝最年轻的博士。

出任博士之后，贾谊的工作就是为皇帝答疑解惑，皇帝下诏让大家讨论时，很多老臣往往都讲不出什么道理，贾谊却对答如流，把所有人心里想说的都给说了出来。汉文帝很欣赏他，不到一年时间，就把他升职为太中大夫。

贾谊是一个有卓识的青年政治家，其政论《过秦论》《论积贮疏》无论是文学性还是思想性都为一时翘楚，是西汉早年罕见的雄文。然而，因为策划了让有功诸侯回到封地的计策，贾谊得罪了在京的各路诸侯，周勃、灌婴都在其列。又加之贾谊突出的才能和优异的表现令汉文帝对其青睐有加，想提拔贾谊担任公卿之职，招致了周勃、灌婴、东阳侯等人的忌妒，他们进言诽谤，联名弹劾贾谊。汉文帝四年（前176），贾谊被贬去长沙王那里当太傅。

贾谊极为悲伤，以屈原自比，写下了闻者泪下的《吊屈原赋》《鵩鸟赋》，奠定了汉代骚体赋的基础，对汉赋的发展起到了很大作用。更难能可贵的是，即便身居长沙，他也和屈原一样心怀天子，上书了被毛泽东誉为"西汉第一雄文"的《治安策》。

汉文帝十分欣赏贾谊的《治安策》，然而，当时的形势决定了须以稳定政局、恢复和发展社会经济为主，不允许他用激烈的方式实施《治安策》里的政治构想，只有等待合适的时机。

三年后汉文帝想念贾谊，征召他入京，两人彻夜长谈，但谈的却大多是鬼神之事。后贾谊任梁怀王刘揖的太傅，但仍心系政事、多次上疏。汉文帝十一年（前169），三十二岁的贾谊随梁怀王入朝，梁怀王坠马而死。贾谊感到自己身为太傅，没有尽到责任，深深自责，后在忧郁中死去，年仅三十三岁。

后世的读书人可怜他，每当怀才不遇就以贾生自比，唐代诗人李商隐还专门写了"不问苍生问鬼神"来讽刺汉文帝。这话其实说得过了，贾谊建议大改陈规旧法是在汉文帝初年，其实那时候秦律仍然非常实用，贾谊

时间　前180—前157

中外对比

公元前168年，贾谊因梁怀王之死抑郁而终；
公元前168年，埃及成为罗马的附属国。

的新计划却详细又复杂，汉文帝当时谦恭谨慎还来不及，哪能如此大刀阔斧进行改革，自然不予实行。但《论积贮疏》中的重农抑商、克勤克俭，《过秦论》中的施行仁义，汉文帝无不以毕生来践行，一些苛刻法律的革除也不能说与贾谊没有关系。

此外，贾谊还主张以削藩为主，这直指汉文帝一代最大的失误：由于恩宠有加，同姓诸侯日益强盛，如同手指粗过胳膊，这种情势的确须"众建诸侯而少其力"。然而削减诸侯势力并非小事，汉文帝以诸侯兵马支持起家，各路诸侯又大多和他亲缘颇近、关系亲善，恩宠尚且来不及，如何能直接削夺？汉高祖刘邦削异姓诸侯生乱的事简直就是殷鉴不远。

西汉　玉卮

卮是古代一种盛酒的器皿，在先秦乃至秦汉时期的文献里经常出现。著名的鸿门宴故事中就有卮的登场。当刘邦命悬一线时，猛将樊哙闯入宴会现场，惊讶的项羽对樊哙说的第二句话就是："壮士！赐之卮酒。"

> **知识充电**
>
> **平步青云的捷径——郎选制度**
>
> 郎官，原本是跟随在皇帝身边的侍臣，地位类似于春秋战国时贵族的门客。由于时常陪伴天子，郎官因而获得参与国家大政的机会，一旦恰逢其会，往往就能平步青云。汉朝的郎官最初有三种选拔方式：赀（zī）选、荫任、特拜。赀选和财产挂钩，要求有一定的经济实力，这种郎官不仅没多少俸禄，还要自己搭钱置办用度以维持开支。荫任就是靠着家族的权势，凡两千石以上任满三年的官员都可以保举兄弟或儿子一人为郎官。特拜就是有特殊技能，这个就五花八门了，有善于养马的，有善于驾车的，东方朔就是这么当上的郎官。后来汉朝又增加了察举选拔人才（详见后文）。

所以，贾谊无错，只是他的眼光太超前宏远，而汉文帝也确实知人善用，没有在未成熟的时机妄生灾殃。遗憾的只是贾谊英年早逝罢了，这一点看和贾谊同岁的晁错生平便知——虽然结局不好，但毕竟为汉朝大一统立下了汗马功劳（具体见后续章节）。

时间　前157—前141

12 七国之乱与文景之治

至孝景，不复忧异姓，而晁错刻削诸侯，遂使七国俱起，合从而西乡，以诸侯太盛，而错为之不以渐也。及主父偃言之，而诸侯以弱，卒以安。

——《史记·孝景本纪》

【人物】刘启、晁错、窦婴、周亚夫、刘濞

【事件】砸死吴王世子、晁错削藩、七国之乱

文景之治在历史上无疑是具有进步意义的，但汉朝实行郡国制度，导致封国发展迅速，最终到了威胁朝廷的程度。汉景帝刘启成功镇压七国之乱，最终削藩，为其继任者刘彻追求大一统奠定了基础。

汉景帝惹下的麻烦

汉文帝后元七年（前157），汉文帝去世，太子刘启继位，即汉景帝。汉景帝继续推行父亲的治国之策。为鼓励发展农业，他亲自耕种土地，皇后亲自种桑养蚕，为天下百姓做榜样。此外，他还特别强调百姓要和平相处："强大的人不要倚仗人多势众欺凌弱小，每个家庭必须要尊老爱幼，侍奉终老，关爱儿童和孤儿。"在汉景帝的治理下，汉朝国力持续增强、积蓄渐丰，人们将他的治期和汉文帝合在一起，称为"文景之治"。

汉景帝赓续了汉文帝的明政，也继承了自汉文帝以来的危机：内有诸侯坐大，外有匈奴犯边，其中尤以诸侯坐大为甚。汉朝虽然分封诸侯，但和周朝已然不同，实行的是郡国并行制。当时，皇帝直接管理的有十五个郡，诸侯王占地二十多个郡。各诸侯国少者有一两个郡，多者有六七个郡，一般的也有三四个郡，而且诸侯王占有的郡多在经济发达地区。他们可以自行征收赋税、铸造钱币，从事煮盐、铸铁等利润丰厚的活动，从而组织规模庞大的军队，以至于出现贾谊所说的"手指粗于胳膊，胳膊壮于腰腹"的病态。而且随着时间的推移，汉初所封的诸侯王已经历两三代更迭，跟天子血缘已然比较疏远，态度自然也不可能亲睦如前。

汉文帝时期，虽然中央努力避免与诸侯王之间发生冲突，但两者关系还是因一场意外而出现裂痕。这场意外，汉景帝刘启是直接责任人。

当时，吴王世子刘贤入宫朝见汉文帝，陪太子刘启饮酒玩乐，两人因棋路发生激烈争论。刘启非常生气，拿起棋盘就向刘贤砸去，由于出手过重，刘贤被当场砸死。

西汉 七牛虎耳铜贮贝器

贮贝器是西汉时期滇人中的统治者贮存贝币的用具，而这件尤为精美，该器器身两侧有对称虎形耳，平底。底足四个，作爪形。盖中央立一铜鼓，其上立一牛，作昂首鸣叫状，环周有六牛，大角长尾，肩瘤突起，状极生动。此器既凸显了西汉高超的青铜工艺，也反映了当时币制的混乱——贝壳、诸侯私铸货币并行不悖。吴楚两国就是因为能炼铜铸钱所以富可敌国。

时间　前157—前141

太子失手打死吴王世子，是一件非常棘手的事。事后，刘恒下令将刘贤的尸体送回吴国厚葬。

吴王刘濞（bì）是汉文帝的堂哥，管辖三郡五十三城，境内产铜和盐，经济富足，实力非常强大，且深得百姓拥护。见到世子的尸体，刘濞大怒，说："天下都是刘家的，死在长安就要埋在长安，何必送回吴国下葬！"随后，他令人把世子的尸体送回长安。

刘濞此举无疑是性质恶劣的挑衅，但汉文帝理亏在先，也就听之任之。而刘濞从此便不遵守诸侯对天子的礼节，称病不朝。刚开始，汉文帝以为他当真卧病，但后来查实并无此事，便下令拘押吴国使者。

得知消息后，刘濞惶恐不安，派使者代他面见皇帝解释说："吴王其实并没生病。朝廷禁锢了使者，吴王害怕，才假装生病的。请皇上捐弃前嫌，给他机会改过。"

汉文帝本性忠厚，又因吴王世子的事有愧疚感，听了此话，不仅赦免了吴国使者，还赐给刘濞几案和手杖，特许他不再朝觐。

不过，刘恒的善意没能赢得原谅，反被误认为软弱，刘濞愈发骄横自负。

削藩引发的动乱

汉景帝继位后，虽然政策和汉文帝一脉相沿，但对诸侯的态度却更为激进，因此主张削藩的晁错得到重用。

晁错早年学习的是法家学问，后来因学习《尚书》得到官职，以其能言善辩受到太子刘启的重用。他很有智谋，又深受法家思想影响，因此十分着力于对律法和政策的改革，先后提出了《言兵事疏》《守边劝农疏》《论贵粟疏》《举贤良对策》等建议，对发展生产和巩固国防起到了很大作用。

因为足智多谋，晁错一步步做到御史大夫，达到谏官的最高地位，有

"智囊"之称。当时诸侯势力最盛，晁错权衡利害，向汉景帝上书《削藩策》，建议削藩。晁错削藩的手段非常直接，就是搜罗各国诸侯的"罪证"，趁机直接将其土地削减，收归中央。

汉景帝听了有些犹豫，担心激起诸侯反抗。但晁错认为各路诸侯反心已生，且势力庞大，仅齐、楚、吴三国封地就近乎天下的一半。"今削之亦反，不削亦反。削之，其反亟，祸小；不削，反迟，祸大。"认为晚削藩不如早削藩。汉景帝认为有道理，于汉景帝前元三年（前154），先后根据"罪状"下令削夺楚王刘戊、赵王刘遂、胶西王刘卬的封地，各路诸侯顿时

晁父自尽

七国之乱爆发之前，晁错父亲责问晁错："天子提拔你为御史大夫，你却劝天子削减诸侯封地，疏远人家的亲情骨肉，引发大家怨恨，为什么要这样做？"晁错说："藩国势力越来越大，朝廷权力就越来越小，天子不尊，国家不安，我必须这样做！"父亲叹了一口气："你这样做，刘氏江山倒是安稳了，晁氏却危险了！我已经上了年纪，不忍心看到灾祸降临，不如趁早归去。"回家后，晁错父亲自尽。

▲汉景帝阳陵虎符

时间　前157—前141

人人自危。

早有不满的吴王刘濞见时机成熟，决定怂恿勇猛强壮的胶西王刘卬起兵造反。他派使者对刘卬说："如今，皇上任用奸臣，听信谗言，随意变更律令，侵削诸侯的土地，诛杀处罚善良的人。吴国与胶西国一旦被朝廷注意，恐怕灾祸就要来临了。我得知，您因卖爵而获罪，还被削除了土地。这明显是处罚过重啊！依我看，这恐怕仅仅是开始……"

刘卬听了此话，变得焦虑起来。使者又说："有共同利益的人应相互帮助。吴王与您有同样的忧患，应该相互帮助，共同努力除掉威胁。"

刘卬有些意动，但不敢反抗皇帝。使者便说："我们不是反皇帝，而是反晁错，他迷惑皇帝，侵夺诸侯的封地，朝臣都恨他，诸侯都有杀他的意图，以讨伐晁错为名起兵，天下都会争相响应的。到时候，吴王率楚王攻下函谷关，守住荥阳敖仓的米粟，我们便可以抗拒朝廷大军。天下统一后，吴王愿意与您平分天下。"

刘卬被诱惑了，同意举兵。为了增加成功的把握，刘卬和刘濞又派人去联络齐王、淄川王、胶东王、济南王、济北王，共同起兵响应。

这些诸侯王都害怕削地，因此恨透了晁错。于是汉景帝前元三年（前154），胶西、胶东、济南、楚、赵等国相继起兵。赵王不仅起兵反汉，还派人去匈奴，怂恿匈奴出兵。

当然也有反悔的诸侯，比如齐王，他派兵守城自保，打算观望形势。而济北王则被手下劫持，没能成功出兵。见各诸侯国反汉，刘濞出动吴国军队二十万，还派人到闽越、东越，怂恿他们也出兵。

一场大乱爆发了。

5　又是周家安刘氏

晁错是一个固执而有卓识的政治家，早在削藩之初，他的父亲就劝他，削藩虽好但必然会为晁家招来灭族之祸，但晁错坚持"天子不尊，国家不安"，全然不顾个人安危。他的父亲只能长叹一声，服毒自尽了。

后来吴、楚等七国叛乱，果然打起了"请诛晁错，以清君侧"的口号。而晁错此时却做了两个错误的决定：第一，建议由天子亲征，而他坐镇京城；第二，执意诛杀前来投奔的吴国相国袁盎。第一点导致汉景帝对他的用心产生怀疑，第二点导致袁盎和重臣窦婴联手，建议汉景帝铲除晁错，以安列国之心。

由于吴国富甲天下，叛军士卒众多，又抱有大义旗帜，汉景帝不得不采取缓兵之计，将晁错骗到刑场，腰斩以告天下。

吴、楚等七国自然不可能就此罢手，尤其是吴王，更是以东帝自称，但晁错之死并非全无作用，这使得吴、楚等七国用兵失去了大义名分。而汉景帝也借机调动兵马，派周亚夫率军攻打吴国和楚国；派郦寄率军攻打赵国；派栾布率军攻打齐国；派大将军窦婴驻扎荥阳，监视齐国和赵国的动向。

周亚夫到荥阳后，发现诸侯尚未占领荥阳，心里便有底了。此时七国强而汉军弱，周亚夫便积极联络当地的"游侠"，取得了剧孟等大游侠的支持，这些地方豪强在一定程度上改变了双方的实力对比。到淮阳后，有

风流人物

周亚夫

周亚夫是周勃的儿子，西汉杰出的军事家，由于在平定吴楚七国之乱中立下汗马功劳，周亚夫一度荣膺丞相。他为人耿直，长于军事而不善为官，为相之前就得罪了很多人，比如被他战略放弃的梁王刘武。出任丞相后他又在废太子刘荣、封皇后哥哥为侯等事上和汉景帝对立，以致君臣产生了嫌隙，最终竟因为受诬陷绝食而死。后世的人赞扬他治军严谨的风格，"细柳营"也成了纪律严明军队的美称。

时间　前157—前141

人向周亚夫献计："吴楚联军士气旺盛，一时难以硬拼。不过，他们士气不会持续太久。您可以率军驻在昌邑（今山东巨野东南），把梁国让给吴军，吴军必派精兵攻打梁地。到时，您深挖沟、高筑垒，坚守不战，然后派精兵控制淮泗交汇处，断绝吴军的粮道。这样，吴军必然缺粮，那时您再出兵攻击，就能一举消灭他们。"周亚夫深以为然。

相比周亚夫的从善如流，吴王刘濞则有些刚愎自用。起兵时，田禄伯便建议分出一路军队，沿长江、淮水往西走；起兵后桓将军也劝说刘濞，不必沿路一一攻下城池，而要抢先占领洛阳。这两条合理建议刘濞都没有采纳。

当时汉朝定都长安，处于关中盆地，有崤山函谷关的险要，可谓易守难攻。而吴、楚等七国也没有合兵一处，吴楚以外的几国大致在东方的燕赵之地混战，一时陷入僵持，所以战局的关键在向西的吴楚联军身上。

吴楚联军原本想和汉军主力周亚夫决战，但周亚夫坚守不出，联军只能渡过淮水，向梁国发动攻击，梁国的封王刘武是汉景帝的弟弟，深受偏爱，因此没有谋反。梁王原想出兵和吴楚联军作战，由于周亚夫采取守势，他先后两次落败，只得逃回梁国，坚守不出。

吴楚联军于是面临窘境，想征关中却顾及梁王和周亚夫包抄后路，想到下邑攻周亚夫但对方深沟壁垒，坚持防守，根本就不搭理他们。吴、楚等七国人马虽多，但兵种几乎全是步兵，机动能力有限，周亚夫抓住这一弱点，一面坚守，一面频频派出机动军队骚扰吴军的粮道，包抄分割其外围势力，吴军很快就疲于应付，粮草紧张。

无奈之下吴军只好疯狂向汉军挑战，并进攻梁地，但是都没有太大进展。刘濞没办法，只好派兵在晚上进攻周亚夫营地的东南面，这条声东击西之计被周亚夫识破，他将计就计，将重兵部署在军营的西北部。果然，吴军晚上从西北面主攻，正好掉进周亚夫所设的陷阱里。这一战是七国叛乱的转折点，吴军大败，士兵大多饿死或反叛逃散。刘濞只得率千名亲信连夜逃走，暂居东越人的军中，打算收聚逃兵后再战。不想东越被汉朝派人收买了，他们诱杀刘濞，将其头颅送给汉朝。

刘濞身死，楚王自杀，一起造反的各诸侯如鸟兽散，其中胶西王、胶东王、淄川王在齐地被栾布击败，赵王也被郦寄攻破。除了没有成功发兵的济北王之外，反叛诸王皆被杀死。仅仅三个月，七国之乱即告平定。借此机会，汉景帝废除了七国中的六国（仅楚保留国号并另立新王），趁机收夺各诸侯国的支郡、边郡归朝廷所有。各诸侯王也被削减政权，取消他们任免封国官吏和征收赋税的权力，他们不能再过问封国的政事，只能按朝廷规定的数额收取该国的租税作为俸禄。

5 阻击匈奴、安抚南越

在文景时代，汉朝经济取得的成就有目共睹。但不可忽略的是，这种成就是建立在战略隐忍基础上的。这种隐忍战略一方面体现为延续汉初的和亲政策，另一方面则体现为对外敌侵略的坚定抵抗。

作为安抚匈奴的重要战略，和亲自汉初就一直推行，直到汉景帝中元二年（前148）匈奴入侵燕国才出现中断。但即便是在和亲期间，匈奴的进犯和汉廷的抵抗也是屡见不鲜的。

仅汉文帝为政期间，汉廷就和匈奴爆发过三次大规模冲突：

汉文帝前元三年（前177），匈奴入侵北地郡（今甘肃庆阳），占据河南地（今内蒙古鄂尔多斯），汉文帝征调车骑八万五千，由灌婴率领将匈奴驱逐出境。

船纹铜提筒

提筒是古代越族的盛储器物，全国一共出土了二十多件，仅南越王墓中的提筒就有九件。其中一件船纹铜提筒非常有名，它的周身饰有四组船纹，四船首尾相连，高高翘起，船上旌旗招展，有鼓形乐器、弓形大橹及高台，船下还有海鸟、海鱼、海龟等动物。

时间　前157—前141

汉文帝前元十四年（前166），匈奴杀死汉北地都尉，汉文帝派骑兵十万、兵车千乘，将匈奴击退。

汉文帝后元六年（前158），匈奴三万人入侵上郡，三万人入侵云中郡，汉文帝再次组织人马予以阻击。

到了汉景帝年间，匈奴不仅参与七国之乱，还先后入侵代地、燕国、上郡，两国关系进一步恶化，以致和亲断绝。虽然汉景帝未采取主动出击策略，但汉匈之间，一场大战已经在所难免。

比起北方，汉朝对南越的招抚政策要见效得多。所谓南越，是一个地方割据势力，主要控制今天的岭南地区，还包括越南北部。南越境内原本散居着很多民族，称为百越，他们原本与中原并不直接接触，但在秦始皇时，百越被秦将赵佗等平定，自此成为秦朝的边郡。后来天下大乱，赵佗也趁机起兵，他以南海郡为立足点，连续夺取桂林郡、象郡，在岭南三郡建国，也就是南越国，都城是番禺（今广州）。

刘邦建立汉朝以后，因天下初定，一直未对南越用兵，而是采取了和平招抚的方式。赵佗也接受封号臣服于汉。但这种附属关系只是名义上的，凭借军威及财物贿赂，赵佗迅速攻取了闽越、西瓯、骆越等地，实力强大后也就不顾什么臣属关系了，开始以皇帝的身份发号施令，渐渐成为西汉位于南方的一大隐患。在吕后年间，汉廷一度试图采取武力征服南越，但碍于路途遥远，主事的吕后又早死，最终没能实行。

直到汉文帝继位后，汉朝才再次出使南越，并且恢复感化策略，一面派人重修赵家先人的墓地，设置守墓人每年按时祭祀，一面赐给赵佗的堂兄弟们官职和财物。这种政策起到了效果，赵佗经过深思熟虑，觉得一旦交战，定会两败俱伤。于是，他表示愿意重修旧好，除去帝号，仅称南越王。至此，在汉文帝、汉景帝和汉武帝执政期间，赵佗一直称臣奉职，每年春秋都会派出使者前往长安朝见，南越国就此成为西汉王朝的藩属国。

从军和劳役的结合——更戍制度

在汉朝，军队分为京师的南北军和地方部队，这两支军队都是征兵制。当时农民从军和从役其实并不容易区分，只能大体分为正卒、屯戍、更卒三类。正卒是男子年满二十三岁后开始的，包括到京师南北军中从军一年和到郡国服役一年。屯戍就是到边境戍边三天，如果不愿去可以出钱，官府雇人代替。更卒就是一年中抽出一个月为地方服劳役，如果不愿去同样可以出钱了事。征兵之外，汉朝还有招募兵员的募兵制，汉武帝的胡骑、越骑，供李广利攻打大宛的"恶少年"其实都是募兵，当然紧急时刻也有把囚犯赦免命其从军打仗的。

▲危山汉墓 步兵俑

▶危山汉墓 单辕车

地图专题 七国之乱

性质：汉初诸侯分封和中央集权的冲突爆发。

战斗双方：汉景帝、齐国、梁国等；吴国、楚国、胶东国、胶西国、淄川国、济南国、赵国。

背景：汉初诸侯王代代相传，与中央的亲缘也逐渐疏远，私煮盐、私铸钱，严重威胁中央统治。

透过地图说历史：

吴楚七国之乱，其实可以分为两个部分。南方的吴楚两国率先举兵，并且决意西进，直接威胁位于西方的汉朝廷，是七国之乱的主战场。而另一部分的东方五国领土相对较小，兵力分散，正忙于和中央的平叛军在齐国一带纠缠。

汉室的主力军由周亚夫带领，他祸水东引，利用忠于中央的梁国拖延了吴楚军队的进程，消耗了两国的力量。随后示敌以弱，诱惑吴楚联军来攻，最终耗尽了叛军的锐气，仅用三个月就击溃了七国联军的首领吴、楚两国，其他五国也接连溃败。

从地图上不难看出，七国之乱平定后，汉王室以很小的代价就彻底吞灭了东方有影响力的几个大国。中央集权因此势不可当。

有一个问题值得深思：汉初就有大量同姓诸侯，为什么到景帝时期才爆发七国之乱？

与其说是景帝的削藩激起了动乱，不如说是诸侯王势力的恶性膨胀逼着景帝削藩。在汉高祖刘邦时，一共有九个同姓诸侯王，主要是刘邦的子嗣。刘邦去世时，太子汉惠帝尚且年轻，何况这些诸侯呢？大体不过是一群孩子罢了。等到汉文帝时，同姓诸侯王已年长，按说可以尝试削藩，但

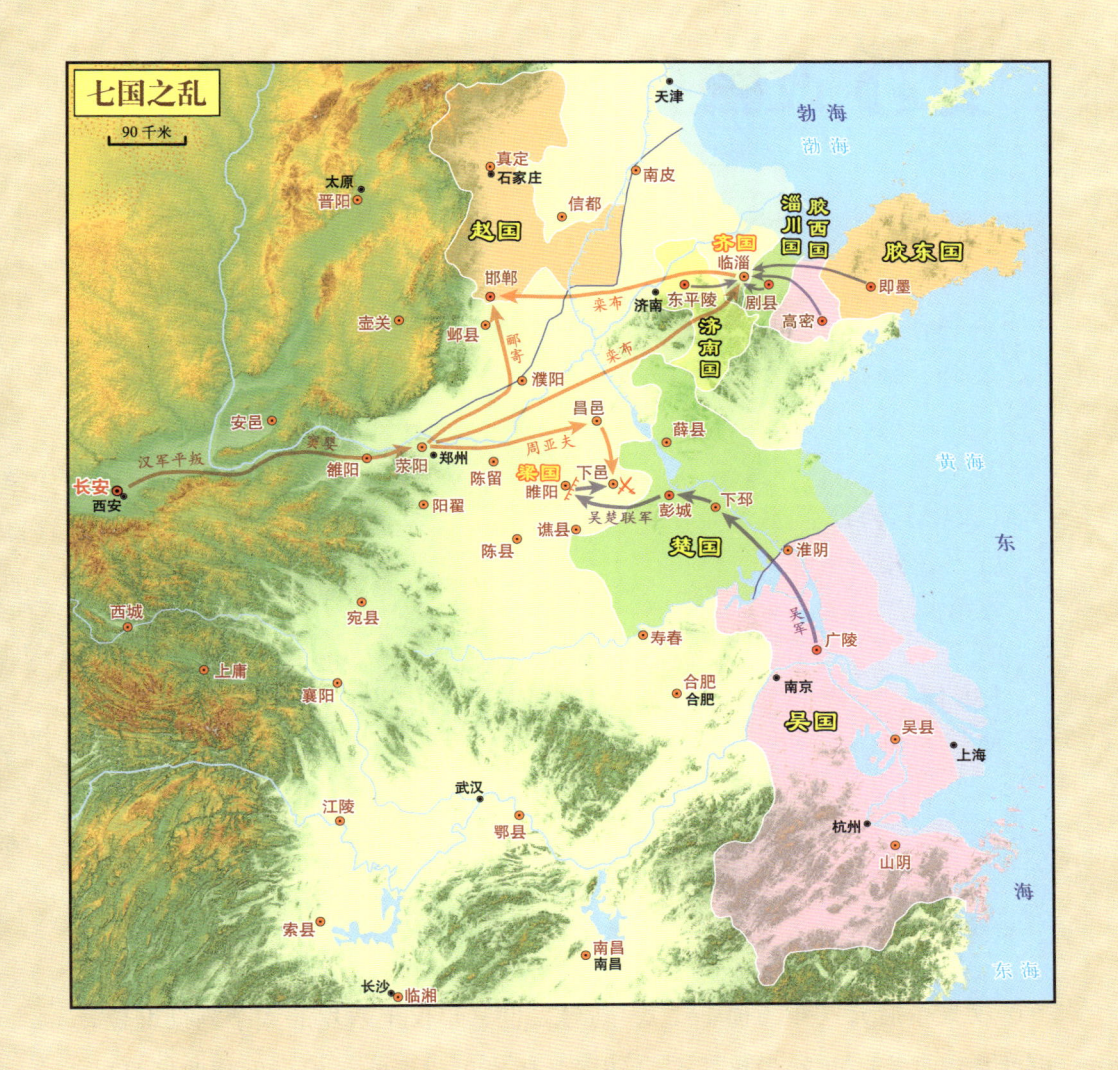

汉文帝本身就是个诸侯王出身的天子，几乎是空降到了长安为帝，所以他不仅不能削藩还得大加分封，讨好宗室以稳固地位。汉文帝时，仅新封的诸侯王就有十七个。

到了景帝时，诸侯王不断招纳流民、亡命之徒、商人，争夺中央的税收人口。尤其是商人，由于汉朝抑商，这个财大气粗的群体无法在中央做官，只好投入诸侯王门下。最终，王室和诸侯王的矛盾爆发于景帝时代。

时间　前141—前127

13 改弦更张的汉武帝

> 元年，汉兴已六十余岁矣，天下乂安，荐绅之属皆望天子封禅改正度也。而上乡儒术，招贤良，赵绾、王臧等以文学为公卿，欲议古立明堂城南，以朝诸侯。
> ——《史记·孝武本纪》

【人物】刘彻、窦太后、董仲舒、王臧、赵绾、主父偃

【事件】罢黜百家、独尊儒术、行推恩令

刘彻是一个彻底的改革者，坐拥文景两代丰厚的积累，他大展拳脚，进行了一系列富有远见的改革。

道儒之争

汉景帝后元三年（前141），刘启去世，年仅十六岁的太子刘彻继位，也就是汉武帝。年轻的汉武帝自幼深受儒家思想影响，他借助招收贤良的机会收取了不少儒生，王臧、赵绾便借此赢得了汉武帝的宠信，他们一面劝武帝修明堂、封禅，以表达不世之功业，一面贬斥黄老道学，趁机提高儒家地位。

王臧、赵绾的行为其实仍是先秦诸子百家争锋的延续：秦朝以法家立国，其灭亡后，法家自然也就失去了作为建国思想的公信力，儒道之争成为汉初的主流。道家的思想在具体执行上是不如儒家详细的，但其"无为

服饰文化——汉服风韵

西汉时的服饰仍然沿袭周朝的深衣，不论单衣、棉衣，上衣和下裳都是合缝在一体的，外衣内则配有中衣和内衣，形成了定型套装。西汉女子深衣以马王堆汉墓出土的最精美，男子深衣比较有代表性的是凤凰山西汉墓的出土实物。汉朝在四海统一和儒学盛行的基础上建立了完备的舆服制度，仅史书中记载的皇帝和群臣的礼服、朝服、常服就有二十多种。汉朝还以法律规定了士农工商乃至奴隶的服装制式，农民最初不能穿杂彩，奴隶的穿着则更为简陋。

▲ 西汉 印花敷彩纱丝绵袍

而治"的主张恰好迎合了汉初法律完备、百姓疲惫的现状，因而得到皇室的支持，并且取得了很大效果。

然而随着几十年的发展，汉朝逐渐富裕起来，主要问题便不再是百姓疲惫，而是频发的外患和内部矛盾，这是主张无为的黄老之学难以解决的。虽然黄老之学的颓势已经显现，但当朝的窦太后是黄老之学的坚定信奉者，汉武帝想转变国家的指导思想，必须要争取她的同意。

汉武帝受窦太后掣肘的原因很简单，因为早年他并不是太子，之所以能够登位，全仰仗娶了窦太后的孙女陈阿娇（长公主之女），成语"金屋藏娇"说的就是这段故事。因此，哪怕身为皇帝，汉武帝也必须要看窦太后的脸色。而王臧和赵绾却有些看不清形势，竟然建议汉武帝废止向窦太后请安汇报的旧制，理由是不合礼制。窦太后当即大怒，在她的干预下，王臧、赵绾被杀，汉武帝所主张的封禅、更改服制等举措基本都付诸流水。

此时，道家虽然无法提供合宜的举措应对变局，但其思想却在淮南王刘安的支持下得以大成，集结成了一部影响深远的著作《淮南子》。《淮南

时间 前141—前127

子》中"清静无为"的思想得到了刘氏诸王、太皇太后窦氏及窦氏集团的支持。面对如此强大的阻力,汉武帝初年的儒道之争,自然也就以儒家落败而告终。

独尊儒术

王臧和赵绾虽然败得很凄惨,但恶果只是及于他们个人和一些封禅之类的改革罢了,儒家的势力并没有受到焚书坑儒式的打击,更多的儒生仍然身处高位,慢慢地对汉武帝施加影响,等待时机。

其中最具代表性的是董仲舒,董仲舒是一个专注又克己的人,为了研究学问,他三年间不看花园中的景色一眼。由于治学刻苦,董仲舒早早地就成了汉景帝年间的博士,做学问的人都很敬重他。后来,为了广寻人才,汉武帝亲自主持考试,命了一题要各地举荐的一百多人写对策。当时,他命题的大致内容是:从夏、商、周到现在,以前圣人推崇的道一天天衰落了,社会风气也每况愈下。后世的君主都想施行以前圣人的治国之道,但却无法施行。请你们畅所欲言,说说采用什么办法可以让天下太平、百姓安乐。

这是一道开放性考题,也是各位考生改变人生的机遇。大家尽显其能,各抒己见。近百篇对策中,董仲舒的发言脱颖而出,大略是:"每个君主都

雁鱼灯

雁鱼灯造型为鸿雁,成回首衔鱼伫立之姿,鱼身及雁颈、体腔内部均中空相通。它由雁首颈(连鱼)、雁体、灯盘、灯罩四部分套合而成,方便自由拆装和擦洗。点燃灯火以后,烟雾会通过鱼和雁颈导入鸿雁体内,以防止油烟污染室内空气。

希望百姓能安居乐业。君主能否让百姓安居乐业，关键在于施行仁政、推行礼乐、开展教化，不能只依靠严刑峻法，法度会随着时代的变易过时，但道德和礼教却能代代相传。如果君主所作所为符合圣人治国之道，以德治民，那么百姓就能安居乐业，否则，就无法实现安居乐业。"

刘彻对他的说法非常感兴趣，又问："自上古以来，把天下治理得很好的君王，既有虞舜那样垂拱无为的，也有周文王那样忙得顾不上吃饭的；既有勤俭节约的，也有仪仗考究的；秦朝以来法度严苛，百姓不堪其苦，而周成王、周康王不用它们也能让天下太平四十多年，这是怎么回事呢？请你详细对答！"

董仲舒明白汉武帝的言外之意是说政策要因时而变，而他有心变法，于是在对策中详细说明儒家的治国之道，由服制、法度谈到道德和人才选举，汉武帝听了大喜过望。

知识充电

考试制度的奠基——察举

所谓察举就是考察举荐的含义，是汉朝重要的人才选拔制度。人才察举行为最初没有定制，起因往往是天子下诏求贤，于是各郡县就把有才学声望的人才送到中央。这一制度起于刘邦在汉高帝十一年（前196）下达的诏书"贤士大夫有肯从我游者，吾能尊显之"，后来到汉武帝元朔元年（前128）察举的规模才大体确定，但频次仍然变动很大。察举制度是由地方长官在辖区内完成的，举荐的科目曾有"孝廉、秀才、贤良方正、文学、明经、明法、勇猛知兵法"等，其中孝廉最为重要，它要求被举荐者清廉孝顺。孝廉举荐很严格，每二十万人口一年才能产生一位。这种根据品德能力选取人才的原则，为后世的考试制度奠定了扎实的基础。

时间　前141—前127

就这样，二人先后对答三次，三次中，由于董仲舒谈的基本是天人关系，因而其对策被称为"天人三策"。天人三策的主要内容有以下几点。

1. 天人感应、君权神授，以宗教信仰为君主的绝对权力赋予合理性。
2. 推明孔氏，抑黜百家，以思想大一统促进政治的大一统。
3. 春秋大一统，尊王攘夷。
4. 建立太学，推行教育，改革人才拔擢制度，反对任子赀选制。

天人三策的思想深受汉武帝推崇，汉武帝建元六年（前135），太皇太后窦氏刚一死去，独立掌权的汉武帝就开始按照天人三策推行了一系列的改革，也即后世所谓的"罢黜百家，独尊儒术"政策。在这一政策下，汉武帝罢免了各地举荐人才中不学习儒学五经的人，招选了几百名儒生，让他们在官办太学和各郡县学堂中任职，负责教授儒家的《诗》《书》《礼》《易》《春秋》。不仅如此，汉武帝每年还召集读儒经的儒生考试。只要在五经中精通一经就可以做官，成绩优异者还可以升任高官。从此，学习儒家学说渐渐成为做官的主要途径。西汉的权力结构也从汉初的诸刘氏、贵族及军官的联合统治，转移到了儒生手中，就连丞相职位也首次打破贵族和军官垄断，转移到儒家手里，真正地成了所谓布衣卿相。儒学自此成为西汉乃至以后两千多年里中国的思想正统。

董仲舒的天人三策虽然确立了儒家思想的主导地位，对中华文化和大一统观念的形成功不可没，但为了方便阐明理论，他人为地对儒家经典做出了一些过度解释乃至篡改，加入大量迷信成分，在学术上却很难定性为一次进步了。

主父偃的削藩妙计

经过七国之乱的清理，诸侯势力在汉武帝时已经大不如前，然而世袭罔替的藩国终究不如由流官（人员流动的官）管理的郡县稳固，而且任其发展，各国只会越来越强。汉武帝因此有些纠结，有意削藩，又怕再激起一场七国之乱。

此时恰好一个叫主父偃的大臣上书针砭时弊,提到了诸侯专权。汉武帝非常感兴趣,就问主父偃可有什么良策。

主父偃出了个好主意:"那些诸侯王个个都有好多儿子,按照以往的规矩,一般只有一个能继承其封地和爵位,其他儿子却一无所有,这样太不公平了!陛下可以颁发一道推恩令,将皇恩推及所有刘姓子弟,让各个诸侯王的每个儿子都能享受封地、爵位。这么一来,等到诸侯王去世,封地便由他们的儿子平均分配,大藩国会变成几个小藩国,各个藩国就会由强变弱。等到三代之后,各个诸侯国就弱得不值一提了,到时候随便找个理由就可以撤销,自然不用担心他们会有反抗朝廷的实力。"

汉武帝听了连赞高妙,于元朔二年(前127)开始大力颁行推恩令。推恩令规定,诸侯王除了嫡长子可以继承王位以外,其余诸子也可在原封国内封侯,新封侯国直接由各郡管理,地位相当于县。那些封土广大而子孙少的诸侯王,可以虚建国号,等有了子孙以后再行分封。

推恩令温和的手段不仅没有遭到抵触,反而得到很多非嫡子的支持,得以顺利推行。此后,藩国的封地越来越小,"大国不过十余城,小侯不过十余里",势力大大削弱。与此同时,西汉王朝直辖的土地却不断扩大,彻底解决了藩国势力的威胁。

汉 鎏金团兽形节约

在今天,"节约"和"节省"同义,但在古代"节约"二字还代表一种马具,它一般由金属材质制成,中空有孔,作用是将马辔头等处的绳子在马的耳后穿在一起,这样马绳显得整洁,也不容易打结纠缠。

时间　前133—前117

14 击退匈奴的英雄

> 骠骑封于狼居胥山，禅姑衍，临瀚海而还。是后匈奴远遁，而幕南无王庭。汉度河自朔方以西至令居……地接匈奴以北。……匈奴虽病，远去，而汉亦马少，无以复往。
>
> ——《史记·匈奴列传》

【人物】刘彻、卫青、霍去病、李广

【事件】马邑之变、关市之战、漠南之战、河西之战、漠北之战等

卫青宽仁，打破匈奴不败的神话；去病骁勇，将骑兵长途奔袭战术发挥到极致；李广忠勇，虽未得大胜，却成为千年的军人典范。

马邑之变

除思想和内政方面发生巨大转变外，武帝的对外政策也一改汉初旧制，开始对匈奴采取战略进攻，这也是武帝最有贡献的地方。

武帝对匈态度的转变除了个人因素以外，所依靠的自然是文景之治积累的巨额财富，但还有一个重要原因不能忽略，那就是匈奴对中原王朝的威胁达到了有史以来的极点。

经过冒顿单于的发展，匈奴已然颇具规模，再不是北方草原众多游牧势力之一，而是一个北抵西伯利亚、东达热河和辽宁西部、西达新疆哈密一带、南以阴山同汉朝交界的大帝国。对汉朝的整个北疆造成致命威胁。

为了对匈奴实施军事打击，武帝自继位之初就开始做准备。针对匈奴侵犯频繁、边将抵御不利，他派李广等名将带兵巩固边防；针对匈奴骑兵众多、机动灵活，他鼓励养马，为组建大规模骑兵做好准备；此外，武帝还派张骞出使西域，争取联合匈奴的敌国大月氏夹击匈奴。

卫青、汉武帝、霍去病雕塑

经过六七年的准备，元光二年（前133），刚刚全面掌权的武帝即采纳王恢的观点，打算诱敌深入，布下伏兵消灭匈奴主力。提出这个计策的是马邑大商人聂壹，实行这个计策的也是他，因为他常年在边境经商，对匈奴军臣单于十分了解。

为了配合聂壹的行动，武帝命令韩安国、李广、公孙贺率三十万精锐汉军埋伏在马邑附近的山谷中，准备突袭匈奴主力，同时派王恢、李息率三万汉军出代郡，准备从侧翼袭击匈奴辎重并断其退路。

一切准备妥当后，聂壹欺骗军臣，说自己手下有数百人，想斩杀马邑县令，举城而降，牲畜财物可以全部给匈奴，但匈奴要派军前来接应。军臣贪图马邑城的财物，亲率十万匈奴军进入武州塞，并派人随聂壹先到马邑，打算等斩杀马邑县令后进军。聂壹随后返回马邑，与县令密谋，杀死一名囚犯，将头悬挂在城门上，以此欺骗匈奴使者。

军臣果然上当，率匈奴军朝着马邑赶来。行到距马邑百余里的地方时，军臣发现沿途有大量牲畜，却无人放牧，多疑的他怀疑事情有变，便下令停下来，派一小队人去前面探路。结果探路小队抓到了一名汉朝的雁门尉史，在威胁下，尉史将汉军的计谋全部说出。军臣听后大惊，当即率军撤走。由于匈奴此时还没完全进入埋伏，埋伏在后的王恢、李息不敢阻击。

时间　前133—前117

最终，这场精心设置的埋伏一无所获，匈奴与汉朝至此彻底决裂。

骑奴变身大将军

马邑之变后，匈奴拒绝和亲，并屡次奔袭汉朝交通要道上的边防要塞，至于侵扰汉朝边境的事情更是数不胜数，边境军民不堪其扰，只有关市贸易因为匈奴贪恋汉朝财物而得以保留。

武帝有意对匈奴采取反击，却苦无能独当一面的大将。就在此时，卫青进入了汉武帝的视线。卫青原本是汉武帝姐姐平阳公主的骑奴，负责在主人出门时骑马相随，但是他的姐姐卫子夫貌美，被汉武帝看上纳为夫人，卫青也就摆脱奴籍，得以侍奉在武帝身边。因为善于骑射，卫青逐渐受到重用。

元光六年（前129），匈奴派兵侵扰汉朝上谷。武帝非常愤怒，未派兵去增援，而是派四个将领各率一万骑兵，主动进攻匈奴本土。这四个将领除了经验老到的李广、公孙贺、公孙敖外，还有一个就是卫青。用人不拘一格的武帝直接封他为车骑将军。

在很多人看来，卫青就是来镀金的。但出乎意料的是，李广、公孙贺、公孙敖不是失败就是无功而还，唯独卫青深入险境，直捣匈奴祭天圣地龙城，斩杀七百人。这是汉对匈奴的首次胜利，武帝大喜过望，自此重用

中外对比

前129年，大将军卫青首次出战匈奴，时任车骑将军，此战以后，汉、匈形势开始逆转；

前129年，罗马吞并小亚细亚，控制了东地中海，建立起跨欧、亚、非三洲的霸权。

卫青。

元朔元年（前128）秋，武帝命卫青率三万骑兵，从雁门关出发，进攻匈奴，斩杀匈奴数千人。第二年，卫青取得的功绩更辉煌，这一年匈奴军大举入侵汉朝的东部战线，先攻破辽西，杀死辽西太守，又打败渔阳守将韩安国，劫掠两千多人。

见一时难以救援，武帝索性攻其必救，再次派兵从西部战线攻击匈奴黄河以南的地区。这一次，卫青再次大显身手，采用"迂回侧击"战术，绕到匈奴军后方，迅速攻占高阙（今内蒙古杭锦后旗东北），切断黄河以南的匈奴白羊王、楼烦王所部与单于王庭的联系。完成这一步后，卫青又率精锐骑兵南下，进攻陇县西，形成对白羊王、楼烦王的战略包围。这一战卫青率军纵横数千里，将白羊王和楼烦王打得措手不及。此战匈奴损失了百余万牛羊，被彻底赶出河套地区，回到黄河以北。经过移民、筑城以后，河套地区成了汉朝的朔方郡、五原郡，汉族和匈奴的边境又回到了秦始皇筑长城时。

匈奴并不服气，在接下来的几年，不断派骑兵侵扰朔方城。武帝十分愤怒，于元朔五年（前124）发兵十余万进击匈奴，大军分三路，一路从朔方出兵，一路从右北平出兵，一路由卫青亲率三万精锐骑兵，从高阙出发。这一战的重点打击对象是匈奴右贤王，他以为汉军尚远，于是放松警惕，尽情喝酒作乐。没想到，卫青早已经侦查到他的位置，全力突袭几百公里，包抄了他的营帐。惊慌失措之下，右贤王只得带几百个精锐骑兵突围。右贤王手下的十几个小王，一万五千多男女部众，千百万头牲畜皆被卫青俘获。同年，卫青又打了几场胜仗，不过汉军也有损失——匈奴降将赵信所率的三千多骑兵被匈奴单于重兵消灭，赵信又叛回匈奴，了解汉朝

卫青像

时间　前133—前117

形势的他献上一条毒计，让匈奴军主力迁往漠北，派机动部队袭扰汉朝，大大加长汉军的奔袭距离。

秉着虽远必诛的豪迈情怀，武帝决定和匈奴来一次大决战。元狩四年（前119），在武帝授意下，汉军以十四万匹战马及五十万步兵做后勤补给，同时派十万骑兵兵分两路，跨越大漠进攻匈奴王庭，其中一路由卫青亲率。这五万骑兵出塞一千多里后，与匈奴单于主力遭遇。卫青镇定面对，命令李广和赵食其两军合并，从右翼对匈奴主力进行包抄；亲自率公孙贺、曹襄所部，从正面对抗单于主力。为了防止匈奴骑兵冲阵，他下令将战车排成环形营垒，再派出五千骑兵纵马奔驰，发起进攻。匈奴见状，以一万骑兵迎战汉军。

双方激战到傍晚时分，突然风沙大起，交战两军都看不清对方布置。卫青趁机令人从两翼急驰向前，包抄匈奴单于。单于见汉军非常多，有些胆怯，率几百精锐骑兵冲开汉军包围圈，向西北逃走。由于风沙阻挡，汉军一时不知单于逃走。后来，还是匈奴俘虏泄露了消息。卫青闻讯赶忙令轻骑兵连夜追击，自己率主力紧跟其后。他们一路穷追，奔袭两百多里，

西汉　红釉陶骑射俑

汉武帝时对匈奴转变战略，主要依靠骑兵，以机动对机动，从而达到打击匈奴有生力量的目的。直到如今，我们还能从出土的陶俑中窥见大汉骑兵挽弓疾驰、保家卫国的英姿。

> **知识充电**
>
> **大司马**
>
> 在数次对汉战争中,匈奴损失了十余万的人口,牛羊损失不计其数,基本丧失了蒙古草原的霸主地位。而汉朝虽然兵员损失相对较小,但屡次奔袭导致马匹折损严重。仅漠北之战一役,出征的十几万匹马就只剩下个零头,以至于很多年都难以组织大规模骑兵作战了。为了解决战马问题,汉朝至此设立了大司马一职,卫青、霍去病都担任过这一职位。

虽然没能追到单于,但沿途杀敌过万,缴获大量匈奴物资。与此同时,另一路汉军也是大获全胜。

至此,这场汉朝建国以来规模最大、距离中原最远的奔袭战大获成功,匈奴完全放弃了漠南的统治权,十几年内再无南下之力。

封狼居胥的少年

在对匈奴的军事行动中,卫青是当之无愧的大将之才,他运筹帷幄,先后七次出击匈奴,斩杀俘虏五万余人,大败单于一次,收复了广袤的河套地区。然而若只论功绩,有一个人连卫青也要自叹弗如,这个人就是霍去病。

霍去病是卫青的外甥,在十八岁那年做了皇帝的贴身侍卫,由于擅长骑射而得到重用。元朔六年(前123),卫青率军进攻匈奴时,武帝命霍去病率八百精锐骑兵作为机动力量随军出战。无论是武帝还是卫青,都没给霍去病安排具体任务,所以这一战不无考试和镀金的意味。

霍去病乐得自由,率八百精锐骑兵悄悄消失在草原上,他们没有停留在外围伺机收割匈奴残兵，而是孤军深入，如尖刀般直入匈奴腹地。最终，小队发现一处匈奴大营，当即发起猛攻，一战竟杀死两千多人，抓获多名匈奴贵族。经审问，其中一个是单于叔叔，另一个是单于相国，还有一个被杀死的是单于祖父的兄弟。

当时赵信背叛，汉朝损失了两支军队，因此霍去病的战绩令武帝非常高兴，封他为冠军侯，"冠军"就是勇冠三军之意，我们今天称呼竞技比赛头名的冠军就是由此演变而来的。

元狩二年（前121），刘彻再次出兵攻打匈奴，这一次霍去病独当一面，率一万精锐骑兵北上，发起河西之战。他率汉军从陇西郡出发，在短短六天内奔袭上千里，击穿五个匈奴王国，将匈奴河西诸族纷纷击溃。随后，他回军向南，驰骋两千多里，扫平焉支山南北，在皋兰山与匈奴兵展开激战。这一战是典型的奇袭斩首之战，意在俘虏单于的儿子，所以大军不收取财物辎重。最终匈奴折兰王和卢侯王被斩，浑邪王的儿子、都尉、相国被生擒，八千多匈奴人被斩杀和抓获，匈奴圣物"祭天金人"也被缴获带回。

史海辨真

多面天才

霍去病是一个非常复杂的人物，他有雄心壮志，善于带兵却又骄傲自负，不体恤士卒疾苦。从军之时，几辆车马为他专供饮食，而手下的士兵却有人在冻饿之中。汉武帝有心让他学习孙吴兵法，他却觉得作战贵在变通。然而，霍去病又的确豪情万丈，一心报效国家。武帝曾打算为他修建一座豪华府邸，让他成家立业。他却断然拒绝，说："匈奴未灭，何以家为？"等到远征匈奴之时，他又将珍藏的美酒倒入大河，与诸军共饮，发誓扫平匈奴，酒泉即因此得名。

当年夏天，霍去病正式成为骠骑将军，他同公孙敖、李广、张骞等部，分路向匈奴发起进攻，发起第二次河西之战。这一战，李广先到战场，遭遇匈奴主力，张骞迟到，导致李广孤军被围，结果打了个两败俱伤。而另一路由于公孙敖迷路失期，霍去病决定孤军深入，长途迂回突袭，大军渡过黄河，翻越贺兰山，绕道居延海，转而由北向南，经由小月氏绕到匈奴后方，然后由西北转向东南，在祁连山与合黎山之间的弱水上游，向匈奴浑邪王、休屠王发起奇袭。眼见数万汉军铁骑自腹地冲出，毫无防备的匈奴军大败。休屠王被抓，两千五百名匈奴人投降，三万多被斩，五名小王、五名王后、单于的王妃王子五十九人，以及相国、都尉、将军等要员六十三人尽皆沦为俘虏，而汉军损失不足十分之三。这一战后，汉军占领河西之地。

　　失我焉支山，令我妇女无颜色。
　　失我祁连山，使我六畜不蕃息。
　　　　　　　　　　　　——《匈奴民歌》

这首歌是河西之战的最好写照，祁连山是匈奴优质的牧场，失去了它，匈奴人的畜牧经济遭到重创。焉支山出产一种植物，其汁液可作为腮红，焉支、胭脂、阏氏（yān zhī，匈奴皇后）其实都同音同义，都是美丽的意思。失去了焉支山，匈奴的妇女都花颜失色。

两次河西之战失利，不仅导致匈奴势力大减，也导致其内部矛盾激化。由于伊稚斜（chá）单于将失败的责任全推在浑邪王和休屠王身上，这两个势力很大的匈奴王决定投降汉朝。武帝接纳了他们，封浑邪王为漯阳侯（休屠王反悔，被杀），把他的部从安置在陇西、北地、上郡、朔方、云中等边境地区。此后河西成了汉朝的武威、酒泉、张掖、敦煌四郡，大量汉人迁居到那里开展生产，这些地名至今仍在沿用。

元狩四年（前119），这一年是汉朝对匈奴规模最大的奔袭战，霍去病

时间 前133—前117

自然也率军参与，和卫青一样率五万骑兵在漠北清扫匈奴势力，武帝偏爱霍去病，所以精兵悍将都任他优先选取。和遭遇单于主力的卫青不同，霍去病从代郡、右北平郡出发，深入匈奴境内千余里，他遭遇的是匈奴左贤王。此战，霍去病带着精兵悍将轻装前进，穿过大漠，挫败左贤王，俘虏屯头王、韩王，抓获将军、相国、都尉等要员八十三人，在狼居胥山（今蒙古国境内）祭天，在姑衍山（今蒙古国肯特山以北）祭地，斩杀和俘虏匈奴七万余人，仅此一战就超过了卫青毕生的斩获。漠北之战后，匈奴再无力抗汉，卑辞请求和亲，出现了漠南无王庭的局面。"封狼居胥"也成了汉族形容最高军事成就的习语。

遗憾的是，天不假年，元狩六年（前117），年仅二十四岁的霍去病不幸病死。武帝悲痛万分，下令将霍去病的墓修成祁连山模样，以纪念他的赫赫战功。

5 一生不能封侯的英雄

李广是秦国大将李信的后人，他武艺高强，骁勇善射，射出的箭能深深没入石头，因而早年即在军中有不小名气。

汉文帝前元十四年（前166），匈奴大举入侵萧关（今宁夏固原东南），李广以世家子弟的身份随军出战，因杀敌众多而获封汉中郎。汉文帝对他大加夸赞，说："可惜啊，你生不逢时，假如在高祖那个时代，封个万户侯又算得了什么？"

李广的履历其实非常辉煌，在汉景帝时期，他跟随周亚夫平定七国之乱。在攻打昌邑（今山东巨野东南）一战中，李广冲锋陷阵锐不可当，一举拔除叛军

李广像

西汉 鎏金铜承弓器

承弓器,准确地说是战车行进时安放弓弩的支架。因为材料问题,汉代的弓很难保存至今,但通过承弓器仍能窥见强弓劲弩的凝重美感。

大旗,立下了赫赫战功。此后,他历任上谷、上郡、陇西、北地、雁门、代郡、云中等沿边诸郡太守,均以力战而闻名。

汉景帝中元六年(前144),匈奴由雁门大举入侵上郡,朝廷二次调任李广为上郡太守。在频繁的交战中,一次,李广率领小队骑兵巡逻,途中遇到了上千名匈奴骑兵。大家都很慌张,李广却镇定地说:"大部队有几十里远,现在跑,匈奴人肯定会追,我们就得死在乱箭之下;留下不跑,对方会认为我们是诱饵,不敢马上进攻。"说罢不退反进,向匈奴扎营的方向前进,在离对方只有二里的地方停下来,为表示毫无怯意,李广当着匈奴的面把马鞍卸了下来。士兵们都很着急,李广却谈笑自若,回答:"我们越是这样,对方越不敢怎么样。"

对峙期间,一个骑白马的匈奴将领现身。李广眼疾手快,翻身上马,一箭就把他射杀了,随后若无其事,仍回到原地休息。这一下,匈奴更相信汉军有埋伏,立刻连夜撤离。李广的名声遂威震匈奴。

由于名声在外,汉武帝继位后于元光六年(前129)派李广统领四路汉军中的一路,出雁门关袭击匈奴,这一战也是卫青的首战。四路人马中,卫青最幸运得以直捣黄龙,公孙贺没打到人,公孙敖则被匈奴击败损失七千多人。而李广运气最差,遭遇单于主力,对方兵力众多,沿途设下

时间　前133—前117

各种埋伏，李广的军队寡不敌众。单于听过李广的大名，一再嘱咐必须抓活的，因此李广受重伤被俘后，被放在绳子编的吊床里，再用两匹马驮着往回运。虽然身受重伤，但李广仍然没有丝毫投降的意思，他装死躺在吊床上，待匈奴不备，腾身而起，跳到一个骑兵的马上，夺其弓箭马匹后飞奔而逃。匈奴多人追杀，马快的都被他放箭射死。他竟然如此逃回军中。从那以后，匈奴便称李广为"飞将军"。只要李广驻守的地方，他们都会退避三舍。可讽刺的是，汉朝的司法部门却按军法判定李广损失军队过多，又被敌人俘虏，按律应当斩首，李广出钱赎罪被贬为平民后才了事。

李广心有不甘，到处争取领军出战的机会，虽然被汉武帝再次起用，但运气却越来越差。元朔六年（前123），大将军卫青出征匈奴，这一战是霍去病的首战，大军大获全胜，跟随的将领大多得以加官晋爵，唯独李广被任命为后将军，什么也没赶上。

元狩二年（前121），汉武帝派霍去病发动第二次河西之战，这一战李广的运气又差到极点，和避开主力千里迂回的霍去病不同，他做先锋的四千骑兵直接遭遇匈奴四万骑兵，更致命的是本该接应他的张骞居然迷路来迟。无奈之下李广只得令自己的儿子冲阵以激励军心，将四千人排成圆阵守备，以弓箭迎击。面对如雨下的乱箭，李广镇定自若，数次开弓射杀敌将，四千人奇迹般地支撑了一天一夜，等到了迟到的张骞。由于士卒损失惨重，李广只落了个功过相抵。

元狩四年（前119），汉武帝派遣卫青、霍去病各自率军五万发起对匈奴漠北的长途奔袭。此时李广已然年过六十，但他多次恳请，宁愿马革裹尸。武帝嘉其壮志，封他为前将军，由卫青管辖，但出发前又向卫青叮嘱，说李广年事已高且运气不好，最好不要让他和单于对阵。于是卫青以中军直接迎敌，命本该做前锋的李广从东路配合出击。这是一场大胜仗，可李广的军队走了弯路又没有向导，竟然错过了战事，不仅无功，反而应当追究迟到之罪。李广黯然神伤，说："我的部下们无罪，此次是我一人的责任，我李广从二十岁起就与匈奴作战，大大小小参战七十多次。这次有幸

宋 佚名 胡笳十八拍·第二拍

《胡笳十八拍》是一首中国古琴名曲，据传为蔡琰（字文姬）所作，全曲反映了汉末女子蔡文姬被掳到匈奴后艰难返回的悲怆经历。这里选取的是宋人根据蔡文姬故事所绘的十八拍图中的第二拍，反映的场景是蔡文姬被匈奴掳走。这虽然是汉末之事，但其中匈奴人的服饰衣着、生活场景应当与西汉相差不大。卫青、李广、霍去病就是在茫茫大漠上击败了这样强悍的匈奴骑兵。

能作为前锋直面单于，大将军却派我到绕远的路上，而我又偏偏迷路耽误了会合，这难道不是天意吗？我已六十多岁，无论如何也不愿再受审讯之辱！"说完，他拔剑自刎而死。听到李广自杀，将士们无不悲痛，百姓也伤心落泪。

文帝当年的话，至此一语成谶，李广一生果然生不逢时，年富力强时赶上无为的文景之治，好容易到武帝年间，光芒又被卫青、霍去病遮掩。幸而功绩并不能作为军人的全部，几千年过去，李广临敌不退的气节、马革裹尸的豪爽、爱兵如子的挚诚都为后世所深深怀念。

李广一生没打过一次窝囊仗，他曾经的手下有很多都加官晋爵，唯独李广一生没有爵位。后世的人怜悯他，于是有了"李广难封"的典故。每当外敌欺侮，都有人怀念李广，想起"但使龙城飞将在，不教胡马度阴山"。

地图专题 汉匈战争

性质：农耕民族汉族对游牧民族匈奴的战略反攻。

战斗双方：卫青、霍去病所率的汉军；匈奴单于和诸王率领的匈奴军。

背景：经过文景之治的财富积累，汉武帝初年的战略转变，汉朝积累了足以应对匈奴的财富和军备，也受够了匈奴无休无止的侵袭。

透过地图说历史：

　　汉朝继承了秦代的版图，获得了中国最核心的区域。但北方匈奴的强大也超越历史，匈奴人有数以十万计的精锐骑兵，数千里的战略纵深，又分为众多部落，即便以和亲为手段也无法全部约束。因此，地图上代表匈奴南侵的黑色线条地跨千里，比比皆是。这是再强大的帝国也不可能有效防御的，所以汉武帝决心以攻对攻。匈奴少有城市，来去如风，那就夺走他们最肥沃的牧场，将黄河变为汉朝的护城河；匈奴和西域、羌人比邻，随时可能形成联盟，那就挥师西去，拿下敦煌、酒泉、武威、张掖，切断几族的联系；匈奴在漠北袭扰，难以追击，那就全军北上，最大限度地消灭匈奴的有生力量。就这样，威名赫赫的匈奴大帝国彻底崩塌，农耕民族通过恰当的策略反而击垮了有侵袭优势的游牧者。

　　回顾这场盛大的战争，汉民族由弱势方转为胜利者的原因很多。最根本的应该是战争的正义性。根据《史记》《汉书》记载，在汉初的军臣单于以前，匈奴至少掠夺了十多万汉人为奴为婢，边疆各郡无不切齿。此后匈奴更是多次违约，既受和亲纳贡，又年年南下劫掠，百姓无不怀复仇之心。

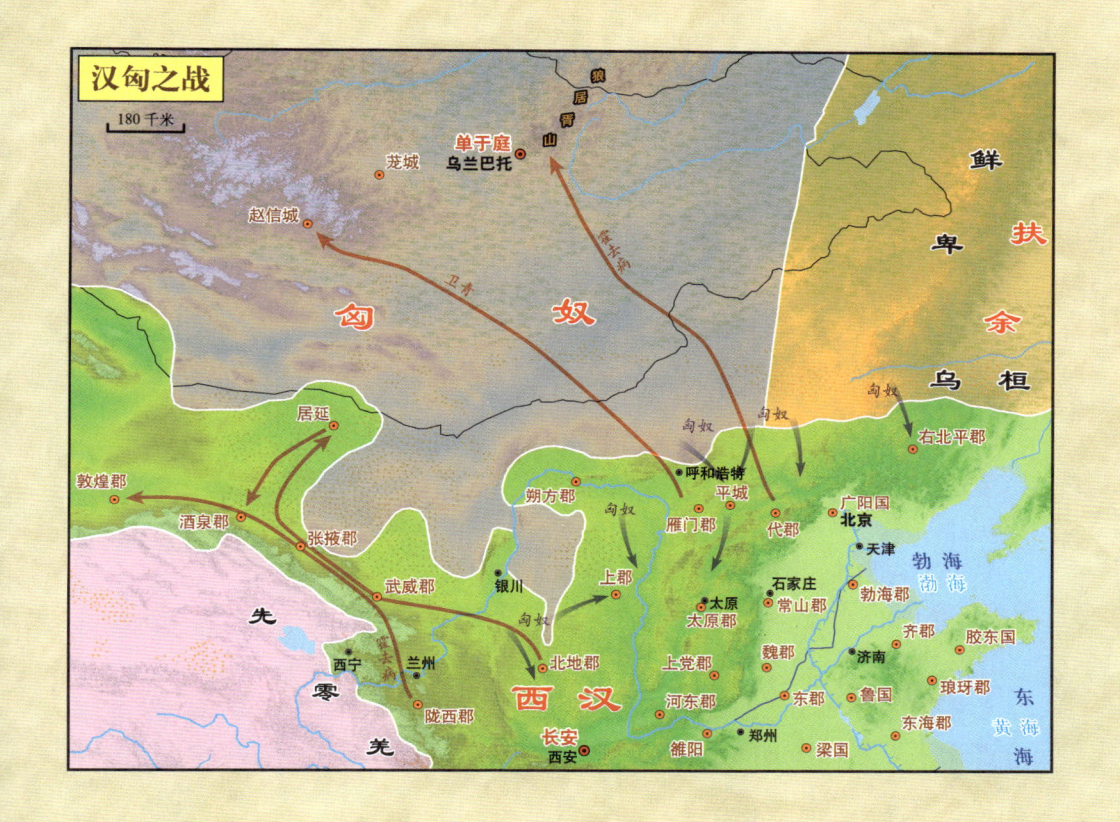

其次，是军事、政治、经济的全面反超。经过文景之治、七国之乱，汉帝国国库充裕，内部团结，盐铁专卖和币制整顿则进一步增加了中央的财政收入。而匈奴本身管理能力处于劣势，在武力征服了大草原上的诸多部落后难以施行合理的政策，各部落矛盾日益严重，战时不断出现配合失误。再加上匈奴统治者多次低估汉朝骑兵的力量，错误地认为汉军不能渡过大漠，多次误判汉军战略，他们的失败便可想而知了。

时间 前135—前107

15 汉朝的版图扩写者

"南越、东瓯咸伏其辜,西蛮北夷颇未辑睦,朕将巡边垂,择兵振旅,躬秉武节,置十二部将军,亲帅师焉。"行自云阳,北历上郡、西河、五原,出长城,北登单于台,至朔方,临北河。

——《汉书·武帝纪》

【人物】刘彻、张骞、严助、司马相如、右渠

【事件】张骞出使西域、严助平定东瓯、司马相如安定西南、杨仆平定辽东

武帝继位后,采取积极进取措施,主动从西北、西南、东南、东北方向经营边疆,汉朝疆域空前广大。

把南越收为郡县

自文帝起,南越国便在赵佗的领导下成为汉朝的属国,自此双方再无边事。赵佗是个长寿的人,活了一百零三岁,所以南越虽说传了五代君王,但在赵佗死后二十多年就灭亡了。在赵佗时代,由于汉朝强大,南越在屡次朝奉中其实已经对汉朝的管制不甚抵触。赵佗去世后,他的孙子赵胡刚继位,就因受到闽越侵犯向武帝求助,武帝很赞赏赵胡的恭顺,派出大军帮助南越,军队还没越过岭去,闽越就投降了。从此南越更加亲附汉朝,形成了将王子送到京城给武帝当警卫的惯例。赵胡和太子赵婴齐都不

长寿，于是皇位传到赵婴齐的儿子赵兴这里。元鼎四年（前113），赵兴继承王位。

赵兴当时年幼，尚没有处理朝政的能力，国政由母亲樛（jiū）太后和丞相吕嘉把持，这两人水火不容。原因很简单：樛太后是中原人，她希望借助汉朝制衡吕嘉，所以多次劝赵兴归汉；而吕嘉是南越人，他的家族世代出任要职并且和王族通婚，已经和南越王族没多大差别，他不愿意做西汉的臣属，一心想维持南越独立。

两人中，吕嘉位高权重，深得南越人心，而樛太后既是外人又品行不端（相传她和汉朝大臣安国少季有染），因此不得人心。知道凭实力无法促成南越归汉，樛太后便怂恿赵兴上书汉武帝，作了"国王入朝，比内诸侯"的承诺，也就是说南越国王要入朝觐见天子，自此和异姓诸侯国没什么区别了。

此时，丞相吕嘉坐不住了。他凭借自己三朝元老的影响，利用吕氏的势力将赵兴入朝觐见的行程无限拖延。

武帝见南越迟迟不来，于是再次派出使臣催促，这一次一个二十岁的年轻人终军自告奋勇，请求武帝赐予他一根长缨（绳子），他要亲手捆着南越王回来朝见，武帝嘉许他的壮志将他列为使团一员。

西汉 角形玉杯

角形玉杯的设计灵感来源于犀牛角可以溶解毒物的传说，玉虽然不能解毒，但南越国的玉匠却巧妙地将它雕琢为角形玉杯，以寄托美好寓意。该杯由一整块青玉雕琢而成，很像一只犀牛角，高18.4厘米，杯口呈椭圆状，杯腹中空，杯身饰有一条回旋缠绕、姿态优美的夔（kuí）龙。

时间　前135—前107

　　终军等人到后，樛太后决定先发制人，趁赵兴在宫中设下酒宴款待大汉使者的机会，当席斥责吕嘉阻挠南越归汉的种种行为。吕嘉听不下去，起身要走，樛太后气得抓起身边随从的一支长矛就要扔出去，幸而被赵兴拦住，一场酒宴不欢而散。

　　侥幸脱身的吕嘉回到家里，越想越觉得后怕，担心自己命不久矣。他立刻着手安排了三件事，一是加强军备防止夺权，二是着手扶持赵兴的异母兄长赵建德，三是开始大造舆论，称樛太后通奸汉使，想让南越归顺汉朝，看似为百姓着想，实则是让先王祭祀断绝。

　　南越国的内部矛盾公开以后，汉使急忙向武帝传书，远在长安的武帝得知后，认为不过是某个朝臣犯上作乱，便于元鼎五年（前112）派遣韩千秋和樛太后的弟弟樛乐，统领两千精兵前往南越国。

　　没想到的是，汉军刚刚踏入南越境内，丞相吕嘉便大开杀戒。他和弟弟率领军队闯入宫中，杀了赵兴、樛太后和终军、安国少季等汉使，转而立赵建德为南越王。接着，吕嘉又设下一条计策，先令沿途百姓为韩千秋军队提供食物，待其深入后将两千汉军全部消灭，然后命人将汉使符节封装在木盒里，放置于边境，向大汉谢罪。

　　汉武帝大发雷霆，意识到自己轻视了吕氏家族，立刻下令派一部分罪人配合江淮以南的十万水军讨伐南越。一方来者不善，一方早有防备，这场战争足足持续了一年，直到次年冬天，才打到番禺城下。这一战，汉朝的楼船将军杨仆纵火烧城，伏波将军路博德派人招降，一夜之间，全城人都投降了路博德。吕嘉和赵建德只得率领几百名部下，乘坐船只连夜逃往闽越国，没等跑出多远，即被汉军擒获，南越国全境也就逐渐归附了汉朝。汉武帝下令将其属地分成九个郡，直接归朝廷管辖。

　　吕嘉本想让赵陀的血脉世代为王，却害得南越国亡在了自己手里。而年轻的使者终军虽然英年早逝，客死他乡，但他的豪情壮志却被后世铭记，"请缨"也演变为自告奋勇的代称。

用笔杆子开疆扩土

汉武帝继位以后采取非常积极的对边策略，为了对付匈奴，他派张骞出使西域寻找大月氏，为了加强对南越的控制，他又派人打开西南通道。所谓西南通道，当时称夜郎、僰（bó）中，主要是今天的云南、贵州、四川南部的一些地区，正位于汉朝的西南方。汉朝当时的郡县范围仅及于四川，西南地区仍由大量其他民族把控。

武帝建元六年（前135），汉将唐蒙出使西南诸国，这些国家远离中原，尚不知有汉朝这个国度，其中面积最大的夜郎国甚至问道，汉朝在哪里，有夜郎大吗？这就是著名的夜郎自大的典故。夜郎虽然自大，但见汉朝富裕，又路途遥远，以为无法管辖他们，就同意唐蒙提议，愿意成为汉朝的犍为郡（治所在今贵州遵义西）。设郡以后，为了真正控制西南地区，元光五年（前130），唐蒙召集巴郡和蜀郡军民，开始修路。

在修路过程中，朝廷原令征调千人，地方官为了保证运粮，又征调了上万人。山路难走，许多人累死或病死，逃跑的不计其数。眼看施工进度越来越慢，唐蒙急了，于是动用战时法令，杀了几个消极修路的地方头领。

知识充电

汉代作物

汉代以前，中国的经济重心在黄河流域，而长江地区因为沼泽繁多开发程度不高，因此作物主要以粟和麦两类黄河流域的典型作物为主，当时的人们大多用粟做饭、用麦做饼，当时的饼和今天含义不同，是一种对面食的泛指。汉代以后，尤其是武帝时期采取了官方移民的方式开发长江地区，向会稽郡进行了大量移民。随着这些地区的开发，水稻也就逐渐从珍贵走向平民化，最后成为我国的主要作物之一了。

时间　前135—前107

结果不仅没起到震慑作用，反而激怒了当地人，引发数起大规模反抗。

如何处理这一事件，关乎汉朝西南部的安定问题。出身巴蜀的司马相如主动请命前往西南，安抚当地民众。武帝有些意外，司马相如能写出一手好文章，但说话结巴，怎么能说服那些愤怒的民众呢？不过，他一时找不到合适人选，前方局势又刻不容缓，就任命司马相如全权代表朝廷前往巴蜀解决问题。

了解情况后，司马相如认为当地百姓误会了朝廷的意思，于是写下《喻巴蜀檄》，大意是：巴蜀两郡的父老们，你们误会了，朝廷征调人手只是因为西南的小国想归附，需要人修通道路运送礼品罢了，人数是巴郡蜀郡各五百人，其他的都是唐蒙自作主张强征的，并不是要你们打仗。朝廷天威在上，四境宾服，哪有什么仗要打呢？至于被斩杀的一些人，他们和你们不一样，是戍边的士兵，有为国家肝脑涂地保护百姓的责任，可他们却不思立功，反而临阵脱逃、教唆年轻人违抗征召，这是祖宗蒙羞的大罪，杀了他们是罪有应得！

这一篇公告恩威并施，说服性极强，公布后收到了很好的效果。巴蜀民心及时稳定下来，修路工程得以继续进行。巴蜀安定不久后，蜀郡以西邛（qióng）、筰（zuó）等地的部落首领，得知夜郎等国归附汉朝得到很多财物，也都拆除边塞，归附汉朝。武帝非常高兴，准备在邛、筰等地设立郡县。有大臣表示反对，建议集中主要精力对付北方匈奴。

武帝于是向刚从西南归来的司马相如问策。司马相如说："邛、筰等地离蜀郡很近，秦朝曾在那里设立郡县。汉初时，它们脱离朝廷管辖，如今应该重新设立郡县，统一管理。"武帝觉得有理，于元光六年（前129）升任司马相如为中郎将，派他再次出使西南。这次出使，司马相如所过之处尽受礼遇，蜀郡太守亲自到城门恭候，当地官民纷纷出门迎接，一些富商巨贾竞相送礼。没多久，他就顺利完成了任务。这次出使，令汉朝在西南地区又增加了十多个县。

与天久长瓦当拓片　　与天久长瓦当　　与地相长瓦当拓片

　　与天久长瓦当藏于汉景帝阳陵博物馆。中国古代建筑常用筒瓦，瓦当就是盖在檐头筒瓦前的一个遮挡物。所谓秦砖汉瓦，瓦当在秦代就已经出现，原本比较朴素，但到汉代，瓦当的艺术性越来越强，经常刻有吉祥的图案和文字。与天久长的含义就是和天一样长久，昭示了汉朝天子强大的自信，和汉民族为此不屈不挠的努力。为了达到与天久长的目的，汉民族的先民开疆扩土，深入在当时交通、气候条件都不适宜中原汉人的土地，为中华民族的抟成做出了卓越的贡献。

收服东越

　　东越、闽越都是越王勾践的后裔，中原人称他们为越人。这两个势力所占的地盘在秦始皇时称闽中郡，大体范围在今天的福建。秦二世无道，越人便跟随吴王芮（bǐng）起义，因而被汉高祖刘邦封为两个王国。统治闽中故地的就是闽越，以东瓯为都城的就是东越。吴楚七国之乱，吴王刘濞胁迫东越起兵谋反，吴王兵败后一度逃往东越。后来，东越被朝廷收买，杀死了刘濞，而刘濞的儿子则投奔闽越，不断唆使闽越进攻东越，一来二去就把东越打得濒临灭亡。

　　绝境之下，东越派人向汉朝求救，这时窦太后仍在，武帝尚未亲自执政，于是询问太尉田蚡的意见。

时间　前135—前107

田蚡不同意出兵，认为越人互相攻击是非常平常的事，他们反复背叛过汉朝，不值得前去救援，就连秦朝也没有把其视为属国。

田蚡的消极保守令中大夫严助（本名庄助）非常不满，他反问田蚡："您是担忧力量不够救援他们，德行不够感化他们吧！如果力所能及的话，我们为什么要抛弃那里呢？再说，秦朝抛弃那里又能说明什么呢？他们连咸阳都抛弃了。如今，小国因走投无路来告急求救，天子不给予救助，其他的小国该到哪里诉苦求救呢？汉朝又凭什么统治万国呢？"武帝听后很满意，有心借救援东越的机会平定东南边疆，但问题是虎符在太皇太后手中，他无法拿到。

最后，武帝想了个折中的办法，派严助凭节杖到会稽调兵。会稽太守没见到兵符，想按法规拒绝，严助大怒，直接杀了一个司马立威。会稽太守明白严助背后有皇帝撑腰，违抗他就算合法也绝没有好结果，于是交出了军队。

闽越没想到汉朝答应了东越的求援，还不等汉军抵达就火速撤走了。东越经此一战觉得汉朝的庇护更安全，要求举族搬迁，于是汉武帝在江淮一带安置了他们。

东越搬走后，东南就只剩下闽越（此时闽越分为两部分，下文所指主要是馀善所部，虽然他被封为东越王，但为了区分仍称闽越）一股势力了。

西汉 四神纹铜染炉

染炉是一种小巧的炉具，一般为青铜材质，在汉墓中时有出土。其上是一个活动的容器，中间的盒可以盛放木炭，最下面是接炭灰的托盘。普遍认为这是一种放在桌上起温酒等作用的小型加热器。

> **知识充电**
>
> **闽越国**　　闽越国前身是闽越部落。"闽"源于图腾崇拜，闽越部落把蛇当作部落图腾。闽越位于今中国福建省，是战国时期被楚国所灭的越人与当地的原住民部落所共同建立的一个国家，存在于公元前334年至公元前111年。在汉朝初期，闽越国力达到鼎盛，是当时东南一带势力最强的国家。

元鼎五年（前112）南越吕嘉谋反，闽越本来声称支援汉军行动，但军队开到海边就借口风大浪高在旁观望。汉朝的楼船将军杨仆非常恼火，打下番禺后就请求教训闽越。

虽然汉武帝没有准许，但闽越却因为害怕而打算谋反。叛乱还没发动就被亲汉的吴阳和另一支闽越人的首领居股扑灭。

由于越人多次反复，加之东越、闽越之地狭窄多险，汉武帝索性将两地的百姓全都迁移到两淮地区，东越至此才完全处于汉廷的直接控制下。

5 平定辽东

汉朝的对外策略大体呈辐射状，当西、北、南三大方向都有所开拓后，武帝的目光落在了远居东北的辽东，控制这里的是朝鲜王。初代的朝鲜王名叫卫满，是战国时的燕国人，秦灭六国以后他就逃出辽东边塞，带着数千追随者在这里建立了一股势力。当时控制朝鲜半岛的朝鲜王箕准想通过卫满来守护西部边境，于是给了他不少支持，卫满充分开发封地，不断招纳不满秦朝统治的燕人、齐人，逐渐形成了一个国中之国。公元前194年，卫满发动政变，占领王宫，自立为王，国号仍称朝鲜，箕准只能逃到朝鲜

时间 前135—前107

半岛南部的马韩。

控制朝鲜以后，卫满与汉朝燕地相邻，为了保证边境安宁，汉朝将卫满视为藩属外臣，要求他替汉朝保卫塞外，但不得阻拦塞外各族首领朝见皇帝与汉朝通商交流。

卫满满口答应，却不断吞并小国将领土扩大到方圆千里，实力增强后，朝鲜对汉朝的态度也逐渐发生变化。到卫满孙子右渠掌权时，朝鲜已不再恪守外臣职责，反而阻止邻近小国与汉朝通商朝贡。

汉武帝当时忙于西进、北伐，对朝鲜一再容忍，直到元封二年（前109），才决心彻底解决朝鲜问题。为此，他派使者涉何劝说右渠改变态度。右渠根本不听，依然我行我素。

涉何无果而返，越想越生气。在回国途中，索性将护送他出境的朝鲜小王杀死，以此向汉武帝邀功，汉武帝很高兴，封涉何为辽东东部都尉。右渠非常愤怒，发兵突袭辽东，杀死了涉何，朝鲜和汉朝的战争至此打响。这年秋天，武帝派出五万汉军，兵分两路，一路由楼船将军杨仆率领，从齐地渡过渤海，攻向朝鲜；另一路由左将军荀彘率领，从陆路出辽东，水陆联合攻打朝鲜。

由于各怀心思，两路汉军都没能建功，但朝鲜却已经深深感到汉军的压力。武帝于是派卫山为使臣，劝说右渠王投降。

知识充电

卫氏朝鲜

卫氏朝鲜存在于公元前194年至公元前107年。西汉初，由燕国人卫满率千余人进入朝鲜，推翻箕子朝鲜自立。卫满即位后，积极建立国家，使国家越来越强盛。汉武帝刘彻感觉卫满朝鲜对汉朝的威胁越来越大，在公元前109年起兵远征朝鲜半岛。公元前107年，卫满朝鲜被灭。

奇珍异宝

五星护膊

▲ "五星出东方利中国"护膊

这是一件汉代蜀地织锦，护膊的面积不大，如同一张普通的鼠标垫。它的织造工艺非常复杂，1平方厘米内排列着220根经纱和24根纬纱，堪称汉代织锦最高技术的代表。

护膊中的"五星"是指岁星（木星）、荧惑星（火星）、填星（土星）、太白星（金星）和辰星（水星）；"东方"指我国古代星占术中特定的天穹位置，"中国"指黄河中下游的京畿地区及中原。"五星出东方"是指五颗行星在一时期内同时出现于东方天空，"利中国"是说对于当时中国的军事非常有利。

右渠王同意了，声称派太子到长安谢恩，可是却配备了一万名全副武装的士兵护卫。卫山等人哪里敢让一万多人武装入境，要求他们解除武装。结果谈判破裂，朝鲜太子直接带兵回城了。

武帝没有办法，令杨仆和荀彘调整部署，全力进攻王险城，由于两路汉军各有心思，迟迟未能攻下，一直拖到元封三年（前108），才因为朝鲜内讧攻下王险城。至此辽东也被汉朝平定，武帝在这里设置乐浪、临屯、玄菟（tú）和真番四郡，史称"汉四郡"，汉朝东北部由此安定下来。

然而，由于仗打得不漂亮，参与辽东作战的几个主将不仅无一封侯，还有数人因为处理不当被判处极刑。

时间　前139—前104

16 汉朝的地理大发现

《禹本纪》言河出昆仑，昆仑高二千五百里余，日月所相避隐为光明也。自张骞使大夏之后，穷河原，恶睹所谓昆仑者乎？故言九州山川，《尚书》近之矣。至《禹本纪》《山经》所有，放哉！

——《汉书·张骞李广利传》

【人物】刘彻、张骞、刘解忧、李广利

【事件】出使西域、和亲乌孙、征伐大宛

比之对匈奴和四方国家的征伐，同西域的交流是自武帝继位初就开始的，通过出使、征伐、和亲，汉帝国完成了史无前例的对外沟通和地理探索，中国的地理认识也开始打破传说束缚，回到事实中来。

敬业的西域大使张骞

所谓西域，是以中国为中心做的地理划分，随着领土不断扩大，汉朝人发现西方不仅有匈奴，还有广袤的地域和诸多国度，于是就将玉门关、阳关以西这些未经探索的地区统称西域。汉武帝时所经营的西域主要在今天的新疆地区，但不仅于此，后来，但凡通过这条路线能到达的地区都被称为西域，实际包括亚洲中、西部地区。比起对匈奴和四方邦国的武力开拓，汉对西域的探索历时更久，并且以出使及和亲为主要手段。

张骞出使西域图

汉代出使西域的最初目的是寻找盟友，当时汉匈摩擦不断，武帝从投降的匈奴人那里了解到，匈奴西部有个强国大月氏，与匈奴有血海深仇，武帝便想联合大月氏夹攻匈奴。

可是派谁去大月氏呢？由于路途遥远，且需要闯过匈奴的势力范围，谁也不愿意接这趟差事，所以只能公开招募。最终二十七岁的张骞毛遂自荐，他以一个叫甘夫（也叫堂邑父）的匈奴奴隶为向导，组建了一个百余人的使团。

武帝建元二年（前139），张骞率使团离开长安，去寻找大月氏。出陇西后，张骞一行人就进入了匈奴境内，尽管小心翼翼，却还是被匈奴人俘虏。单于知道后，冷笑道："汉朝使者凭什么越过匈奴出使大月氏？我要是

时间　前139—前104

想出使南越，汉朝答应吗？"说完就把张骞扣留了，还给他安排了一个匈奴女人做妻子，想要将他同化。但张骞时刻想着自己的使命，死死地拿着象征身份的符节。

一晃十几年过去了，匈奴人逐渐放松了对张骞的看管。元光六年（前129），张骞一行寻机骑上快马逃走，继续寻找大月氏。他们在沙漠里走了几十天，最终到达大宛（yuān）。大宛王早就听说东方有个非常富饶强盛的汉朝，想互通往来，得知汉朝使者来了，当即热情款待。

张骞对大宛王说："我们奉汉朝皇帝命令去大月氏，在路上被匈奴人扣留好久才逃出来。如果大王能派人送我们去大月氏，将来回中原，汉朝赐给您的财物是不可胜数的！"大宛王深以为然，就派人将张骞送到康居，康居王又派人将他们送到大月氏。

出乎意料的是，大月氏在被匈奴赶走后又征服了富饶的大夏，那里外敌很少，大月氏报仇的打算也就不太强了，再加上匈奴强大而汉朝遥远，现任大月氏王觉得合攻的主意不靠谱。张骞住了一年多都没能说服对方，只得起身返回，幸而在此期间，他集中精力研究了西域各国，倒也不算一无所获。返程时张骞改变路线，翻越帕米尔高原，沿昆仑山北麓，经莎车（新疆维吾尔自治区喀什地区）、于阗（闐，tián。新疆维吾尔自治区和田县），迂回北上，打算从羌人控制的地区返回。没想到，羌人已经沦为匈奴附属。于是张骞又被送到匈奴人那里。元朔三年（前126）春天，张骞被扣押一年多后，由于匈奴单于病死引发了一场夺位内斗，张骞这才有机会和甘夫逃回长安。当年他出发时还是二十多岁的青年，如今却已经是不惑之年，整整十三年耗费在这次出使上。

回到长安后，张骞带回自己手绘的匈奴地图和中原人从没见过的一些植物种子，并将沿途的见闻经历，以及他对西域各国研究的情况都写成详细的报告呈交汉武帝。

更难能可贵的是，张骞根据自己在西域见到的蜀地细布等特产推测，西域几千里外的身毒国（现在的印度，蜀地细布就是从那运来的），可能离汉朝西南的蜀郡不远，如果能从蜀郡经过身毒，同样可以到达西域。

刘彻听了张骞的汇报，眼界大开。他最感兴趣的，是骑乘大象的身毒和西域盛产的汗血宝马。只是当时汉匈大战到了关键时期，出使西域才暂时告一段落。等到匈奴被打回漠北，武帝当即决定再度派人出使，联络乌孙和其他西域国家归附汉朝，对匈奴形成包夹之势。

于是，元狩四年（前119），张骞再次率使团出使西域。这一次匈奴势力大大缩减，他一路畅通无阻，除了乌孙因为内乱没有和汉朝缔约外，大月氏、大宛、康居、大夏、安息（今伊朗地）等国纷纷同意与大汉建交，从此汉朝与西域各国时常有使者往来，商旅穿行，形成了"驰命走驿，不绝于时月；商胡贩客，日款于塞下"的胜景。中国的文化和商品自此西出玉门关，经新疆，达安息，转运到西亚乃至欧洲，西域的核桃、芝麻、葡萄、石榴、香料、玻璃、宝石及多种乐器和歌舞则随之传入我国。这就是改变了世界历史进程的"丝绸之路"。

至于西南通道最终却没能开通，因为雄伟的喜马拉雅山脉隔绝了中国和印度，这条路线通行性很差，但滇越国等西南国家却因此和中国发生了联系。

值得一提的是，张骞是个出色的使节，却并非良将，在第二次出使之前，因为熟悉匈奴水草分布，他曾两度率军出征，结果因行军迟到，不仅自己被判处死刑（可以用钱赎命），还狠狠地坑了被匈奴包围的李广。

5 解忧公主抚乌孙

前面提过，张骞第二次出使西域的首要目的是结好乌孙，那么乌孙是一个怎样的国家呢？其实乌孙不大，只有六十多万人口，能够拉弓射箭的战士不过几万人。但是这个国家东与匈奴、西北与康居、西与大宛、南与城郭诸国相接，不仅地理位置重要，而且和匈奴同风同俗，所以乌孙的倒向对汉朝西北部的安定和丝绸之路的畅通意义重大。

时间　前139—前104

为了牢固和乌孙的关系，张骞建议以公主和亲，在与乌孙和亲的公主中，以公主刘解忧贡献最大。解忧公主是七国之乱主谋楚王的孙女，她从小生活在罪臣之家，个性独立坚强，长相丰腴健美，为人颇有胆识，富有英雄情结。

当时解忧公主的丈夫是乌孙国的昆弥（类似单于）军须靡，他同时娶了汉朝和匈奴的公主，立场十分暧昧。后来，军须靡去世，他的堂弟翁归靡继位。按照乌孙传统，继位者要继承昆弥的地位、财物及妻妾，于是解忧公主必须嫁给一个又肥又痴、被乌孙人戏称为"肥王"的丈夫。这是寻常女子难以接受的，但为了国家解忧公主凭着坚强的性格承受了下来，并且很快赢得了新丈夫的尊重，翁归靡不仅和她接连生下三个王子和两个公主，还对她关怀备至、言听计从。汉朝和乌孙关系因之迅速发展，驼铃声在西域丝绸之路上回荡不绝。

解忧公主的得宠惹恼了嫁给昆弥的匈奴女子，她秘密派人将乌孙发生的一切报告给匈奴单于。当时，壶衍鞮单于对汉频频受挫，苦闷至极。得知乌孙的情况，他决定拿乌孙开刀，声称只有得到解忧公主才肯退兵。

乌孙人心惶惶，翁归靡也六神无主，倒是这位坚强的解忧公主从幕后走到前台，说服翁归靡拒绝匈奴，并派使者向汉朝求救。

解忧公主如此有底气，离不开她的侍女冯嫽（liáo），这位随嫁的侍女既是公主的精神支持，也是一位巾帼豪杰。在乌孙期间，解忧公主想方设法抚慰百姓、劝导丈夫、交好列国，冯嫽便驰马牧场、出入毡帐，以使节身份代表解忧公主体察民情、访问邻近各国，宣扬汉朝教化。各国君臣见冯嫽女子为使，原本还有些轻视，但见她大方谦恭，善于辞令，连翻译都不用后又顿时肃然起敬，敬称她为冯夫人，这可能是我国有史以来第一位名传外域的女外交官。

一个女子尚且如此精明强干，大汉如何可欺？于是列国纷纷真心归附汉朝。

由于两位女子的苦心经营，匈奴的攻击在西域无人响应，而大汉的援军火速出击，最终单于只得放弃了以武力屈服乌孙的想法。

就这样，解忧公主在乌孙国苦苦经营了五十年，三任乌孙昆弥在她的影响下始终对汉友好，直到暮年，她才向汉廷请求回归故里，终老在大汉的土地上。

5 这个外戚有点弱

按照张骞对西域列国的记载，西域诸国路途遥远，动辄距汉朝万里之遥，因此哪怕出使及和亲双管齐下也不可能令其一一臣服。而西域各国对

汗血宝马

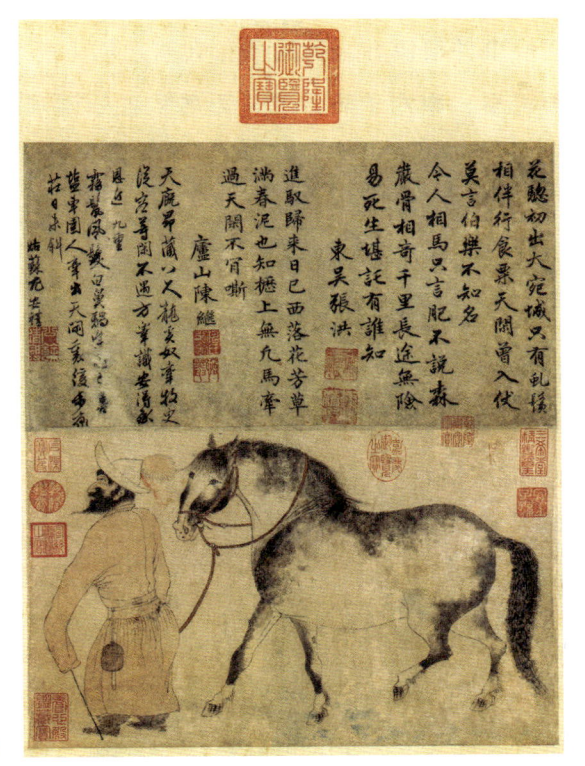

大宛国盛产一种良马，它在快速奔跑时，肩膀位置会慢慢鼓起，渗出鲜血一般的汗水，因此得名"汗血宝马"。丝绸之路开通后，汉武帝发动战争，从大宛国夺得汗血宝马，将它们与西域良马、蒙古马进行杂交，培育出山丹军马，大大改良了中原马种。赵孟頫（fǔ）所画的这幅图就是引于大宛的马种，从中依稀可以想见大宛天马的神韵。

▶ 宋 赵孟頫 白鼻騧图

时间　前139—前104

汉朝的态度大致以大宛为界，大宛以西都认为汉朝路途遥远，使节出发都要损失十之七八，何况是军队。因此在收了财物之后，这些国家对汉朝使者越发怠慢，以至于使者不得不自己掏钱购买饮食，反倒是匈奴的使者受到礼遇，凭着一纸书信就能好吃好喝。

汉武帝得知后十分愤怒，有意教训这些傲慢的国家，却出师无名，而大宛给了武帝很好的出兵理由。

大宛距离汉朝有万里之遥，是一个几十万人口的国家，那里盛产汗血宝马，据说是天马的后代，汉武帝对这些宝马爱之如命，但大宛人藏了一手，把最好的马种养在贰师城里不肯跟汉使交换。

为了求取名马，汉武帝派使者带上千金和一匹金子做成的马献给大宛王，希望购得汗血宝马。但大宛人舍不得，坚决不换。汉朝使者大怒，把金马锤得粉碎，愤然离去。这下大宛人也怒了，派人把使者全部截杀。这场恶性事件很快升级为战争，太初元年（前104），汉武帝任命李广利出任贰师将军，率六千骑兵及几万名从各处调来的恶少年出征大宛，意图夺取名马，立威西域。

李广利算不上出色的将才，他是借了妹妹李夫人的裙带关系才讨来这件差事，打算借此镀金封侯的。

大军出征后，李广利不擅长处理和沿途诸国的关系，导致很多国家坚守城池不肯给汉军补给。李广利恼羞成怒率军强攻，但无奈小国众多，只有少数可以攻取，不仅消耗了力量，还导致西域国家的一致抵触。大军开到大宛的郁成时，汉军因为缺粮跑得只剩下几千人了，人困马乏根本攻不下来。李广利觉得郁成都打不下来，就更别说大宛国都了，于是擅自撤军回来。

汉武帝大怒，把玉门关一封，告诉李广利，敢回来就杀无赦！武帝的举动主要是从国家威严层次考虑的，其实这一年汉朝正对匈奴用兵，不宜在大宛浪费太多力量，但既然已经开战，如果虎头蛇尾，那汉朝在西域列国中就再也没有权威了。

不过武帝也不全是意气用事，在拦住李广利后他又赦免囚徒，征调各地的恶少年和边关骑兵，组成六万军队增援，并且为了保证补给还配备了二十多万头牲口和大量的粮食、装备。

这一次，李广利兵多粮足。沿途各个小国无不拿出粮食供养汉军，少数不降服的刺头则被举国消灭。很快大军就团团包围了大宛王都，派水工改变城下水道，绝水逼降。大宛贵族这才害怕起来，联手杀死曾隐藏好马杀害汉朝使者的大宛王毋寡，向李广利投降，并将城中马群给汉军挑选。

李广利选到上等好马几十匹，中等以下的公、母马三千多匹，将亲汉的昧蔡立为大宛王后，才撤兵离去。这次出征大宛（有说法认为应算作两次）历时四年，西域各国大受震怖，无不派子弟跟随汉军到长安纳献贡物、谒见天子。

李广利如愿以偿地镀金封侯，但毕竟是个绣花枕头，后来在对抗匈奴的战争中屡次折损汉朝人马，最后见家族失宠，竟然就此投奔匈奴了。

张骞通西域

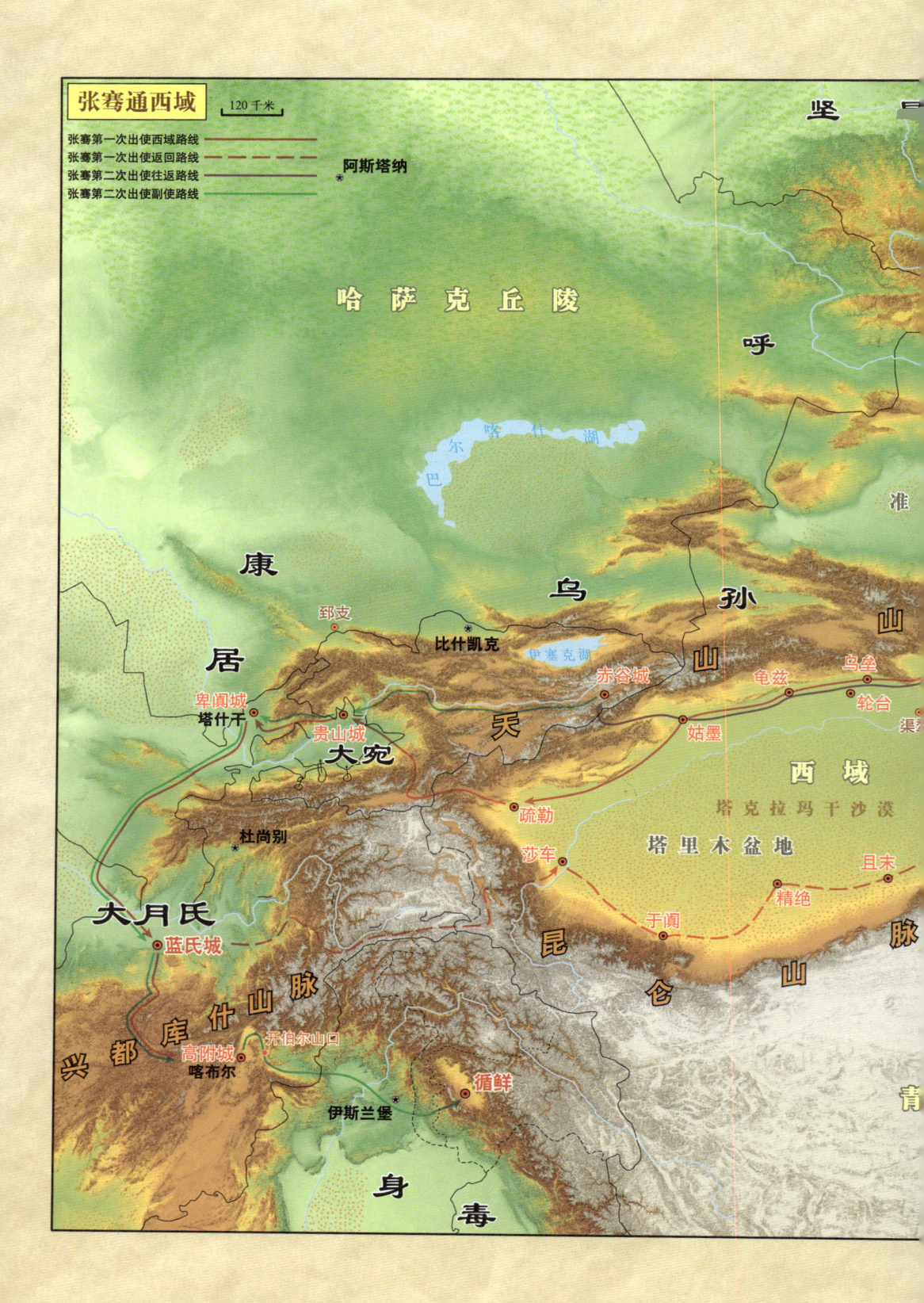

- 张骞第一次出使西域路线
- 张骞第一次出使返回路线
- 张骞第二次出使往返路线
- 张骞第二次出使副使路线

120千米

阿斯塔纳

哈萨克丘陵

巴尔喀什湖

康居

乌孙山

郅支

比什凯克　伊塞克湖　赤谷城　龟兹　乌垒

轮台

卑阗城　塔什干　贵山城　大宛　天　姑墨

杜尚别　疏勒　西域

莎车　塔克拉玛干沙漠　塔里木盆地　且末

大月氏　蓝氏城　于阗　精绝

昆仑山脉

兴都库什山脉　开伯尔山口

高附城　喀布尔　循鲜

伊斯兰堡

身毒

地图：汉与匈奴地域图

- 丁令
- 贝加尔湖
- 唐努乌梁海盆地
- 大湖盆地
- 蒙古高原
- 单于庭 乌兰巴托
- 茏城
- 赵信城
- 匈奴
- 阿尔泰山脉
- 揭
- 盆地
- 兜虎谷
- 乌鲁木齐
- 疏榆谷
- 高昌
- 楼兰
- 玉门关
- 敦煌郡 敦煌
- 阳关
- 酒泉郡 禄福
- 张掖郡 觻得
- 巴丹吉林沙漠
- 居延
- 朔方郡 朔方
- 河套
- 银川
- 武威郡 姑臧
- 富平
- 祁连山脉
- 青海湖
- 西宁
- 北地郡 马领
- 柴达木盆地
- 金山山脉
- 昆仑山脉
- 先零
- 陇西郡 狄道
- 兰州
- 萧关
- 上邽
- 长安 西安
- 羌
- 汉中郡 南郑
- 藏高原

地图专题 丝绸之路

性质：联结几乎整个古代世界的交通道。
命名者：[德]李希霍芬（Richthofen, 1833—1905）
含义演变：最初指自中原经过今新疆到中亚和西亚的陆路，后泛指远及亚、非、欧三洲，陆、海两方面的交通线路。

透过地图说历史：

丝绸之路的起点即汉王朝的都城长安（后世实际上迁移到了洛阳），最初只有陆上通路，因为丝绸是通过该通路运送的大宗商品，故名丝绸之路。通过陆上丝绸之路，再经过各国商人的转运，商品可远达欧洲和非洲。

因为陆上丝绸之路需要跨越众多的国家和区域，因此很受区域形势的影响，非常容易中断。后来人们便开辟了海上丝绸之路。即从中国的沿海地区出发，经过今东南亚、斯里兰卡、印度等地，最终可远达红海、地中海甚至非洲的东海岸。两条动脉可以说是殊途同归的。

通过丝绸之路，西域乃至更远方的特色文化和技术不断传入中原。比如匈奴人的养马技术；比如西域的汗血宝马；比如我们今天耳熟能详的葡萄、苜蓿、石榴、核桃、黄瓜、芝麻；比如由马和驴杂交培育，寿命长、体力强的骡子；比如日后创作了无数名曲、被众多文学作品歌颂的琵琶、箜篌、胡笛……

可以说，丝绸之路的贯通，是西汉中外交通最伟大的成就。汉民族在西域展开的一系列战争，不仅满足了汉武帝狂放的情思，也是为丝绸之路保驾护航。通过丝绸之路，中原、天山以南，乃至中亚、西亚、南亚的农业区连接一体，中国的丝绸、漆器、铁器大量销往中亚、西方，中国的冶铁、穿井技术西传，而西方的幻术（魔术）、玻璃也出现于中国人的生活中。

时间 前140—前87

17 大汉王朝浮世绘

> 汉兴，海内为一，开关梁，弛山泽之禁，是以富商大贾周流天下，交易之物莫不通，得其所欲，而徙豪杰诸侯强族于京师。
>
> ——《史记·货殖列传》

【人物】剧孟、郭解、桑弘羊、张汤

【事件】增加赋税、迁徙豪强、桑弘羊改革、重用酷吏

连年征战使汉朝财政出现了巨大亏空，也使一部分商人大发战争之财，汉武帝实行了一系列财政改革，解决了财政危机，专门建城对豪族富商加以管制。同时，对官员也要求苛刻，重用酷吏，行严刑峻法。

商人和游侠

汉武帝盛世主要建立在武功的基础上，其次是思想和制度的全方位大一统改革。但是其治下的社情民生却并不那么美好。由于四处开疆扩土，汉武帝时的领土比以前增加一倍，再加上频繁战争，用度自然也远超前代。

为了满足频繁征伐所需，汉武帝将百姓的口赋由每年二十钱加到二十三钱，并且额外增加了舟车税和货物税。舟车税就是百姓要为拥有的车船交税，一辆车每年一百二十钱，五丈以上的船一年也是如此，如果主人从商，则此税加倍。货物税简单说就是计算商人商品的价金，取百分之

六给朝廷，如果卖的是自己生产的产品则只收百分之三。当时并不能采取精确的计算手段，所以纳税额听凭商人自报，但如果造假就会没收全部财产，并且分给检举人一半。

由此不难看出，商人是汉朝重要的财政来源，并且由于积蓄财富就可以买卖官爵（国家允许），商人的地位也非常高，形成了一股庞大的势力。他们低进高出，控制物价，垄断产业，甚至铸币煮盐，参与国家争斗，大发战争之财。

当时著名的巨商有：

蜀郡的卓氏，也就是司马相如的岳父卓王孙的家族，他们在铁山下冶铁铸币，家里的排场不下于诸侯。

宣曲的任氏，他们在楚汉相争时囤积粮食，由于战乱百姓不能耕种，任氏把一石粮食卖出了万钱的天价，秦朝的珍宝也大多被他们收入囊中。

关中的无盐氏，他们借七国之乱起家，当时东方局势没有安定，那里未曾叛乱的诸侯为了打仗只能大举借钱，很多放债人担心风险，而无盐氏以十倍利息出借，一战即成为关中屈指可数的大富豪。

这些大商人不仅能左右物价，甚至能影响战争的物资供应。

商人以外，由于繁重的徭役和赋税，很多百姓背井离乡以逃避税款，这些人就是所谓的逃户。逃户自己无法生存，于是就依靠一些地主豪强，为他们耕种做工，甚至充当打手，这就形成了另一股强大势力——任侠。韩非子"侠以武犯禁"说的就是这些人。他们未必有大商人的财力，但凭借武力彼此帮扶，俨然如割据的军阀，连地方官员都要避让三分。其中比较有原则的还能约束手下、管理治安，配得上任侠之名，没有底线的就索性拦路打劫、发坟掘墓、欺男霸女。

当时知名的大任侠有剧孟和郭解。

剧孟是河南洛阳人，最好打抱不平，扶贫济困，深得敬仰，他非富非官，母亲过世时竟然有上千辆车送葬。吴楚七国之乱，周亚夫赶到洛阳，第一个争取的力量就是剧孟。见到剧孟后，周亚夫欣慰地说："吴楚七国发动叛乱而不求助剧孟,可见成不了大事。"在周亚夫看来,剧孟一人就抵得上一个诸侯国。

郭解是河内郡轵县(河南省济源市轵城镇)的豪侠,他短小精悍,乐善好施,做大事不惜命,且讲究义理,爱惜名节:窝藏逃犯、私铸钱币的事他敢做,仗势欺人的亲戚却不帮。一来二去郭解名声大振,有人结仇了,几十个贤士豪杰都劝不动,郭解一句话两人就罢斗言和。有人得罪了郭解,无须他出手,就有人冒死帮他杀人,连大将军卫青都帮他求过情。由于风头太过,尽管司法官没有抓到郭解直接作恶的证据,但还是以大逆不道罪把他全家都灭杀了,因为不亲自动手就能使人为他杀人,这已经威胁到了天子的权力。

为了控制这些豪族富商,汉武帝强行将他们迁到京师附近的茂陵,专门建城加以管制。

耧车

汉武帝时期,有一位管理农业的官员叫赵过,他发明了一种能够提高播种速度的耧(lóu)车,耧车由耧斗、耧腿、犁铧(huá)、耧把四部分构成。耧斗用来盛装种子,耧腿有两条或三条,呈中空状,上面与耧斗相连,下面装有犁铧。播种的时候,牛或驴拉着耧前进,犁铧顺地开沟,人扶住耧把来回摇动,种子即可通过中空的耧腿均匀地播入地里。

▶耧车复原模型

理财名臣桑弘羊

由于连年征战，文景之治留下的丰盈国库很快见底，其中尤以战争开支为最，一场战争开始后，消耗的不仅包括兵饷、粮草，还有庞大的运输费用、俘虏的安置费用，仅两次河西之战，汉朝花费就达到一百多亿钱。至于在边郡筑城、治理水患、迁移百姓等，虽然开支相对较少，但每项也有几十上百亿钱的花费。

如此巨大的开支使汉朝财政出现了巨大亏空，为了筹钱武帝一度采取武功爵政策，允许民间花钱买爵位，但收效不佳。真正让汉朝的财政支撑起巨大开支的是理财名臣桑弘羊。

桑弘羊出生在商业中心洛阳，少年时便被誉为商业天才。他算账的时候根本不用筹码，全部依靠心算，不仅准确率达到百分之百，而且速度也奇快无比。凭着这个才能，桑弘羊年仅十三岁就被召入宫中，从此踏上仕途，度过了一段在汉武帝身边伴读的日子。

元狩三年（前120），桑弘羊已经是一位精明称职的理财大臣了，汉武帝决定重用他解决财政危机。由于改革得法，处理得力，桑弘羊步步高升，二十年里从侍中陆续升职为大农中丞、治粟都尉、大司农、御史大夫等重要职位，不仅掌管盐铁之事，还几乎掌管了整个汉朝的农工商业。

担任要职后，桑弘羊采取开源节流的手段解决财政危机。其中开源的手段主要有：算缗（mín）、告缗和盐铁酒官营专卖。

所谓的算缗就是向商人征收百分之六的财产款。所谓告缗就是制裁漏税行为的告缗令，它规定瞒报少报纳税额的直接没收财产，如果有人检举则奖励一半，这一政策帮国家没收了数亿的财物和数不清的田地宅院。

汉 五铢铜钱范

时间　前140—前87

所谓盐铁酒官营就是把煮盐、铸铁、酿酒这三种利润巨大的产业由私人经营官府收税，改为官府专门经营直接收取利润。其中盐铁专营虽然不是桑弘羊首次提出，但他是真正的推行者。

节流的手段则主要有均输和平准。

由于各地物价不同、特产不同，而充当赋税的物品却相对固定，这就导致地方上缴的物品如果质量一般的话，运到京城甚至不能抵消运费，白白浪费人力。为了解决这一乱象，桑弘羊设置了均输官，先把各地物产就地收集，特别有价值的才直接运到京师，其余按照价值规律逐步交易折算成比较有价值的物品运到京师。

平准则是为了平衡物价，起因是汉初经商利润奇高，又缺乏国家管控，导致不仅商人囤积居奇，连各地官府也从事商业互相竞价。而平准官的任务就是收拢天下货物，低价时大量购入该物品做储备抑制贬值，高价时售出该物品的库存抑制涨价。

稳定的物价和合理的税赋手段使政府浪费的支出大大减少。

开源节流之外，桑弘羊还通过统一货币解决财政危机。当时，私人铸

知识充电

田租与算赋

汉朝农民对政府的经济义务主要是田租和算赋。田租就是把土地出产的粮食按一定比例上交，这个数额在汉高祖时是十五税一，到文景时期则减半为三十税一，可谓历代的最低点了。算赋征收的初衷是战争时百姓提供牛车和劳务，后来逐渐形成定制，成为每年按人口轮派的一种义务。未满年龄的青少年（七至十四岁）也要缴纳口赋，但数额远低于算赋，七岁以下则不缴纳（武帝时改为三岁）。

币合法，于是占有铜矿的诸侯和大商人大量铸币，滋生了很多富可敌国的大财阀。为了遏制私人铸币，桑弘羊建议将铸币权全部收归朝廷，各地铸币的铜料也全部送到长安，由上林苑的钟官（主钱的铸造）、技巧（掌刻钱范技术）、辨铜（管铸钱原料的分辨）三官来统一铸造新币，这种钱称为"上林钱"或"三官钱"，即后世所称的"五铢钱"。它最大的特点就是有厚边而且比原来的钱重，这种设计是为了防私铸：钱重，需要的铜就多，造假成本更高，厚边结构则可以防止有人从钱上磨铜屑铸钱。

此后，全国的货币渐渐归于统一。

经过这位理财名臣的全力运作，西汉的国民经济迅速转向良性发展，财政系统总算支撑起了汉武帝的赫赫武功。

手段可恨、忠心可怜

为了配合雄才大略的改革和军事行动，汉武帝对执行官吏的要求很高，许多执法无情的酷吏因此得到重用，其中以张汤最为有名。

张汤是京兆杜陵县（今陕西西安东南）人，父亲曾是长安县丞，他幼年就深受父亲影响。有一次，父亲有事外出，嘱咐张汤看家。回家后，却发现盘子里的肉被老鼠叼走了，父亲于是将张汤打了一顿。张汤很不服气，挖遍了屋里的老鼠洞，终于抓住那只老鼠和吃剩的肉。这个小小少年便把老鼠拴起来，像审犯人那样一本正经地开堂审讯。从传讯、定案到宣读刑法、判罪定刑，全套流程进行得规范又完整，令父亲啧啧称奇，决定培养他这方面的本事。

长大成人后，张汤起初只是个小吏，因为帮助入狱的田胜（丞相田蚡的弟弟）而受到报答，在短短几年内快速升职。张汤做事干脆利索，汉武帝对他委以要职，让他审理皇后陈阿娇的巫蛊案件。他执法无情，不仅将皇后打入冷宫，还深究同党，诛杀了三百多人。结案以后，汉武帝认为张汤办事很有能力，数次委以重任。

时间 前140—前87

而张汤也不负汉武帝所托，无论对象是皇亲国戚还是达官贵人，他都严格按照武帝的意思无情执法，仅淮南王一案就株连数万人。当桑弘羊推行算缗令时，张汤又钓鱼执法，故意令商人自己上报税款，等到告缗令发出后再一一清查，一举将商家赚得的财物全部充入国库。在他的主导下，当时中产以上的商贾大都成为被告，仅此一项，国库危机就得到了极大缓解。

张汤虽然严刑峻法、冷面无情，但他有三个优点深得武帝欢心。第一，他不贪财。第二，但凡重大案件他都会过问武帝的意思，武帝觉得要宽宥，就派温和的官吏处理，武帝觉得要严惩就派酷吏处理；武帝觉得对的就作为判例记下来以后效仿，武帝觉得不对的就检讨认错。第三，他喜欢提拔下属，经常在武帝询问时夸奖他们的功劳。

凭着这些优点，张汤步步高升，最后俨然如宰相一般了，他生了病汉武帝都屈尊去探望。

然而张汤最大的危机就是四面树敌。

随着职权渐高，张汤得罪了不少达官贵人，这些人不可能都杀掉，还有很多记着仇，伺机报复。其中就包括前丞相庄青翟及丞相府的三位长史。几人联合起来，收集了张汤很多的小辫子，还举报张汤同奸商勾结，让他们囤积国家政令中涉及的物资以牟取暴利。

西汉 长乐富贵铃

这个铃铛的铭文为"长乐富贵"，但在频繁的对外征伐中，汉朝百姓的负担很重，长乐富贵往往只是一种空想。

武帝很愤怒，把张汤叫来一顿责问，张汤不认罪，武帝又派了八批使者按照记录在案的罪证责问张汤。张汤一一辩驳，仍不认罪，直到主管此案的廷尉赵禹到来。赵禹也是一个酷吏，且与张汤共事多年，他没有问张汤一件具体的事，只是冷冷地对张汤说："张汤，你也太不顾身份了！你在办案时杀头灭族了多少人？如今人家拿出这么多罪状告你，你让陛下如何处理？——只好叫你自行了断，免受下狱之辱罢了。你还申辩什么呢？"

张汤黯然，于是躬身写道："我从刀笔小吏起家，因得到陛下的信任而被提拔为高官，所犯的罪责我无法推卸。但陷害我的是丞相府的三位长史。"写完便自杀了。

张汤死后，家里财物连五百金都不值，且皆为汉武帝赏赐，没有任何来源不明的财产。张汤的兄弟之子想要厚葬他，但张汤的母亲不同意，说："张汤身为天子的大臣，被流言蜚语中伤而死，何必厚葬？！"说罢就用牛车把张汤埋了，连个套棺都没有。

汉武帝知道后长叹一声，最终决定将三位长史处斩，赐庄青翟自尽，并将张汤的儿子张安世提拔重用。后来张安世成为三朝重臣，其家族也被九世封侯：汉武帝明白，酷吏只是帮助他推行政策罢了，如果在文景时代，他们可能又是最宽仁的忠臣。

时间　前140—前112

18　文乐风行的大时代

至今上即位，作十九章，令侍中李延年次序其声，拜为协律都尉。通一经之士不能独知其辞，皆集会五经家，相与共讲习读之，乃能通知其意，多尔雅之文。

——《史记·乐书》

【人物】李延年、司马相如、淮南王刘安

【事件】《淮南鸿烈》、刘安叛乱、相如作赋、乐府兴起

武帝时期，不仅是汉朝武功的极盛点，而且是汉代文学音乐的里程碑，以《淮南子》为代表的散文，以司马相如作品为代表的汉赋，以李延年为主管的汉乐府都得到了空前发展，出现了文乐风行的盛况。

不会发明的编辑不算好王爷

淮南王刘安是刘邦的孙子，他出生在汉文帝前元元年（前179），比汉武帝年长二十多岁。刘安是刘氏诸侯王中的另类。他对贵族子弟钟爱的狩猎游乐通通不感兴趣，反而喜欢读书鼓琴，平时则厚待百姓，希望以此获得良好声名。

淮南是深受楚国文化和道家文化影响的地区，可以说是汉代思想最浪漫的地方之一，因此这样一位热慕文学的侯王引来无数文士趋附，一度形成了数千门客齐聚一堂的盛况。刘安的日常就是和文士们饮酒高歌，互为辞赋，

科学发明

发明豆腐

文学以外，深受浪漫主义文学影响的刘安还喜欢谈仙论道，"一人得道，鸡犬升天"的故事就出自他身上。为了长生不老，刘安不惜花费重金招纳数千方士，在今日的八公山上多次试验。这些人用山中的清泉水磨制豆汁，又用豆汁培育丹苗，结果仙丹没有炼成，反倒因为豆汁、石膏、盐产生化学反应，意外制成了鲜嫩绵软的豆腐。

所作的文章越来越多后，他们决定根据史料编撰一本思想巨著流芳百世。

经过数千名精英文士的辛勤编撰，以及淮南王雄厚的财力和资料支持，一本集道家思想之大成，兼具楚辞浪漫主义色彩的巨著编撰成功。全书二十余万字，共分为内二十一篇、中八篇、外三十三篇，内篇论道，中篇养生，外篇杂说，以历史、神话、寓言来阐明深玄的道理，是汉代道家学说最重要的一部代表作。刘安志得意满，将这部书命名为《鸿烈》，"鸿"是广大，"烈"是光明，意即读此书便能懂得广大而光明的通理。由于是在淮南王的支持下编成，这本书又被称为《淮南鸿烈》。然而这部涉及范围十分广泛的文化巨著，留传下来的只有《内书》二十一篇，也就是后来闻名于世的《淮南子》。《淮南鸿烈》是道家思想的集大成之作，可惜生不逢时，在当时儒教渐起的大趋势下只能沦为思想逆流，不能作为执政的圭臬。幸而武帝是一个喜好文墨之人，对这位精通文学的叔叔还是比较敬仰的，不仅特免他入朝觐见之苦，就连给对方写信，他都要先让司马相如等人看过以后才会发出。

可惜的是，刘安对武帝并不忠诚。早在七国之乱时淮南就参与了谋反，只是被国相制止才没能发兵。后来见汉武帝年少继位，又久久不立太子，

时间　前140—前112

刘安的心思更活泛了，以汉高祖刘邦自比，觉得只要武帝出了事，他唾手就能夺得天下。他的谋士伍被听说后多次劝阻，声泪俱下地说："大王，您只看到高祖得天下的容易，却没看到秦朝当时腐败的程度，也没看到吴楚七国失败的下场。如今淮南兵力财力不足吴楚十分之一，天下却比秦朝时稳定万倍。您这是自寻死路啊！"

可刘安不以为然，继续为谋反做着准备。等到武帝推恩削藩时，他终于坐不住了。然而兵马还没发动就被孙子刘建告发了，原来刘建的父亲刘不害是庶出，最不得刘安宠爱，不仅得不到封爵还要被刘安的世子刘迁侮辱。好不容易有了推恩令，刘安却不打算遵行，这让刘建如何能忍？

结果这位皇室才子的大业还没开始就结束了，元狩元年（前122），汉武帝以"阴结宾客，拊循百姓，为叛逆事"等罪名派兵到淮南搜查，从刘安家中搜出许多攻战器械，以及伪造的玉玺金印。自知罪无可赦的刘安自刎而死，和此事有关联的近万人都被酷吏张汤无情株连。

5　盛世之笔司马相如

司马相如是蜀郡成都人（另一种说法是巴郡安汉人，即今天的四川省南充市蓬安县人），和淮南王刘安同岁。出生时为了好养活，父母叫他"犬子"，长大后才有了正名"长卿"。但他也不满意，于是根据自己崇拜的蔺相如之名为自己取名"司马相如"。

司马相如少年时家境贫寒，却有宏图大志，初入长安时在门上写下："不乘高车驷马，不过汝下"。意思是如果我不骑上高头大马坐上豪华车辆，决不从这个城门下走过。

雄心壮志的司马相如来到长安，正是景帝时代，竭尽全力只是混了个类似保镖的武骑常侍，落魄潦倒之下只能称病辞职，到梁王府上做了宾客。梁王府上倒是文气浓郁，汉赋大家枚乘、邹阳、庄忌都在其列，司马相如与这些墨客切磋，写下了一篇赞颂齐楚两国狩猎的《子虚赋》，一时遍传

西汉 俳优俑铜镇

汉武帝喜好文学，但以文学入选的人却未必担任要职，这些人中很大一部分是陪他吟诗作赋起娱乐作用的。当时汉武帝身边还有一个叫东方朔的奇人很受关注，就是因为他谈吐诙谐，能讨天子开心，这其实已经和用夸张表演博人一笑的俳优类似了。

海内。可惜梁王早死，司马相如没待几年只能返回家乡成都。

司马相如赋闲在家的时候，这篇《子虚赋》总算传到了汉武帝手里，爱好文学的武帝惊为天人，以为是古人遗篇，感叹道："太遗憾了！我竟然不能和此文的作者生在同一时代！"给他养狗的太监杨得意听了，插嘴道："皇上，这人就是我的老乡司马相如啊！"司马相如这才又被请进了长安城。王勃《滕王阁赋》里"杨意不逢，抚凌云而自惜"说的就是此事。

汉武帝见了司马相如，大加夸赞，司马相如却一撇嘴，笑道："齐楚这种诸侯狩猎有什么值得称道？天子的上林苑出猎才真的该写。"于是又作了一篇文采更出众的《上林赋》，武帝对他大加赞赏。后来巴蜀百姓生乱，司马相如自告奋勇，一篇妙文就平定了西南边陲，自此成为武帝的御用文人。

司马相如文思敏捷，所作赋文虽然不免有歌功颂德之嫌，但他的文章却极善架构，轻描淡写间就能将几十上百的瑰丽意象以时空铺陈且兼顾品类，如同雄兵列阵，张扬出汉武时代昂扬奋进的盛世风貌，而且兼顾了句式的长短交错，音韵和谐。其中主客问答的行文结构和天马行空的夸张笔法都对后世文学起到了里程碑式的影响，是当之无愧的汉赋巅峰。

就连一向不喜浮词的司马迁也不得不承认："相如虽多虚辞滥说，然其要归引之节俭，此与《诗》之风谏何异？"意思是说，司马相如虽然写了

时间　前140—前112

不少虚浮的辞赋,但是本意是讽谏汉武帝节俭,这和《诗经》又有什么差别呢?于是,在惜墨如金的史记中,司马迁以近万字的篇幅摘引司马相如的文章,字数大大超过了很多帝王将相的传记。

奇闻逸事

凤求凰与白头吟

司马相如一生风流,青年时求官不利,于是回到家乡成都,恰好被成都的大富商卓王孙宴请。席间,司马相如举止高雅,怀抱鸣琴,在众人力邀下弄琴一曲。优美的琴声如怨如慕,举座为之倾倒。尤其是卓王孙新寡的女儿卓文君,听得泪落沾裳,当晚就和司马相如私奔了。这首曲就是古琴名曲《凤求凰》,这位奇女子听出了司马相如的爱意,不顾身份名节嫁给了家徒四壁的他。后来司马相如富贵,而卓文君年老色衰,宠爱大不如前,卓文君没有哭闹,而是郑重地递给司马相如一首诗,司马相如看后,惭愧不已,终于悔过和文君相持一生。这首诗就是著名的《白头吟》。

白头吟
卓文君

皑如山上雪,皎若云间月。
闻君有两意,故来相决绝。
今日斗酒会,明旦沟水头。
躞蹀御沟上,沟水东西流。
凄凄重凄凄,嫁娶不须啼。
愿得一心人,白头不相离。
竹竿何袅袅,鱼尾何簁簁!
男儿重意气,何用钱刀为!

文学奇葩汉乐府

"北方有佳人，绝世而独立。一顾倾人城，再顾倾人国。宁不知倾城与倾国，佳人难再得！"随着清丽的歌声入耳，一个叫李延年的小官引起了汉武帝的注意。武帝好奇地问道："世上真有这样的佳人吗？"李延年点点头，这个佳人，便是他的妹妹。

由于精心的包装推荐，李延年的妹妹大受恩宠，成了李夫人，李家因此一门皆贵，李延年成了协律都尉，主管音乐创作，而李广利也混成了贰师将军。李延年虽然因妹妹得宠，但音乐造诣着实不俗，编写了很多清雅动听的曲子，用于祭祀、宴饮等多种场合。

这些曲子不是单纯的乐器曲谱，还沿袭周朝的《诗经》，有配词伴唱，有舞蹈助演，从而达到娱悦鬼神、歌颂功德、宣传教化的作用。有了新曲，就必须配合新词。元鼎五年（前112），汉武帝设立专门的音乐管理机构，负责歌词创作、采集及表演。这个机构就是"乐府"。

汉乐府一方面请当时的文人名家创作唱词（司马相如等人都参与过这项工作），一方面也仿效《诗经》，派人到民间采风，后来配曲失传，这些歌词反而成了一种重要的诗歌形式，对后世诗歌创作产生了重要影响。李白所擅长的歌行体，就是乐府诗的一种。虽然本意是祭祀颂德，但随着大量作者的创作，乐府诗便逐渐突破了庙堂文学的限制，成为社会生活百态的写照。

乐府诗里既有"山无棱，江水为竭。冬雷震震，夏雨雪。天地合，乃敢与君绝"的坦白爱情，也有"薤（xiè）上露，何易晞。露晞明朝更复落，人死一去何时归！"的生死之苦，更有"出东门，不顾归。来入门，怅欲悲。盎中无斗米储，还视架上无悬衣"等对贫富悬殊、百姓疾苦的深刻写照，是中国文学的一朵奇葩。

时间　前92—前89

19 暮年执误的汉武帝

> 太子与皇后谋斩充，以节发兵与丞相刘屈氂大战长安，死者数万人。庚寅，太子亡，皇后自杀。初置城门屯兵。更节加黄旄。御史大夫暴胜之、司直田仁坐失纵，胜之自杀，仁要斩。
> ——《汉书·武帝纪》

【人物】汉武帝刘彻、戾太子刘据、江充、刘屈氂

【事件】武帝寻仙、巫蛊事件、太子起兵、轮台罪己

武帝是有建树的，也是固执的。经过大半生的寻仙问药和四方扩土，他终于在巫蛊事件的打击下有所醒悟，随后以巨大的勇气矫正错误，为汉朝再次出现盛世做了制度安排。

想成仙、爱吃药

汉武帝是一个矛盾的君王，他一方面信奉儒家经典，笃志创立思想和疆域的空前大一统，一方面又对孔子所不愿多言的"怪力乱神"非常痴迷，自继位以来就沉迷于鬼神祭祀，笃信神仙灵药，以至于《史记》作者司马迁在《孝武本纪》中通篇记叙汉武帝寻仙问药、封禅祭祀之事，汉武帝功绩则在其他篇目中介绍。

听闻天子好鬼神，于是各地的方士蜂拥而至，向汉武帝介绍种种祭祀、面见神明的方法，以及冶炼黄金和丹药的方剂。汉武帝求神心切，对这些

神乎其神的方士赏赐荣华富贵，对他们所建议的庙宇楼台一一兴建。其中一个叫栾大的方士恩宠最盛，被武帝赏赐了堪比列侯的府邸车马，还娶了一个公主为妻。

然而怪力乱神之事终究还是子虚乌有的，方士们彼此的说法有时也自相矛盾，这一点汉武帝未尝觉察不出，只是仍然抱着一丝微茫的希望。

为了礼敬鬼神，武帝一生大修庙宇，四方封禅祭拜，把名山大川都祭拜遍了，还数次派出方士寻找海外的仙山蓬莱。这些自然都无果而终了，倒是留下了柏梁台、铜柱、承露仙人掌等后世闻名的景观。

武帝晚年时又开始服用方士炼制的仙丹妙药，这些药物往往含有很多有害的化学成分，直接导致了他晚年用刑的苛刻和为政的躁狂。

5 巫蛊事件

由于长年服食丹药，加之年事已高，汉武帝的身体逐渐多病起来。每当生病他就疑神疑鬼，不仅有很多方士抓住这个机会进献种种祈福手段谋求富贵，更有一些别有用心之人，借着武帝的猜疑栽赃嫁祸、争权夺利。

当时大将军卫青已经去世，卫家外戚因无人约束而逐渐骄纵狂傲，这一点被有心人留意，借此大做文章，酿成了骇人听闻的惨案"巫蛊事件"。

西汉 五色药石

"五色药石"出土于西汉南越王墓，是五种被认为有神奇药效的矿物，分别为：紫水晶、硫黄、雄黄、赭石和绿松石。"五石"是炼丹的原料，也被医家入药，治外伤和寒症，同时它们还是绘画的颜料。一些方士借这些矿物故弄玄虚，配成所谓"五石散"，鼓吹服食后可长生不老。

时间　前92—前89

西汉　七层灰陶仓楼

此事的导火索是一个叫公孙敬声的外戚,他是卫青姐夫公孙贺(当时的丞相)的儿子。公孙敬声为所欲为,竟然擅自挪用北军一千九百万钱的军费,结果事情败露,被判了重罪。如何为儿子脱罪呢?公孙贺思来想去,想到最近有人持剑夜闯皇宫的事,决定抓住刺客给儿子赎罪。刺客很快抓住了,就是阳陵的大任侠朱安世,朱安世被捕后多次请求公孙贺通融,公孙贺自然坚决不放。朱安世见释放无望,冷笑着对公孙贺说:"丞相要祸及全族了,终南山的竹子写不尽我要告发的罪状,斜谷里的树也不够制作被牵连者所用的桎梏。"

说罢,朱安世从狱中上书朝廷,检举公孙敬声与阳石公主偷情,以及用木偶人诅咒皇帝等罪状。说来简直离奇,这么一个死囚的上书竟然得以完成,还越过层层官员传到了汉武帝手里。汉武帝大怒,立刻下令逮捕公孙贺,全面调查此事。经调查,朱安世揭发公孙敬声的事件"属实"。不仅公孙贺和公孙敬声死在监狱里,全家灭族(对卫青的后裔牵连不算太大),连阳石公主、诸邑公主及卫青长子卫伉都被杀死。

即便如此,武帝仍然疑神疑鬼,此时他的身体状况又的确不佳,因此更加多疑了。

一个叫江充的人抓住机会,指使胡人巫师说:"皇上久病不愈是因为宫中有蛊气,不除去这蛊气,病就一直好不了。"

武帝当时身染疾病，噩梦缠身，也担心一些人想置他于死地好继承皇位，于是同意江充的意见，让他成立"专案小组"四处调查。当时由于方士横行，所以宫中的嫔妃和朝中大臣也有不少人相信了方士的法术，在屋里埋上木头人，进行祭祀。和祭祀者有矛盾的人就借机告发对方诅咒皇帝、大逆不道。结果后宫数百妃嫔、宫女及一些关联大臣都被不分青红皂白地杀死，从长安到地方，有数万人受到牵连。

整死这么多人，也没谁告发他。江充胆子大起来，抓住皇帝的疑惧心理，竟然把诬陷目标放在了皇后卫子夫和太子身上。

5 错杀太子的老皇帝

这种子虚乌有之事如何能够防御？没多久，江充便宣称在太子宫中找出了大量木人和丝帛，上面的文字大逆不道。

太子刘据非常害怕，问少傅石德应当怎么办。石德听后觉得这种事无法解释清楚，就建议太子假传圣旨，先将江充等人逮捕下狱，然后治罪处死。刘据最初不敢擅自诛杀大臣，准备前往甘泉宫请罪，请求赦免，但江充紧逼不放，形势危在旦夕。

刘据只好铤而走险，派人冒充皇帝的使者逮捕江充，随后，亲自将江充和其党羽诛杀。

刘据派人携带符节乘夜进入未央宫长秋门，将一切报告给卫皇后，然后调发皇家马车运载弓箭手，打开武器库拿出武器，又调发长乐宫的士兵作为自己的势力。长安顿时一片混乱，到处都在说太子造反了。

西汉 银盒

时间　前92—前89

汉武帝得知后，仍然留有一丝理智，说："太子肯定是害怕了，又愤恨江充等人，才做出这样的事。"说完就派出使者想把刘据叫来问话。但是这个使者害怕被杀，根本就没进长安，待了一会儿就回去报告："太子已经造反，要杀我，我逃了回来。"汉武帝勃然大怒。命令宰相率兵以牛车作为掩护，紧守城门，把叛军困在长安城里。

见大军围城，刘据只能以皇帝生病、有奸臣叛乱为借口尽量争取支持，由于长安人马有限，他只好将关在长安官狱中的人赦免为兵，同时派如侯持符节去征发长水和宣曲的胡人骑兵。然而如侯在半路被人逮捕，胡人骑兵反而落入武帝手中。

穷途末路的刘据无奈将长安市民约数万人强行武装。双方血战五日，死者多以万计。由于有篡位嫌疑，且逼民为兵，最终太子战败，逃出城去，随他发兵谋反的门客全部被灭族，连皇后卫子夫也自杀身亡，城内人心惶惶。

一个叫令狐茂的人看不下去，给武帝上书。大意是："父母好比天地，儿女好比万物。父母慈爱，儿女才会孝顺。如今刘据贵为太子，肩负大汉万世功业，又是陛下亲生骨肉，而江充不过是个欺瞒您的卑贱之人罢了。做儿子的担心被这种小人所害，偷取父亲的兵马自保，有什么罪？请您立即赦免太子，迟则生变！"

武帝受到触动，但还有心结，一时没下达赦免诏书，而就在他犹豫的时间里，太子因行踪被发觉，上吊自杀了。

这一年，是汉武帝征和二年（前91），武帝已经是六十五岁高龄了，想起卫子夫、卫青还有无辜受难的太子，即便刚强如他也悲恸异常，甚至心灰意冷了。他将试图解救太子的两个百姓封侯，将以兵刃伤及太子的人灭族，随后修了一座宫殿怀念儿子，命名为"思子宫"，又在太子自杀的湖边修了一座台子，名为"归来望思之台"。

一个皇帝的检讨书

刘据自杀后,武帝精神上受到巨大打击。从雄心勃勃的少年天子,彻底蜕变为行将就木的孤家寡人。寻仙问道却惹得孑然一身,不可能不感到凄凉,连带着对四方开拓的武功也有所怀疑了——当年登基时,汉朝经济繁荣,百姓生活安康,经过几十年奋斗,虽然扩土万里,荡平四海,百姓疾苦者却更多了。

一番深入思考后,胸怀远大的武帝做出了史无前例的决定,亲自发布罪己诏,向天下公开承认自己的错误,并宣布调整以后的政策。这就是有名的"轮台罪己",此诏书开了后世君主自省的先河。

事情发生在征和四年(前89),当时桑弘羊等人上奏,建议朝廷派将士去西域轮台屯田,解决西域粮草供应问题。按照武帝的一贯作风,这个建议是会被毫不犹豫地批准,并获得大量人力物力支持的。但这一次,武帝却拒绝了桑弘羊等人的建议,他写下诏书,昭告天下,大意是:

"以前曾有官员奏请增加赋税,每人每年三十钱,以接济边疆用度,这是要迫使老弱孤独者困苦不堪,是不可以的。现在又有人要求派兵到轮台屯田。轮台在车师以西一千多里啊!当年打车师,西域各国士兵因为帮我们而精疲力竭,汉军士兵们即使每人装着满满的食物也不足以支撑到战

西汉 虎头金钩扣玉龙带钩

时间　前92—前89

事完成，多少人死在了玉门关外……"

"朕曾经笃信占卜，征匈奴时为各将领算卦，结果无不吉利。可朕令贰师将军出兵，结果却落得无数士兵或死、或被俘、或逃散，此悲此痛，时常萦绕在朕心中。"

"现在，有人请求在遥远的轮台屯田，建烽火台，这是使天下人担惊受累，哪里算得上优待百姓啊。这类话，朕再不忍心听到了。"

"当今最重要的是致力于禁止苛刻残暴，制止乱加赋税，努力发展农耕，与民休息。至于军备，只加强养马免税的法律来增加战马，让军备不荒废就可以了。"

这些政策是武帝深入反思后的调整，其出现标志着汉朝战略开拓的目标已经达成，统治方针回到了与民休息、发展经济，可以说这个决策避免了汉朝像秦朝那样迅速败亡。

两年后，刘彻死去，在巫蛊事件后的几年里他完成了这样几件事：

第一，尽数诛杀陷害太子嫌疑最大的李夫人一脉势力。第二，命忠诚守法的大臣霍光、金日磾（mì dī）、上官桀（jié）等辅佐少主，任沉稳持重的田千秋为宰相。第三，杀死少帝刘弗陵的生母钩弋夫人以防外戚当政。虽然手段仍然冷血残酷，但三管齐下之后，汉武帝毕竟为昭帝开创了一个守成之局，合格地交接了肩头的重担。

青铜器的继承——漆器

漆器,指用漆涂在各种器物的表面上所制成的日常器具及工艺品、美术品等。汉朝是漆器发展的巅峰时期。漆器的兴起和青铜器的衰颓密不可分,而青铜器衰落的主要原因是南方开发程度提高,使得原本贵重的铜有所贬值,再不能当作赐金了。因此造价便宜且精美的漆器就成了替代青铜的日用美术品,也出现在祭祀场合,一些精美的错金银漆器价值甚至超过青铜器数倍。漆器数量的多少、形制的优劣已然成为贵族攀比的重要指标,由此衍生了庞大的漆工群体和相应属官,产生了复杂烦琐的制造工序,有"一屏风就万人之功"的说法。

▲漆器

时间　前111—前81

20 大汉精神

【人物】朱买臣、苏武、司马迁

【事件】买臣负薪、苏武牧羊、《史记》问世

> 历史上任何一个留下浓重印迹的时代，都拥有属于自己时代的精神风貌。大汉精神，体现在买臣负薪的艰苦好学、乐观不放弃中，隐含在苏武牧羊的不畏强权、坚强不屈、忠君爱国中，蕴藏在司马迁忍辱负重、不屈不挠、坚持不懈实现父亲遗志的坚定信仰中。

买臣负薪

朱买臣是西汉吴郡吴县（江苏苏州吴中区及相城区）人，自幼喜欢读书，可读到四十岁仍然是个落魄书生，只能在深山老林里搭个茅屋，以砍柴为生。可即便落拓如此，朱买臣也毫不气馁，经常一边挑柴赶路，一边高声背诵诗文，众人议论纷纷，说他是个卖柴的书痴，朱买臣却浑不在意。倒是他的妻子觉得很丢人，数次制止朱买臣大声背诗，以免成为别人嘴里的笑料，朱买臣听了哈哈大笑，反而背得更大声了。

妻子气不过，便逼他写下一纸休书，好让自己再嫁他人。朱买臣笑了："别看我现在是个穷鬼，五十岁时保准富贵加身，那时候一定好好补偿你。现在我四十多岁，只剩下几年时间，你都不能等吗？"妻子才不信这

一套，哭叫道："像你这样的人，最后只能饿死在阴沟里，怎么可能富贵呢？"无奈之下，朱买臣只好同意了离婚，一个人自强不息地攻读《春秋》《楚辞》。

几年后，朱买臣还真的时来运转了，不仅见到了汉武帝，还大受赞赏。元鼎六年（前111），东越王馀善反复无常让汉武帝很头疼，朱买臣献计道："以前东越王居住在泉山，那儿地势险要，一夫当关万夫莫开，可现在他却搬到距离泉山五百里的大泽中。如果派兵过海，攻下泉山，再向南席卷，便可彻底消灭东越国。"汉武帝觉得这个主意不错，又想起朱买臣正是会稽郡人，会稽正是越族的起家地，于是笑着说："富贵以后不还乡，好比穿着华丽光鲜的衣服在夜间行走一样，你如今可以衣锦还乡了！"

买臣负薪

成语典故

覆水难收

看到朱买臣衣锦荣归，前妻懊悔不已。她光着脚蓬头垢面地求其带自己回家，朱买臣骑在高头大马上沉吟了片刻，命人端来一盆清水，"哗"的一下泼在地上，然后说："如果你能把泼在地上的水收回盆里，我就带你回家。"前妻羞愧难当，恨不得找个地缝钻进去。这就是成语"覆水难收"的由来。

时间 前111—前81

回家以后，朱买臣临危受命，率领大军与横海将军韩说从句章（今浙江余姚市东南）出发，由海路进攻东越，顺利平定了这个不安定因素。因平叛有功，他被封为主爵都尉，位列九卿之中。朱买臣的故事也成为历代读书人的榜样，渔樵耕读中的"樵"，指的就是朱买臣。

5 苏武牧羊

苏武是杜陵（今陕西西安东南）人，出生在汉武帝建元元年（前140）。苏武长成以后，匈奴已经被驱逐出漠南，但汉朝也因为马少而不再组织大规模征战。在这种不战不和的情况下，双方经常互派使者，也经常扣押对方的使者。

汉武帝天汉元年（前100），匈奴新单于继位，害怕被汉朝攻打，于是归还了扣押的使者。汉武帝很高兴，也派使团去匈奴回礼，苏武就是此次的正使。这本来是一趟美差，但苏武运气很差，正赶上匈奴内部有人谋杀汉朝降将卫律，而他的副手张胜居然瞒着他牵扯其中。叛乱以失败告终，张胜被抓。单于认为苏武也参与造反，一度想要杀他。手下的大臣劝道："谋杀卫律就把使团全部处死，那谋杀您还怎么进行更重的惩罚？不如招降苏武算了。"单于觉得有道理，于是派卫律招降。

面对威逼利诱，苏武怒发冲冠，说："身为汉使，如果丢失气节，有辱使命，虽然活着又有什么面目回到汉朝！"说罢拔刀就向身上刺去，当场就倒在血泊中。幸好匈奴医者及时赶到，将他救了回来。

见硬的不行，卫律决定杀鸡儆

清 黄慎 苏武牧羊图

猴,等苏武好一些后在他面前把谋划此事的主谋虞常杀掉了,杀完就用血淋淋的剑向张胜挥去,张胜一看吓得当即投降。匈奴又把剑挥向苏武,但他面不改色。卫律见苏武真不怕死,便柔声利诱道:"苏君,我卫律也是辜负大汉投降匈奴的,匈奴封我为王,让我掌管数万部众,赐给满山的牲畜,多么富贵啊!你今天投降,明天一定和我一样。若一心求死,不过是让尸体成了草原的肥料罢了,谁又知道你的气节呢?"

苏武冷笑:"你身为臣子,却不顾恩义,背叛主上、丢弃亲人给敌人当俘虏。当了俘虏又辜负单于信任,蓄意挑拨两国纷争!你可知道南越杀汉使者,国家被屠为九郡。大宛王杀汉使者,头颅被手下挂在北城。朝鲜杀汉使者,即时就被攻破。你是想让匈奴因我遭殃吗?!"

卫律被骂得羞愤交加,再不谈劝降的事情了。单于却看重苏武的气节,决定慢慢折服他。他下令将苏武关在地窖里,不给食物,天寒地冻,苏武冻得浑身发抖,渴了就抓一把雪吃,饿了就啃些破烂的羊皮。就这样,他奇迹般地挺过了好几天。匈奴百思不得其解,以为是天意,就不敢折磨他,而是将苏武发配到北海(今俄罗斯贝加尔湖)放羊,并留下一句话:"它们什么时候生下小羊羔,什么时候你就可以回中原。"话虽这么说,但苏武放的却全是公羊。

在寒冷的北海,苏武冻得皮肤开裂、伤口结痂,靠挖草根、捉野鼠填饱肚子。不过,无论日子多么难熬,近十年里,他都没扔下那根代表汉朝使者的旌节。

后来,李广的孙子李陵与匈奴作战,因寡不敌众而投降了。李陵和苏武是故人,单于便命令他去劝降苏武。见了苏武,李陵悲伤地说:"你离汉多年,还不知道家里的状况吧,你的老母已经过世,妻子早已改嫁,两女一儿生死不知。你的信义又有谁看见了呢?人生就像朝露一样短暂啊,我李陵投降时又何尝不悲痛若狂?可汉朝已不是以前的汉朝了,皇上年岁已高,法令无常,有多少大臣被全族夷灭!你就听听老朋友的忠告吧!"苏武听后,神情坚定无比,答道:"我苏武父子没什么才德,全靠陛下恩宠才

时间 前111—前81

能封侯拜将,就算肝脑涂地也在所不惜。皇上对我就如生父,当儿子的为父亲而死,又有什么怨恨?你去告诉单于,若他再强逼于我,唯死而已!"

李陵赧然,因家族被夷灭而痛恨汉朝的他此刻也不禁喟然长叹、泣下沾襟:"您真是义士啊!我李陵和卫律这类叛臣的罪过恐怕要上达于天了!"

一转眼,多年过去,苏武的头发全白了,旌节上的装饰也全掉光了,此时也到了汉昭帝年间,匈奴终于再没能力与汉朝对抗,决定卑辞求和。汉朝要求放回苏武,单于不愿,敷衍说:"苏武早死了!"单于的诡计没能得逞,已经知道内情的汉朝使者义正词严地说:"我们皇帝近日射下一只北方飞来的大雁,雁脚上绑着苏武写的信,说自己在北海牧羊,怎么能说他死了呢?"单于见此,只好派人放还苏武。

汉昭帝始元六年(前81),苏武回到长安,此时距离他出使匈奴已过去十九年,昔日的壮年汉子已变成白发老人,汉武帝也已去世多年,唯有那根光秃秃的旌节在向汉廷诉说着英雄的故事,亦激励着后人。

5 史家绝唱

汉武帝时代,百家罢黜,以儒为尊。而儒家最为重要的五本经典被称为"五经"("四书"的确定还在后世),分别是《诗经》《尚书》《礼记》《易经》《春秋》,通五经而为官入仕的学者不计其数。五经之中又以孔子所作的《春秋》最为特殊,它既是春秋各国的历史,又蕴含了儒家鲜明的价值观和为政治国的道理,成为君主和官员必读的书籍。孔子以后三百余年,虽然各国均有历史记录,但再无人敢重复圣人之举,以史为鉴,评点历史得失。除了一位出身史家的年轻人,这个年轻人叫司马迁。

他出生于夏阳(今陕西韩城南),父亲司马谈是掌管汉朝历史工作的太史令。耳濡目染之下,司马迁十岁就能读习使用上古文字籀文(籀,zhòu。籀文,一般指大篆。大篆是西周晚期普遍采用的字体,相传为夏朝伯益所创,笔画较小篆繁复)写就的文献,还先后受大学问家孔安国、董仲舒传授学识，成了有名的青年才俊。

"读万卷书，不如行万里路"，饱读群书以后，年仅二十岁的司马迁开始了为期两年的全国游学。那时，汉武帝扬威四域，大汉版图急速扩大，司马迁的足迹也因之空前广阔。两年来，他游历过河南、湖南、山东、四川、云南等地的名山大川，饱览风土人情，遍访平民异士，知识层面开始急速拓展。

太史公司马迁像

元封元年（前110），司马谈病逝，弥留中殷切嘱咐儿子不要忘了史家的责任，著书立说，记录历史。司马迁俯首流涕，郑重答应，此后，他又经过六年的积累和准备，才开始《太史公书》（东汉中期以前《史记》曾用名）的创作，将父亲当年的遗志付诸笔端。这项伟大的工作平稳进行了约六年后，一场事故改变了司马迁的生涯。

此事发生在天汉三年（前98），汉武帝宠妃李夫人的哥哥李广利无能，致使汉军对匈奴惨败，三万汉军只有李广利带着百十人狼狈窜回。李广的孙子李陵跟着倒霉，五千步兵被匈奴单于亲率三万骑兵围困，射杀了六千多名匈奴骑兵后彻底陷入绝境。一场血战之后，汉军兵败，李陵被当场生擒，投降匈奴。

身为名将之后，李陵降敌受到文武百官的口诛笔伐，唯独司马迁孤直耿介，逆风给武帝上书，说："李陵带去的步兵不足五千，又深入敌军腹地，能射杀几千敌人，战斗到最后一刻，足以对天下人有个交代了。再说，士兵愿意为他作战到这一步，就说明李陵不是一个无能的将军，能够经历如此苦战而不屈，就证明李陵不是贪生怕死之人。或许他不是真心投靠，而是打算忍辱负重，寻机报效皇上……"这番分析本来合情合理，可汉武帝正在气头上，觉得司马迁意有所指，隐隐讽刺李广利败军逃回。于是龙颜大怒，大声喝问："你这样替投降敌人的李陵强辩，不是在存心反对朝廷

时间　前111—前81

金缕玉衣

所谓金缕玉衣，即以玉片为布、以金属为线编制的葬服，其中以上等美玉和金丝编成的等级最高。古人认为它能保持尸身不腐，因此成为王侯世家入葬的重器。目前，已出土的汉代玉衣有二十多套，其中用金丝穿系的有五套，最精美的莫过于中山靖王刘胜墓中出土的金缕玉衣。这件玉衣分六部分，即头部、上衣、袖筒、裤筒、手套和鞋，使用绿色、灰白色、淡黄褐色的玉片共计2498片，金丝重约1100克。最大的一枚玉片如普通打火机，用于脚底，最小的一枚玉片不过刚刚遮住成人的拇指盖儿，用于手指。

吗？！"说罢就将司马迁下狱。最终，李陵全家被斩，狱中的司马迁也没能逃过此劫，被定了个死刑。

武帝自然知道司马迁罪不至死，但按当时法律，司马迁的罪过是可以花钱赎罪的，因此还不算离谱。哪知司马迁两袖清风根本无力支付，只得退而求其次，选择受宫刑免死。宫刑就是阉割，以其巨大的肉体和精神痛苦被列为酷刑之一。古人看重名节，大多宁死也不肯如此偷生。但想到心愿未已，司马迁忍辱负重，勇敢地活了下来。

这次经历不仅改变了司马迁的人生，也彻底改变了他的著作观和人生观。原本，他著书立说虽然不无学术考虑，但归根到底也有为大汉歌功颂德之意。经历此事之后，司马迁开始以孔子、屈原、周文王等饱受苦难的圣贤自比，把著作视为文以载道的手段。这使得《史记》的叙事艺术、人物刻画、风格特征一扫前代余弊，开创了史无前例的纪传体形式，把历史归于人物，以传记复现历史，赋予了史书人的精神和感情，形成了浓郁的传奇色彩和浓重的悲剧氛围。

这本五十二万六千五百余字的巨著，上起炎黄，下至汉武，将三千多年的历史分为十二本纪、三十世家、七十列传、八书、十表等五大部分，共计一百三十篇。为了完成这部巨著，司马迁从收集资料到完成足足花费了四十年。在其一字千金的文字中，司马迁笔下不仅有帝王将相，更有商贾、滑稽、游侠，不仅有军事政治，更有文化民生，其空前开阔的视野，详略得当的叙述代表了古代历史散文的最高峰。真正达到了"究天人之际，通古今之变，成一家之言"的宏伟愿望，被鲁迅先生誉为"史家之绝唱，无韵之《离骚》"。

报任安书

司马迁

盖西伯拘而演周易；仲尼厄而作春秋；屈原放逐，乃赋离骚；左丘失明，厥有国语；孙子膑脚，兵法修列；不韦迁蜀，世传吕览；韩非囚秦，说难孤愤；诗三百篇，大抵圣贤发愤之所为作也。

时间 前87—前74

21 汉代周公霍光

> 承孝武奢侈余敝师旅之后，海内虚耗，户口减半，光知时务之要，轻徭薄赋，与民休息。至始元、元凤之间，匈奴和亲，百姓充实。举贤良文学，问民所疾苦，议盐铁而罢榷酤，尊号曰"昭"，不亦宜乎！
>
> ——《汉书·昭帝纪》

【人物】汉昭帝刘弗陵、霍光、桑弘羊、上官桀、上官安、丁外人

【事件】盐铁会议、上官桀谋反、霍光辅政

霍光、金日䃅、上官桀、桑弘羊是汉武帝为年幼的昭帝留下的守成之臣。不过，金日䃅早死、上官桀有私心、桑弘羊主张过于激进，最终辅政任务由霍光一人承担，他尽心尽力执行武帝晚年定下的政策，注重民生，最终将汉朝引入辉煌时代。

火眼金睛的汉昭帝

汉武帝后元二年（前87），这位继位五十四年的雄主去世了，经过巫蛊之乱，李夫人一系、卫皇后一系都已没有合适的继承者，无奈之下，汉武帝只能将希望寄托在年幼的儿子刘弗陵身上。武帝选择这样一个年幼的孩子，等于默认了自己去世后权力将由外人掌握，而这个外人，他希望由忠诚且有能力的大臣担任，而不是外戚。为此，武帝狠心杀死了刘弗陵的

生母钩弋夫人。

　　除去外戚隐患后，汉武帝命人画了一幅周公辅政图，将它送给霍去病的异母弟弟霍光，意思是让霍光像周公辅佐成王一样帮扶刘弗陵。当然，一国政事不可能都由霍光把持，于是武帝也托付了车骑将军金日䃅、御史大夫桑弘羊、左将军上官桀及丞相田千秋辅佐少主、几位辅政大臣中桑弘羊主管财政，田千秋主管执行，实际左右决策权的是金日䃅、霍光、上官桀，这三人有一个共同点，就是对武帝极为忠诚。由于金日䃅早死（昭帝继位后一年），朝政实际形成了以霍光为主、上官桀为辅的局面。

　　霍光和上官桀原本私交不错，儿女也结为亲家，所以昭帝继位之初汉朝平平稳稳，内政上没出什么大乱子。但随着时间推移，霍光和上官桀有了裂隙，起因是上官桀想通过霍光把自己的孙女送给汉昭帝当皇后，但霍光公正无私给拒绝掉了。

　　上官桀不肯放弃，于是改走丁外人的门路。丁外人就是汉昭帝异母姐姐鄂邑公主的情人，而鄂邑公主因为年长寡居实际承担了汉昭帝养母的责任，很受恩宠，基于这一点，大家对这二人的事睁一只眼闭一只眼。但丁外人不满足，他想正式迎娶公主，做高贵的驸马，而非不明不白。要娶公主就要有列侯身份，能左右封侯的自然是几个辅政大臣。两人于是达成协议，丁外人设法劝说鄂邑公主选上官桀的孙女当皇后，上官桀帮丁外人封侯。结果丁外人的枕边风吹成了，可上官桀再一次被霍光秉公拒绝。

　　上官桀面上无光，开始嫉恨霍光大权独揽，而霍光也与上官桀多少有了嫌隙。随着两人关系的恶化，上官桀开始拉拢各方势力，这些人各怀鬼胎，上官桀的目的也随之不再单纯，当他把满脑皇帝梦的燕王刘旦拉上战车后，他的目标就变成了篡位谋反。

　　为了陷害霍光，上官桀定下一条毒计，他假造一封燕王刘旦的密信，派出心腹假扮燕王使者，向汉昭帝告发："大将军霍光检阅羽林军时，坐的马车跟皇上一样，还擅自调动禁军校尉，恐怕要谋反！"连周公都被成王怀疑，看你霍光怎么办！

时间 前87—前74

中朝与外朝

在汉武帝以前，丞相是汉朝的最高行政长官，足以左右政策走向。这在宣扬无为的文景时期并无不可，但对雄才大略的汉武帝而言就是一种掣肘了。为此汉武帝以没有势力根基的儒生为丞相，切断了丞相由贵族和军方把握的传统，没了根基，相权自然也就任武帝削夺了。最后，左右决策的逐渐变为武帝和他的"秘书团"，这些人聚在一起被称为"中朝"，而以丞相为首的"外朝"其实成了地位尊崇的执行者。这也是为何田千秋不能影响霍光主政的原因。中朝一般是不能让武将参与的，霍光以大将军身份加封大司马加入中朝实际上形成了外戚干政的潜规则——掌握军权、加封大司马，把握中朝和朝政大权。

▲西汉 阳陵铜镇

果不其然，第二天，霍光上朝时就听说燕王刘旦上书状告自己，吓得手足无措。但上官桀千算万算还是低估了汉昭帝，这位十四岁的少帝把信放在一边，轻描淡写地说："这封信是假的，有人存心诬陷霍光！"伏在地上请罪的霍光此时才稍稍放下心来，惊讶地问："陛下是怎么知道的？"

汉昭帝说："大将军在长安检阅羽林军、调动校尉这件事发生还不到十天，远在北方的燕王如何得知？即便已经知道，信也不会送得这么快！再说，如果大将军真要谋反，只调用一个校尉能干什么？"满朝文武听后全都惊呆了。

后来，虽然上官桀再起反心，试图请鄂邑长公主出面，骗霍光到宫中赴宴，趁机将霍光和昭帝除掉，然而，消息泄露，反而被霍光和昭帝先下手为强，将上官桀等一伙人通通抓起来处死，鄂邑长公主和燕王刘旦自知死罪难逃，也自杀身亡。

一场危机四伏的政变，就这样被年少的昭帝和公正严明的霍光所平定。昭帝谥号中的昭字就由此而来，昭就是光明、明察的意思。

5 盐铁会议上的大辩论

"轮台罪己诏"的下发，意味着汉朝对外开拓战略的结束，没有了频繁的对外活动，原本为扩张服务的敛财政策也就失去了合理的依据，改革的呼声逐渐兴起。霍光很早就觉察到这一点，但他是个谨小慎微的人，只想把轮台罪己诏作为守成的圭臬，不愿大张旗鼓地改革——正是凭借这一点他才能侍奉汉武帝二十多年而无丝毫过失。然而随着时间推移，百姓、地主、官僚、贵族和商贾都强烈要求改变旧政，还利于民，重重压力之下，霍光终于坐不住了，决定本着与民休息的精神，微调既有的政策。

于是昭帝始元五年（前82）六月，霍光借杜延年建议"实行文帝时期的政策，提倡节俭和对民宽和"之机，命令三辅、太常各自举荐"贤良"二人，各郡国察举"文学"一人，到京城商议今后的财政方针，由于商议的主旨是盐、铁、酒等专营政策，因此这次讨论又被称为"盐铁会议"。

经过半年多的筹备，次年二月，一场由六十多名贤良学者、御史大夫桑弘羊、丞相府属官丞相史、御史大夫的属官御史等参与，丞相田千秋主持的辩论正式开始，辩论的中心议题是"民所疾苦，教化之要"。其实质是对汉武帝以来财政政策的大清算，涉及财政、军事、为政方针和价值观等方方面面。

会议上，各方势力大体分为三派，一派以贤良学者为主，一派以桑弘羊为主，一派以霍光、杜延年、田千秋（霍光、杜延年未参与讨论）等为主。

贤良学者是极端自由派，全盘否定官营政策，指责盐铁官营、均输、酒榷等措施"与民争利"，把官营视为百姓疾苦的根源。为了支撑论点，他们列举了盐铁官营以后失去竞争机制，只注重产量，导致质量差、价格

时间　前87—前74

西汉　直裾素纱禅衣

西汉直裾素纱禅衣出土于湖南长沙马王堆1号墓，重49克。如果除去袖口和领口等较重的边缘，仅重25克。将其折叠后可以放入火柴盒里，握在手里不过是一小团，真可谓薄如蝉翼、轻若烟雾。而且，它的透明度很高，即便叠起十层罩在报纸上，也能清楚地阅读。

高，生产的农具大多不适用；同时还存在不准挑选、购买不便、强买强卖和强迫农民服役等问题。而均输法、平准法虽然本意不错，但实施过程中因为部分官员的贪婪，反而导致物价上涨、营私舞弊、官商勾结、囤积居奇等现象。

看到自己的得意政策被如此攻击，桑弘羊坐不住了，他坚决捍卫官营政策。认为盐铁等官营事业，虽然存在一些流弊，但全盘否定却是因噎废食，没有盐铁、酒榷、均输、平准扩大财源，抗击匈奴、消除边患、救灾济民就没有经费来源。不仅如此，若没有官营政策堵塞豪强兼并之路，百姓不仅生活未必改善，而且还要被增加赋税以保证国家财政收入。

财政以外，贤良学者对武力打击匈奴也深恶痛绝，他们认为此前几十年，汉朝对匈奴进行多次大规模战争，都是好事之臣故意夸大敌情、欺骗皇帝而挑起的战祸。对匈奴的侵扰活动，用道德感化，多给他们点财物，与他们和亲，搞好双方关系才是上策。

战争是桑弘羊政策的根基，所以他坚决主战，认为匈奴反复无信，屡次破坏和亲，侵扰边境，不能用德政感化，只有武力打击才是"当世之务，后世之利"。

除财政和军事之外，两方还就推行仁政和推崇严刑峻法，崇尚仁义还是务实重利等方面进行了精彩的辩论，上演了一幕西汉的舌战群儒。根据史料可知，其他官员的发言不过三十多次，桑弘羊的发言却多达一百一十四次，显然比起理想主义的儒生，这位常年经手财政实务的理财名臣思考得更为深刻具体。

霍光和杜延年没参与辩论，丞相田千秋持论中立，所以最后的结果是霍光根据罪己诏的精神，代汉昭帝下达了同意与民休息，将公田给予贫民耕种，贷给农民种子、口粮，免除部分赋税、徭役，降低盐价，与匈奴保持友好关系的决策。但对于盐铁官营的财政措施，桑弘羊仍占上风，最终仅郡国的酒水官营和关内的铁官营被中止，其他照旧。

5 一个短暂的治世

汉昭帝的明察和霍光的忠诚造就了一个汉武帝规划好的盛世，外以武帝打下的万里江山为战略纵深和生存空间，内以秦代严格的法律整清吏治，在内政上达到了中国历史少有的高峰。这个时期的政治，已然发展到儒外法内的阶段，行仁政、宣教化，但对违法举动严惩不贷，这也是今后千年中国政治的共性。

具体来说，为了与民休息，霍光多次下令以劝勉农桑为首要政务，颁布减免田租、口赋及其他杂税诏令以减轻农民负担，若遇到天灾侵害，则干脆免除当地当年的租赋徭役。所以当时百姓生活是较为安乐的，物价亦降到秦汉自明清的最低点。百姓安乐，朝廷才有精力将汉武帝时开辟的河西诸郡进行很好的垦殖，并且在今天的兰州也设立了郡。由于年龄幼小，汉昭帝更多地扮演了一个虚心纳谏的道德标兵形象，他亲自耕田，并且经常听取大臣的意见，铲除自己身上耽于享乐的苗头。

时间 前87—前74

西汉 生活场景雕塑

武帝之后汉朝的发展重点又集中到民生上来，百姓的生活逐渐安定，这组陶塑就生动地再现了百姓宰杀牲畜的情景。从周围陪衬的禽畜来看，人民的生活还是比较富足的。

在外交方面，匈奴虽然在武帝时期招降了李广利和李陵，但国力也随疆域的压缩而大不如前了，每一场战争都是雪上加霜。再加上内有右谷蠡（lù lí）王和左谷蠡王（即后来的壶衍鞮单于）争位导致诸王离心，外有乌桓崛起压迫，实际上此时匈奴袭汉已只是因仇恨而做出的任性之举，规模也有限了。汉昭帝始元二年（前85），匈奴听闻酒泉、张掖防备较弱，于是派了四千骑兵试探，然而经过多年经营，汉朝边郡烽火严明，这支军队反而被张掖太守和属国都尉及时出兵攻破，犁汗王战死。由此，汉匈双方就都有了媾（gòu）和的诉求，最终的结果是匈奴放还苏武等使臣，汉匈继续和亲修好。

至于西域，虽然桑弘羊屯田轮台、驻兵控制西域各国的大胆设想被武帝否决，但凭借前世所立下的军威和出色的外交手段，汉朝对西域仍然颇有影响。比如位于今罗布泊下游的鄯善（鄯，shàn。西域古国之一，国都扜泥城在今新疆若羌附近）数次帮助匈奴，霍光就在元凤四年（前77）命令傅介子以使者身份把鄯善王杀掉了。此举不仅没引起反弹，反而令汉朝在鄯善实现了屯兵戍卫。

然而，就在一切都向盛世发展的时候，意外发生了，贤明的汉昭帝继位才十三年就驾崩了，时年不过二十一岁。

宋 佚名 胡笳十八拍·第十八拍

《胡笳十八拍》是中国古琴十大名曲之一，据传为蔡琰（字文姬）所作，全曲反映了蔡文姬从被掳到匈奴到艰难返回的悲怆经历。这里选取的是宋人根据蔡文姬故事所绘的十八拍图中的第十八拍，反映的场景是蔡文姬终于回到故里。通过图中的人物衣着、盛况场景，我们仍然可以想象在霍光辅政期间，西汉首都的繁荣景象。

时间 前74—前51

22 草根帝王

> 帝兴于闾阎,知民事之艰难。霍光既薨,始亲政事,厉精为治,五日一听事。
>
> ——《资治通鉴·汉纪十六》

【人物】海昏侯刘贺、汉宣帝刘询、霍光、许皇后、霍显、霍山

【事件】刘贺被废黜、许皇后被害、霍氏集团覆灭

昭帝早死,汉室无主,霍光稍经挫折竟选出一位合格天子,一手写就了"昭宣之治"的剧本。霍光虽然忠诚,但久握天子职权又不知约束亲戚,最终家族被灭,仅本人留得麒麟阁第一功臣的美名。

二十七天做一千多件荒唐事

元平元年(前74),汉昭帝病死,因年龄小而没有留下子嗣继位。天下无主的局面让霍光有些忙乱,匆忙之中只得按照宗法为汉朝选取继承人。他原本想挑选武帝的儿子,但仅存的刘胥实在不太贤明,于是只好由武帝的孙子昌邑王刘贺继位。这个选择虽然欠缺深思,但也体现了霍光无私的性情——昌邑王刘贺是李夫人的孙子,而李氏和霍氏在武帝时并不融洽。

虽然并没有对这个临时选中的天子抱太高期望,但刘贺接下来的所作所为还是震惊了所有人。这位新天子接过印绶之后,一不去祖宗刘邦的庙前祭拜,二不等昭帝的灵柩入土就纵情歌舞,三不理朝政,每天饮酒打猎,

才几天就把宫里闹得乌烟瘴气。

霍光见刘贺为所欲为，根本没有当皇帝的样子，就与张安世、田延年秘密商议，做了一个几乎史无前例的决定，废黜天子——虽然此前不乏天子之位被权臣把持的情形，但大抵还顾及一个名分，旧天子不死，新天子不立。

商议之后，为了保证一举成功，霍光让田延年去找丞相杨敞，让他一起参与此事。杨敞是个谨小慎微的人，对皇权非常敬畏，当年上官桀谋反就是他把消息报告昭帝的。此刻历史重演，杨敞顿时吓得汗流浃背，迟迟不敢表态。

倒是杨敞的妻子非常果决，站出来说道："国家大事，哪里能犹豫不决呢？大将军已经决定的事，派九卿级别的高官来向你报告，你还不速速响应，是想要大祸临头吗？"说罢开诚布公地和田延年见面，三人一起敲定了行动的细节，这位果敢的奇女子就是司马迁的女儿。

废立皇帝不是小事，即便以霍光的地位也不好亲自出手，于是他安排杨敞率领众大臣上表，声泪俱下地叙述刘贺这些天来不敬祖宗、不守礼法、田猎无度的罪行，统计了他在位二十七天里所做的一千一百二十七件荒唐

海昏侯墓葬马蹄金、麟趾金

事。这份表文自然也不能由霍光处理，只能假手年纪不过十几岁的上官皇太后，由她以长辈的身份听群臣一一告状，然后下诏废除刘贺帝位，这位廿日天子的长安之游就此结束了。刘贺的臣属因为管教不严几乎被尽数诛杀，他本人倒是以富家侯的身份活了下来，也就是如今在考古界引起巨大轰动的海昏侯。

流落民间的皇孙

刘贺被废黜后，册立谁为皇帝呢？光禄大夫、给事中邴吉建议把一度流落民间的皇孙刘病已立为皇帝。

堂堂皇孙怎么会流落民间呢？其实不难理解，因为刘病已的祖父正是汉昭帝的哥哥，废太子刘据。

刘病已是个多灾多难又屡屡逢凶化吉的孩子。巫蛊之祸事发那年，他刚刚出生，被父母带在襁褓里跟随祖父刘据起兵。后来刘据落败，汉武帝的赦免诏书又迟迟不下，刘病已的父亲和母亲就在这个乱局中被杀了，只

知识充电

海昏侯刘贺墓

2011 年，位于江西南昌的海昏侯墓重见天日，它是目前我国发现的面积最大、保存最好、内涵最丰富的汉代列侯等级墓葬。到目前为止，从这座豪华汉墓中一共清理出土了各类珍贵文物一万多件，包括编钟、编磬、琴、瑟、排箫、伎乐俑、竹简、木牍、漆器、青铜器、玉器、金银器等。其中的大量金器尤为引人注目，有马蹄金、麟趾金和金饼等。在陪葬的车马坑里，还出土了五辆高等级马车、二十匹马和错金银装饰的精美铜车马器三千余件。

> **谶纬之学**
>
> 昭帝元凤三年（前78）正月，汉王朝发生了两起灵异事件：泰山之南有块高一丈五尺、四十八人才能合围、入地八尺的大石头自己立了起来；上林苑一株枯了许多年的柳树复起，树上的虫儿居然把树叶吞食出文字形状，且读之成句："公孙病已当立"。这两件诡异的事涉及古代的一种重要学说"谶纬"，它可能是远古神话与宗教的留存和发扬。简单地说，就是认为大事发生、圣人出现必有奇异现象，应用起来大体是作为一种政治隐语。既有贤人借异象劝诫君主勤政爱民，也有统治者借它宣扬合法性，还有人用它蛊惑百姓谋求私利。

▲西汉 鎏金银铜虎

有他侥幸不死，被关押在长安的官牢里。在这里他遇见了恩人邴吉，邴吉当时奉命严查巫蛊事件的余孽，刘病已正好归他所管。

出于对卫太子的同情，邴吉将刘病已暗中保护在官狱中，还安排了两个女囚做他的乳娘，刘病已年少多病，邴吉就以疾病终已的寓意为他取名"病已"。

刘病已在狱中一直待到汉武帝生命的最后一年，这一年汉武帝大赦天下，刘病已这才摆脱囚徒身份。直到武帝快要病死，他才知道还有这么一个重孙在世，刘病已于是被收入族谱，但并没有封爵，只是叮嘱放在宫中（掖庭）抚养。

在掖庭他遇到了另一个恩人张贺，张贺是张汤的儿子，因为巫蛊之祸受牵连被罚为掌管内宫的宦官。同是天涯沦落人，所以他对刘病已分外呵护，不仅用自己的钱供他读书，还允许他游侠在外、周游三辅，以了解风土人情、百姓疾苦、吏治得失。等刘病已长大后张贺又劝说弟弟张安世把孙女嫁给刘病已，虽然张安世没同意，但张贺还是出钱为刘病已娶了媳妇许平君。一转眼，刘病已十七岁了，美名小有流传，而大汉天子的位置又恰好空了出来。

时间　前74—前51

见到这个千载良机，抚养过刘病已的邴吉赶忙极力赞扬刘病已精通诗书，有杰出才华，性格敦厚，行为举止合乎礼仪规范。霍光正在为皇位棘手，想到刘病已是武帝的嫡亲孙子，名正言顺，此前又和权力绝缘，想来会比较听话，于是答应了。

由于霍光支持，刘病已先是经上官皇太后下令封为阳武侯，随即就由霍光率群臣奉上玺绶，荣登天子之位，也就是汉宣帝。

皇后风波

刘病已继位后，和所有皇帝一样，享受避讳待遇，民间也就不得随意提"病已"两字，这两个字比较常用，避起来很麻烦，刘病已于是为自己改名刘询，以方便百姓。

宣帝继位后，朝政大权的归属就成了问题，毕竟宣帝绝不算幼弱的孩子。并且和明察秋毫、亲信霍光的昭帝不同，宣帝最初对霍光是敬畏的，以至于在霍光陪同时感到如芒刺在背。

霍光也明白这点，于是亲自向宣帝请求还政，宣帝自然坚辞不受，反复数次，霍光也就不再坚持，理所当然地继续执政了。于是汉朝事无大小，必先报请霍光，然后再奏知皇帝。霍光的族人也都屡受褒奖，被委以重任：霍禹、霍云是统率宫卫郎官的中郎将；霍山出任奉车都尉、侍中，统率禁卫军队中的胡越骑兵；霍光的两个女婿分别担任东宫（长乐宫）和西宫

中外对比

前73年，刚刚继位的汉宣帝事事求教霍光，霍氏家族风光无两；

前73年—前71年，斯巴达克起义，罗马的奴隶主统治被极大动摇，罗马共和国迅速向帝国转变。

（未央宫）的卫尉，掌管整个皇宫警卫；霍光的兄弟、亲戚也都担任朝廷的重要职位。

臣强主弱，本不是什么好兆头，但霍光忠诚，宣帝又贤明，竟然相安无事地运作了下去。

只有在册立皇后这件事上，宣帝坚持自己的主张，因为他念念不忘自己在民间娶的妻子许平君，所以将她册立为皇后，将许平君生下的儿子刘奭（shì）立为太子。

这却冒犯了霍家更进一步的政治愿望，因为许皇后挡着路，霍光的女儿霍成君也就没法做皇后了。虽然霍光对这件事不太执着，但他的妻子霍显却对许平君恨之入骨。

后来，许皇后怀孕临产时得了病。那时医疗尚不发达，女人生孩子是九死一生的事，霍显便借助这个机会拉拢给许皇后看病的女医生淳于衍，以威逼利诱的手段把她说服了。淳于衍精通医理，将附子研磨成粉末掺在药方中，服侍许皇后喝了下去。许皇后喝药后，感觉非常难受，没多久就死了。

宣帝闻讯后又悲伤又生气，虽然不知道内情，但仍下令将淳于衍关进监狱，要判她死刑。霍显害怕事情暴露，这才将和淳于衍密谋的事和盘托

成语典故

故剑情深

宣帝继位之后，许平君被封为婕妤，皇后之位遂成为各家争夺的焦点。汉宣帝对群臣的建议未置可否，却下了一道看似莫名其妙的诏书，诏书中说："我在贫微之时曾有一把旧剑，现在我非常怀念它，众位爱卿能否帮我找回来呢？"故剑尚且情深，糟糠如何可忘？群臣为之唏嘘，于是群起奏请立许平君为后。汉宣帝不忘旧人，却没想到把爱妻推到了风口浪尖。

时间　前74—前51

> **行路难**（节选）
> 王昌龄
>
> 行路难，
> 劝君酒，
> 莫辞烦。
> 美酒千钟犹可尽，
> 心中片愧何可论。
> 一闻汉主思故剑，
> 使妾长嗟万古魂。

出，并焦急地对霍光说："既然已经办错了这事，你就要想办法让官吏别逼问淳于衍。"霍光惊呆了，有心做一次忠臣，却已然承担不起后果，只能做了一生唯一一件错事：他没将事情真相告诉宣帝，反而动用手段把淳于衍保了下来。宣帝对霍光很信任，也就没再深究。

几个月后，朝臣奏请霍成君为新皇后，宣帝接受了。但他旧情难忘，仍然不肯废立太子。

霍氏悲歌

地节二年（前68），辅佐过三朝天子、一手奠定了昭宣之治基调的霍光死去。他一生尽职尽责，哪怕是继位之初对他又敬又怕的宣帝都感到惋惜，认为他是堪比萧何的功臣。霍光死后，上官太后和宣帝亲自治丧，按天子的葬仪将他埋在了汉武帝的茂陵。

然而，这场盛大的葬礼之后，霍氏的悲歌便渐次开始了。

首先是当朝政权的逐次收回。亲政以后的宣帝很快展现了他精明强干的一面，不仅亲自处理朝政，还提拔了魏相、邴吉、许广汉（许皇后的父亲）等一批有才干的亲信担任丞相、御史大夫等重要职位，朝中的政权也就偏向宣帝手中了。

皇城宫闱，是皇家的卧榻，自然也不能容他人安枕。于是宣帝开始对保卫皇城的军队做了一次大调整，将出任东宫卫尉、西宫卫尉的霍家人换掉，然后又以亲信取代霍家人中郎将、骑都尉的职务，控制宫廷的禁军、控制京城的南北军和羽林郎也就都回到了宣帝手中。这般大刀阔斧难免让功臣寒心，于是宣帝又打着安抚霍家人的名义，提拔霍光儿子霍禹为大司马，地位看似高了，但霍禹右将军屯兵的实权也没有了。

在收回兵权后，宣帝不再直截了当地裁撤霍家官员，而是开始改革中朝制度，他的目的不在于废弃中朝，而是架空天子的"秘书处"尚书台，否则吏民上书就都要经过领尚书事的霍山、霍云之手。

霍光像

通过一系列温水煮青蛙的手段，权力逐渐集中在宣帝手中，霍家和宣帝的矛盾也逐渐不可调和，不仅很多霍家子弟骄横的往事被写进报告，就连许皇后的旧案也被有心人关注，暗中向宣帝通风。

重重压力下，霍家集团内部惶恐不安，尤其是曾毒死许皇后的霍显，不断怂恿霍禹、霍山、霍云"继承大将军的事业"，最终霍家铤而走险，决定举行叛乱，推翻皇帝。这件事发生在地节四年（前66），他们的计策是让上官皇太后（霍光的外孙女）出面设宴，请魏相、许广平等人作陪，趁机将他们杀掉，然后再废黜失去羽翼的宣帝，立霍禹为皇帝。

然而，此时政治清明，他们的密谋无法瞒天过海，还没来得及实施就被宣帝反制。霍家一派有的自杀，有的被捕后定罪赐死，几乎全族夷灭，只留下霍去病和霍光巍峨的陵寝孤立在茂陵之旁。

但宣帝也没有被仇恨冲昏头脑，仍然保留了身为皇家长辈的上官太后（贬为庶人），也仍然肯定霍光匡扶汉室的大功。

时间 前74—前49

23 孝宣之治

孝宣之治，信赏必罚，综核名实，政事文学法理之士，咸精其能，至于技巧工匠器械，自元、成间鲜能及之，亦足以知吏称其职，民安其业也。遭值匈奴乖乱，推亡固存，信威北夷，单于慕义，稽首称藩。

——《汉书·宣帝纪》

【人物】汉宣帝刘询、赵充国、常惠、呼韩邪、郑吉、先贤掸

【事件】联乌攻匈、西域都护府设立、呼韩邪归汉

宣帝之世，是中国古代吏治不多见的高峰，达到了吏称其职、民安其业的辉煌成就。由于政治安定，汉武帝五十多年的夙愿也大多实现——呼韩邪单于归汉，西域亦有都护府管辖，汉民族千百年受扰于外族的耻辱得雪。

吏治一新的时代

宣帝时的政绩是汉朝的高峰，由于早年在民间生活，他最清楚民间疾苦，也最明白贪官污吏们欺上瞒下的那一套。在这样知人善任的天子治理下，汉朝的吏治为之一新。

宣帝对官员的管理很严，为了督促百官尽职，哪怕在霍氏被诛灭后，他也没恢复尚书这一中间环节，而是自己花费大精力亲自问政。但国内要员实在太多，宣帝自己看不过来，就设立了一整套考核与奖惩制度。当时

俸禄两千石的官吏（大约为郡守一级）的为政情况，每五天他就要听取一次，并不定期派使者进行考察，哪怕有人美名在外，也不偏听轻信，务必查明后才确定赏罚。对于贪污腐败者则冷面无情，连功过相抵的说法也不大接受。当时出任大司农的田延年是拥立有功的元老，但贪污事发后仍然被宣帝下令交由廷尉审讯，田延年得知消息竟然吓得自杀了，当时反贪手段之狠辣可见一斑。

与重罚相对的是重赏，在他当政时，政绩突出的官员备受荣宠，或以玺书勉励，增秩赐金，或封爵关内侯，甚至不乏从郡县升任九卿三公的廉吏。

尤其值得称道的是宣帝所主张的"久任"精神，久居民间的他明白，对官员的奖励不能轻易涉及职务调动，尤其是一方大员——老百姓好不容易等到个好官，刚做出成绩就被调走了，那些利民的政策自然也会不了了之。所以对一方大员，宣帝侧重于爵位、物质和名誉上的褒奖，并不轻易调任。

干吏广汉

涿郡人赵广汉是宣帝一代地方官的代表，他精明强干，尤其擅长以钩距法处理案件。所谓"钩距法"，可以算是古代的侦查和审讯秘诀。"钩"就是引导，将犯人或案件的实情引出，"距"就是阻止，就是防止犯人耍滑。由于精通这些技巧，赵广汉在做地方长官时，无论是游侠盗贼的老巢，还是官吏的贪污劣迹，他都一清二楚，往往犯罪分子刚有预谋就被迅速抓获。为了方便百姓申冤，赵广汉还发明了一种口小腹大、能进不能出的罐子，百姓把检举信丢进去就可以实现秘密检举了，简直是检举箱的雏形。后来，赵广汉得罪丞相被处腰斩，长安有数万百姓围住官府为他求情，甚至有人愿意替他去死。

▲ 弦纹茧形陶壶

时间　前74—前49

在他的鞠躬尽瘁下，汉朝的吏治可谓星光熠熠：上有邴吉、魏贤、杜延年等当朝宰辅，中有张安世、萧望之、赵广汉、韦玄成等九卿辅臣，下有王成、黄霸等得力太守，外有赵充国、辛庆忌等得力干将。此外在朝在野的贤者、能工更是不计其数，真可谓彬彬称治了。

5 赵充国平西羌

羌在中国历史上是一个古老的概念，大体指的是一群居于华夏西部，善于游牧的民族。"羌笛何须怨杨柳，春风不度玉门关"，描写的就是羌族的境况。在汉朝时，羌族内部分为很多小部族，散布在汉和匈奴西北，北到新疆，西至青海、西藏，南至四川都有羌族分布。

由于力量分散，羌族很容易受到强大势力左右，匈奴就经常劝逼羌人夹击汉族。这类事件发生了数次，直到宣帝年间才算平定下来。平定西羌的首功是将军赵充国，他出生在汉武帝建元四年（前137），故乡陇西是当时的边郡，因此对外族很是通晓。赵充国从行伍起家，因为精通骑射成了羽林军的一员。天汉二年（前99）赵充国出征匈奴，这一战汉军几乎全军覆没，而赵充国以身被二十多处刀伤的代价将李广利救出重围，自此得到重用，不仅屡立军功，还和霍光一起拥立汉宣帝继位。

元康三年（前63），当西羌再度和匈奴联手时，赵充国已是七十四岁的老人，但仍然提出早做防备、加强边防、离间羌族的英明对策。神爵元年（前61），羌族终于造反，宣帝再次向赵充国问策，请求推荐一位平叛将军。赵充国豪迈一笑，说："没有能超过我的了，请天子命我出征，无须多虑！"宣帝也笑了，问："将军觉得多久才能平叛？"赵充国摇头一笑，留下了一条千古名句："百闻不如一见。军情不是能隔空猜测的，老臣这就前往金城，定下勘定西羌的方略。"

赵充国此战的表现，可谓稳如泰山。行军时必派斥候查清敌情，驻扎时必修坚固营垒，任由西羌如何挑衅，若没有周密计划则决不出战。时间一长，宣帝和朝中大臣纷纷催促赵充国出战。赵充国未置可否，一面上书说明自己未按诏令出兵的理由，一面对羌族反叛追根溯源，诚心造反的记录在册，被迫胁从的则派人招抚，有斩杀叛党投靠的更是重金打赏。

对峙了几个月后，西羌游牧民族的弱点开始暴露，他们平时自由放牧，哪里过得惯每天军纪严明的日子？时间一久就散不成军了，而汉军经常被赵充国奖掖，此刻人人都抱了建功立业之心。突然遭遇之下，羌人不敢接战，大举败逃。汉军大喜，正要猛追，赵充国却认为穷追会导致垂死反扑，只允许缓缓推进。最终，羌人大败，十多万头牲畜、四千多辆战车、不计其数的粮草辎重均被缴获。

由于赵充国治军严明，对羌族的房屋农田秋毫无犯，羌人非常感动，于是也就和平归降了。见战事敲定，赵充国又建议宣帝在边境屯田，让一万多步兵一边自给自足一边防备边患，不仅大大节省了开支，而且只过了一年西羌就完全平定了。这一战是中国历史上经典的"不战而屈人之兵"，也是兵法中的最上策。"屯田戍兵"这一手段也为历朝历代所沿袭。

因为这项大功，赵充国身居麒麟阁功臣第四位，是功臣中平民出身而名次最高者。

西汉　金兽

西汉金兽，是汉代金器制作工艺的代表作品，是中国考古发现的金器中最重的一件，是古代金属铸造工艺和金器捶击工艺这两种技法完美结合的产物。重达9100克，含金量达99%。

5 向汉朝称臣的单于

西羌一告平定，匈奴好似被折断一翼，但这只是开始。随后，乌孙和汉朝的联兵为匈奴雪上加霜，而五单于之乱则给了匈奴致命一击。经历几十年的折腾，匈奴终于无法再以汉朝的对等国自居，只得选择以朝见与和亲维系和平。

汉与乌孙的合兵和解忧公主密不可分，由于刘解忧和冯夫人所做的杰出贡献，和匈奴同风同俗的乌孙坚定地站在匈奴的对立面，成为匈奴打击的对象。

为了解救盟友，本始二年（前72），汉宣帝打破汉朝近二十年未大举出征匈奴的局面，调动关东精锐军队及各郡国俸禄达到三百石的擅长搏击和骑射的官吏，在河西走廊一带分五路进攻匈奴。五路大军每路皆有三万以上骑兵，出塞两千余里，如五齿钢叉直插匈奴腹地。与此同时，校尉常惠也征调西域诸国兵马策应乌孙，乌孙昆弥则率五万余骑兵发起反攻。

二十余万汉乌联军对匈奴形成夹攻之势。

壶衍鞮单于傻了眼，没敢率军迎战，慌忙下令各部驱赶牲畜远逃，虽然没有交战，但人民和牲畜因为逃亡损失很大。主战场一败涂地，西侵的匈奴人马也就成了无本之木，被校尉常惠率领的西域诸国兵与乌孙联军打得大败，被俘杀者达三万九千余人，损失牲畜六十余万。

这一战后，匈奴的形势急转直下，外敌、天灾、人祸接踵而至。本始

中外对比

前54年，南匈奴呼韩邪单于对汉朝称臣；

前59年，罗马统帅恺撒出任高卢总督，三年内征服了高卢的大部分地区。

二年（前72）冬季，匈奴反攻乌孙，遭遇大暴雪，大雪一日便堆积一丈多深，匈奴出征的牛羊人马十不存一。地节二年（前68）匈奴闹饥荒，人民和牲畜损失大半，其间，更有西域诸国和乌桓的沉重打击。重重压迫下，匈奴内部矛盾也越发尖锐，各方势力互相责难，以致这几任单于的任期都非常短暂。到五凤元年（前57），五股不同的势力各自拥立一位单于登位，引发五单于之乱。最终呼韩邪（yé）单于艰难取胜，勉强回到单于庭，但匈奴人口和牲畜已经损失80%，势力一落千丈了。

为了镇压反抗势力，五凤四年（前54）呼韩邪决定对汉朝称臣，并派遣弟弟到汉朝寻求保护。甘露二年（前52）呼韩邪率五万余部众抵达五原郡塞外，亲自告诉汉朝守将，想向汉朝皇帝进贡珍宝，期望能在明年正月到长安朝见汉朝皇帝。

这场朝见非常盛大，沿途各郡都派出两千精锐骑兵列队作护卫仪仗，宣帝更是亲自到甘泉宫外迎接，各族君长王侯及前来观看的汉朝士民多达数万人。

呼韩邪很感动，接受了汉宣帝赐予的金印和一万六千名帮他威慑异己的精兵、三万四千斛救灾的粮食，风风光光离开了长安。至此，南匈奴完全成为汉朝的臣属，武帝五十多年的理想，最终在他的曾孙手中实现。

天降单于、汉定天下瓦当

驱逐匈奴、都护西域

自从把持西域入口的强国乌孙决心和汉朝联合后，西域的大门就对汉朝畅通无阻了。借此良机，汉朝决定在西域驻兵屯田，建立一个各国公认

时间　前74—前49

的管理机构,但是这件事匈奴早在汉文帝年间就做过了。为此,汉朝想达成目的,首先要掌握交通要冲,其次要瓦解和驱逐匈奴的残余势力。

汉朝要争夺的第一个重要国家是车师,车师国在西域只能算小国,人口不过万人,兵员千余人而已,汉朝看重的是其地理位置:东南通敦煌,南通楼兰、鄯善,西通焉耆(新疆塔里木盆地古国),西北通乌孙,东北通匈奴,扼丝绸之路要冲。车师自然不敢和汉朝作对,但两国刚刚修好,匈奴就横加威胁,考虑到远水不解近渴,车师反水了。

宣帝自然不能坐视不理,于是在地节二年(前68)派侍郎郑吉和校尉司马憙(xǐ)率领一群赦免的罪人到渠犁屯田,打算备齐粮草就教训车师。郑吉到任后,对车师采取了两次军事行动,第一次在秋收以前,参战的有一千五百名在渠犁屯田的汉兵及一万多名西域诸国联军,这一战一举攻下了车师首都交河城(遗址在今新疆吐鲁番西北)。其间,因为粮草有限,而车师王退守的石城又比较坚固,郑吉就决定率军秋收,等到粮食备齐,才展开第二次进攻。车师王乌贵抵挡不住,想要逃到匈奴求救,但当时匈奴内讧,没有人搭理他。万般无奈,车师王只得攻灭匈奴属国小蒲类国(汉代匈奴西部边境的小国,约在今巴里坤湖西南),作为向汉军投降的投名状。郑吉这才代表汉朝受降,并将此消息上报朝廷。

由于郑吉人马不多,所以屯兵车师的汉军不过三百多人,而匈奴又屡次率兵骚扰,戍守起来十分艰难,车师王室更是惶惶不可终日。无奈之下郑吉只能合兵一处,和车师王一起戍守。可匈奴仍不死心,也加大袭击力度,派出上万兵马。郑吉抵挡不住,只好退回城内上书求援。

最终,常惠率领张掖、酒泉的骑兵来救,这才迫使匈奴从车师撤走。此战之后,郑吉索性将车师国搬到渠犁,而汉朝也加大屯田力度,设置三校尉屯田。车师安定以后,匈奴在西域的最大势力便只剩下日逐王先贤掸。先贤掸位高权重但和单于不合,因为他原本有资格继承单于之位。在权力斗争落败后,先贤掸索性率部众盘桓于西域,受到汉朝屯田军和匈奴单于的双重打压,处境越发艰难。

神爵二年（前60），日逐王所部遭遇大灾，冻饿而死的牛羊、百姓不计其数，而匈奴却袖手旁观。走投无路的日逐王只好率仅存的一万两千余部众投降了郑吉。至此，匈奴常驻焉耆的管理官员僮仆校尉被废除，西域所有国家都被纳入汉朝庇护之下。

为了高效管理西域，保护路段畅通，汉朝在乌垒城（今新疆轮台县东小野云沟附近）建立西域都护府，由郑吉出任第一任西域都护。和匈奴以武力逼服强征税赋不同，西域都护的用度全靠屯田和朝廷供给，并不掠夺当地。其职责主要是统辖西域诸国户口、兵员，掌管各国外交权、军事权、王室和高官的任免权，管理屯田，颁行朝廷号令。若诸国有乱，都护有权发兵征讨，若各路段有人破坏交通，也有权发兵去惩罚。

此时，汉朝历经近八十年时间，终于实现了扩土万里的宏愿，也把中国和中亚、西亚乃至欧洲、北非空前地联络起来。

知识充电

西域都护

西域都护是汉朝中央政府派遣管理西域的最高军政长官，级别相当于郡太守，属官有副校尉、丞各一人，司马、侯、千人各两人。后来，为加强西域管理，汉朝还增设戊己校尉府管理北部。戊己校尉府配备丞、司马各一人，级别相当于官秩千石的官员，戊己校尉下一级编制为曲，共计前、后、左、右、中五曲，军侯为曲的首领，级别相当于官秩六百石的官员。曲下设屯，为最基本的单位，设有屯长一人，级别相当于官秩二百石的官员。

西域诸国

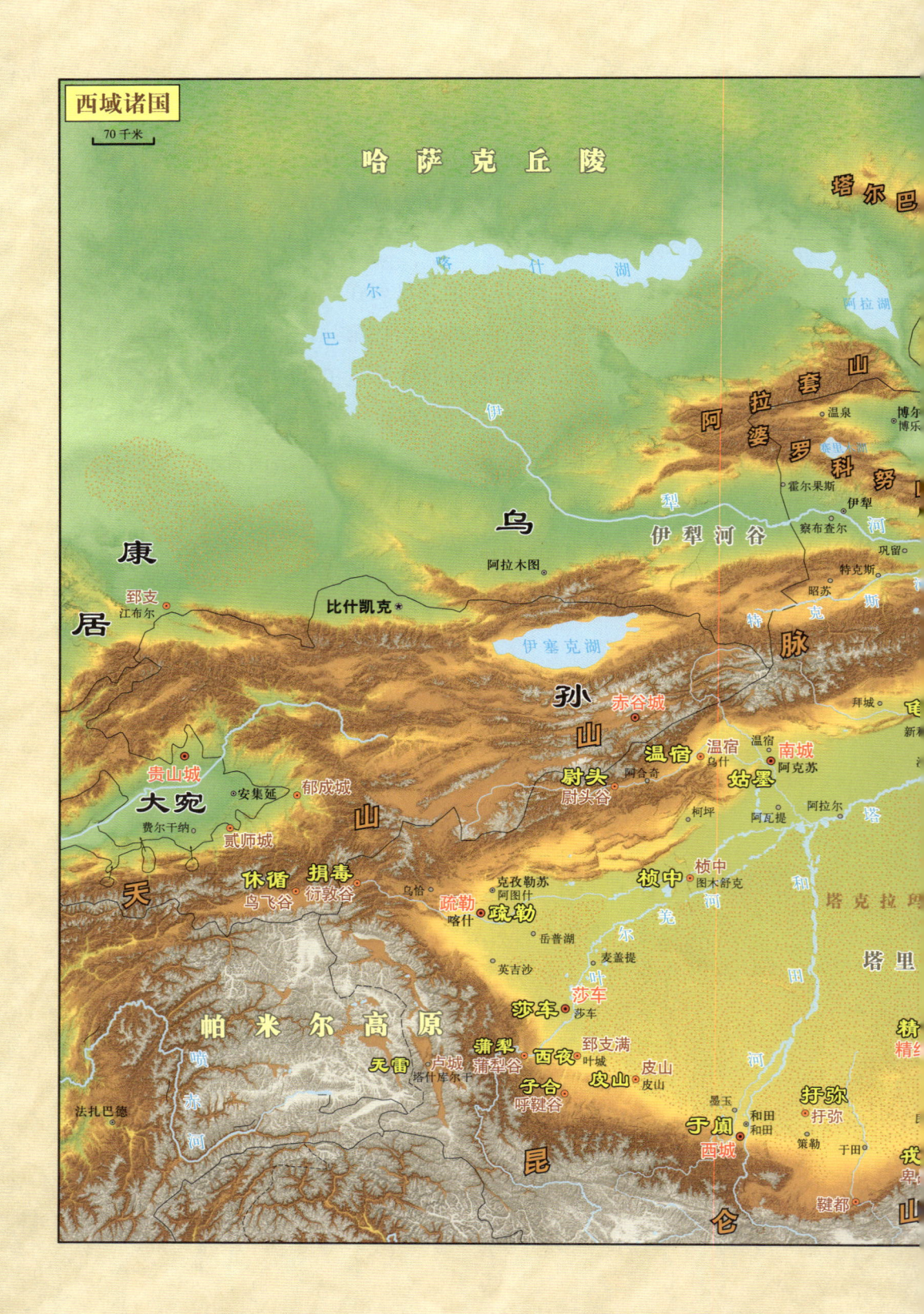

70千米

哈萨克丘陵

巴尔喀什湖
阿拉湖
塔尔巴哈台山
阿拉套山
婆罗科努山
伊犁河
温泉
博尔塔拉
霍尔果斯
伊犁
察布查尔
巩留
伊犁河谷
特克斯
昭苏
乌孙
阿拉木图
天山山脉
比什凯克
伊塞克湖
拜城
龟兹
新和
康居
郅支
江布尔
赤谷城
温宿
温宿
南城
阿克苏
郁成城
尉头
阿合奇
乌什
姑墨
贵山城
安集延
尉头谷
柯坪
阿瓦提
大宛
费尔干纳
贰师城
塔
休循
捐毒
乌恰
克孜勒苏
桢中
桢中
里
乌飞谷
衍敦谷
阿图什
图木舒克
木
疏勒
疏勒
和
喀什
岳普湖
尔
塔克拉玛干
帕米尔高原
英吉沙
麦盖提
羌
喷赤河
叶
叶车
莎车
精绝
天雷
蒲犁
莎车
精绝
法扎巴德
塔什库尔干
庐城
蒲犁谷
西夜
郅支满
皮山
扜弥
子合
叶城
皮山
扜弥
呼犍谷
皮山
墨玉
和田
策勒
于阗
和田
于田
昆仑
西城
戎卢
扜都

西域地图

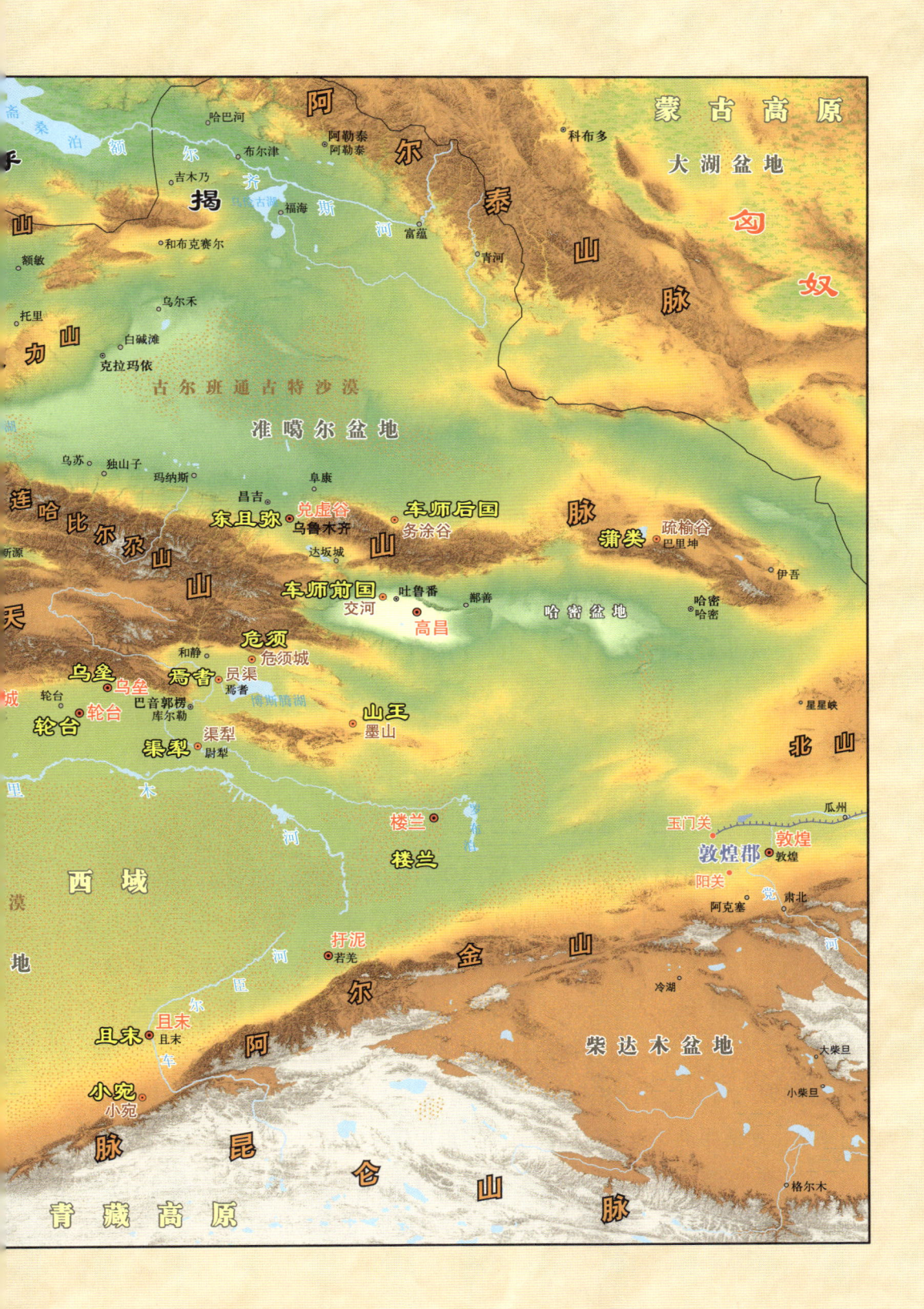

地理区域
- 蒙古高原
- 大湖盆地
- 阿尔泰山脉
- 准噶尔盆地
- 古尔班通古特沙漠
- 天山山脉
- 哈密盆地
- 西域
- 柴达木盆地
- 青藏高原
- 阿尔金山脉
- 昆仑山脉
- 北山

主要政权/地名（红字）
- 匈奴
- 兑虚谷
- 高昌
- 乌垒
- 轮台
- 楼兰
- 扜泥
- 且末
- 小宛
- 敦煌郡
- 敦煌
- 阳关
- 玉门关

城镇与地点
- 斋桑泊、额敏、托里
- 哈巴河、布尔津、吉木乃、阿勒泰、阿勒泰、科布多
- 和布克赛尔、福海、富蕴、青河
- 乌尔禾、克拉玛依、白碱滩
- 乌苏、独山子、玛纳斯、昌吉、阜康、乌鲁木齐
- 东且弥、车师后国、务涂谷、蒲类、疏榆谷、巴里坤、伊吾
- 达坂城、车师前国、交河、吐鲁番、鄯善、哈密
- 和静、危须、危须城、焉耆、员渠、山王、墨山
- 轮台、巴音郭楞、库尔勒、渠犁、尉犁
- 楼兰、星星峡、瓜州、肃北、阿克塞
- 若羌、冷湖、大柴旦、小柴旦、格尔木
- 且末车、小宛
- 博斯腾湖
- 塔里木河
- 额尔齐斯河
- 新源、比尔尕山
- 连哈山

其他标注
- 漠地
- 揭

时间　前48—前33

24 盛极而衰的西汉

> 而上牵制文义，优游不断，孝宣之业衰焉。然宽弘尽下，出于恭俭，号令温雅，有古之风烈。
>
> ——《汉书·元帝纪》

【人物】汉元帝刘奭、史高、萧望之、石显、陈汤、甘延寿

【事件】萧望之自杀、平灭郅支

元帝受祖先的荫庇，享受了西汉最后的辉煌时光，但他优柔寡断，导致大权旁落，朝政走向衰败。

让人失望的太子

宣帝其实和武帝一样奉行专制，只不过他的确知人善任，又善于采用法家思想治国，这才做到了奖惩有度、百官尽责。像宣帝这样经历不凡又卓识精干的天子是无法复制的，所以他的儿子刘奭一点也不像他。刘奭自幼就在蜜罐里长大，接受过良好的教育，不像宣帝那样精干，而是成了个多才多艺、善史书、通音律的儒门公子，思考问题仁慈而又天真。一次，大臣杨恽、盖宽饶等人因说了不敬的话被杀，刘奭看不过眼，就委婉地说："父皇，您使用刑罚有点过了，应多多重用儒生啊！"

宣帝变了脸色，严厉呵责说："汉朝自有汉朝的制度，做帝王的本来就要王道、霸道兼用，怎能像周朝那样单纯地使用所谓的德政呢？再说，那

西汉 贴金陶冥币

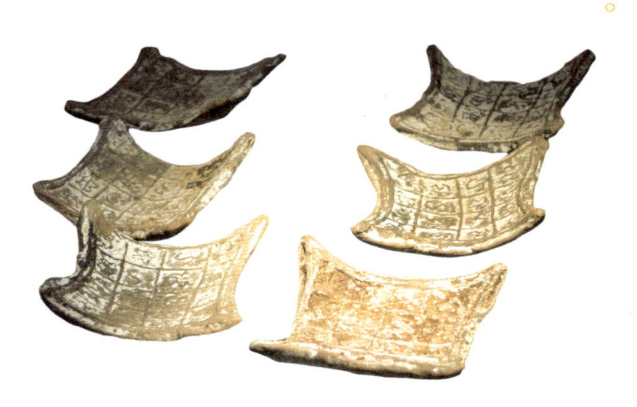

陶制冥币起源于楚国，专供墓葬所用，并不在市面通行。出于节俭考虑，这种冥币在西汉早中期非常流行，出土数量很多，因此价值不高。但这组出土于刘毋智墓的贴金陶币却比较罕见——本为节俭而使用的陶币被贴上贵金，着实有些讽刺。

些腐儒不会洞察世事变化，一味地喜欢厚古薄今，只会让大家被花里胡哨的虚名蒙蔽，而忘了恪守实用的东西。我怎能委给他们国家重任？"此时此刻，宣帝连换太子的心都有了，长叹道："将来乱我汉朝的，必定是太子啊！"然而，故剑情深，故人难忘，宣帝始终忘不掉惨死的许皇后，因此也不忍废掉她的儿子。

黄龙元年（前49）宣帝去世，皇位还是传给了刘奭，也就是汉元帝。知子莫若父，刘奭的确不是做天子的材料，因为他柔弱没原则，汉朝从强盛走向衰落。因为深知儿子能力一般，所以宣帝临死前安排史高、萧望之、周堪给元帝辅政，其中史高为主，萧望之、周堪为辅。这三人其实代表了两种势力，史高是宣帝祖母的侄子，因此代表外戚，而萧望之、周堪都是一时名儒，代表士人的势力。除了士人和外戚，还有一股势力非常强大，那就是宦官，所以元帝的天子位下其实暗流汹涌。

元帝喜欢儒学，所以对萧望之、周堪特别信任和支持。儒臣的执政理念自然是改弦更张、推行仁政，他们忧虑外戚放纵、宦官擅权，于是向元帝建议："中书省是国家政事的核心和根本，应由贤明公正的人来掌管，武帝晚年流连于后庭，所以才任用宦官掌管中书省，这不合乎国家的旧制，必须予以纠正。"这个建议夹枪带棒，如若实行相当于汉朝政权的一次大洗牌，元帝性情柔弱缺乏主见，既不想大批替换官员，又不想纠正萧望之的意见，只好议而不决。元帝当断不断，害得萧望之惹火烧身，强大的外戚和宦官联合起来，抓了几个依附于萧望之的谏官，诬告他结党谋逆、诬告大臣、离间皇家骨肉，希望元帝能让廷尉和萧望之"交流"一下。

没有主见又没有经验的元帝不知道和廷尉"交流"就是进大牢，还以为真的只是说说话，要不是周堪及时点明，他就下诏答应了。虽然没有下狱，但君无戏言，于是元帝只好暂且收回萧望之的印绶，希望过一段时间再提拔他为丞相。然而，就在这期间，史高等人又诬告萧望之教唆儿子为自己鸣冤、非议皇帝，非要元帝把萧望之抓到牢里教训一下。

元帝知道萧望之高洁，担心他受不了下狱之辱，但一群奸臣都打包票说这又不是大罪，于是便同意了。逮捕令下达后，萧望之长叹一声，说："我一生历任将相，已经六十多了，如今难道还要为偷生而下狱受辱吗？"说完便服毒自杀了。元帝闻讯大哭，拒绝饮食，大声呵斥弘恭、石显等人，左右无不动容。但最终几个罪魁祸首仍然被重用，萧望之用死换来的，不过是每年被元帝的使者祭奠一番。

萧望之死后，清高的儒臣们群龙无首，逐渐失势，周堪也被排挤到地方任职，石显等宦官之流独掌大权。元帝宠信宦官，初心是认为宦官没有家室，不会像外戚一样世代擅权，但事实是不仅宫廷太监自己结为"内党"，他们还勾结史丹、许嘉等外戚，拉拢那些见风使舵的儒臣结为"外党"，内外呼应，党同伐异，宣帝辛苦构建的吏治被元帝败乱殆尽了。

吏治不察，汉朝又天灾多起，结果自然是饥馑、人祸频仍，仁慈寡断的元帝看在眼里，只好悲伤地自我谴责，施加抚恤，却从来没有魄力自源头解决问题。

明犯强汉者，虽远必诛

元帝虽然平凡，但仰赖昭宣之治的余荫和大将陈汤的果敢，对外仍然有所作为，居然赶上了斩杀单于的功绩。这里被斩杀的自然不是归汉的呼韩邪，而是与他一同在五单于之乱中争权的郅（zhì）支单于。

五单于之乱后，郅支单于一直不服气，但碍于汉朝支持，不敢和呼韩邪冲突，于是转而西迁，帮助仇汉的康居攻打乌孙。康居王原想请郅支做反汉的炮灰，没想到惹火烧身，反而被郅支单于控制，康居军也就成了匈奴的仆从军。合兵之后，郅支单于先后劫掠乌孙边境、攻打大宛等国家。迫于其淫威，西域列国纷纷进贡，倒向匈奴。元帝听说后觉得康居遥远，出兵耗费巨大，便派使者交涉。郅支明面上不敢和汉朝为敌，却接连扣押三波汉使，借西域都护向汉朝传话："我住在这个贫寒之地，是有心归附强大汉朝的，希望能派儿子入侍。"

建昭三年（前36），看到匈奴如此傲慢，时任西域都护府副都尉的陈汤心痒难耐，认为这是立下千古奇功的机会，于是建议长官甘延寿："现在郅支单于的威风很大啊！如果被他得到康居和乌孙，然后北击伊列，西取安息，南排月氏、山离乌弋，那数年之间，西域各国就危险了！幸好他现在没有坚固的堡垒和劲弩防守，只要我们发动屯田的士兵和乌孙配合，那时候他跑则无处安身，守则难以自保，这是立下千载之功的机会啊！"

甘延寿非常心动，但坚持要向朝廷汇报批准。陈汤听了，没有阻止，只是冷嘲一句："这种奇谋妙策岂是一般人能理解的，朝廷不会答应。"陈汤这个人，为将沉稳勇敢，最擅长谋略，但做人却一身毛病。见甘延寿不答应，就暗中打起了主意——趁着甘延寿生病，他假传皇帝命令，私自调集西域列国人马以及驻车师的汉军，准备直接攻打郅支。甘延寿得知消息，吓出一身冷汗，顶着病就去阻拦。陈汤冷冷一笑，"刷"的一声拔出宝剑，喝道："大军已经集结，你这浑小子还敢挡我？"甘延寿只得听从他，指挥军队行军布阵，新设置扬威、白虎、合骑各部队，汉军与属国军共计四万多人。

陈汤虽然胆大包天，但作战却缜密有节。他分兵两路，自己和甘延寿带北路军横越天山，攻打康居北部，另派三个校尉率南路军翻越葱岭，经

明 仇英 汉宫春晓图（据说其中画师为毛延寿）

大宛进攻康居南部。

　　康居人对郅支单于并不是真心归附，打起仗来也各怀心思。陈汤利用这一点，先是诱杀想夺取辎重的抱阗（tián），随后拉拢了不满郅支的康居贵人屠墨，一路顺畅地进入康居境内。入境以后，因为陈汤与民秋毫无犯，所以康居人大多既不阻拦汉军，也不向郅支汇报，甚至有康居贵人主动投降汉军，将郅支的虚实和盘托出。

　　于是，当这支大军开到离郅支城三十里时，郅支才发现不妙，只好装模作样地派人询问汉军为什么到这里来。陈汤也不戳破，一面围城，一面回答说"你不是想归汉吗，我们来接你的全家老小"。

大战最终爆发，准备仓促的郅支单于左支右绌，连身边的妃子们都得挽上弓弩接战，唯一来救援的一万多康居骑兵也被汉军尽数消灭了。不久前还嚣张跋扈的郅支单于就这样成了刀下亡魂。

大功告成后，甘延寿和陈汤才谨慎地上疏朝廷解释，看到这篇上疏后，优柔寡断的元帝终于做了件好事，几经折腾还是赦免了两人的罪过并予以赏赐。因为这篇上疏的确是荡气回肠，哪怕对陈汤再不满的人看到结尾那句"明犯强汉者，虽远必诛"，也会半晌说不出话来。

地图专题 匈奴西迁

实质：汉匈之战的连锁反应。

相关族群：匈奴人；日耳曼人；西罗马人。

透过地图说历史：

从中国的北方，至中亚和欧洲，有一块绵延向西的欧亚大草原。大草原的纬度东西变化很小，这意味着草原东西方的气候差异也会较小，对于逐水草而居的匈奴人而言简直是天然的通道。

因此，历经汉朝的连续打击及内部的分化，一部分匈奴人便离开了祖居的东方大地，一路向西迁徙，先到中亚，再到欧洲，最远能到今匈牙利。但是欧洲的草原上也是有原住民的，那里的很多支日耳曼人在和匈奴人的交战中落败，于是大批地向西方迁徙。这些日耳曼人不得不和西罗马帝国争夺生存空间，这成为西罗马帝国灭亡的重要原因。

为什么在与汉民族交战失利后，匈奴还能在西方取得如此辉煌的战绩呢？这和匈奴军政合一的政权，以及对骑兵训练的高度重视分不开。

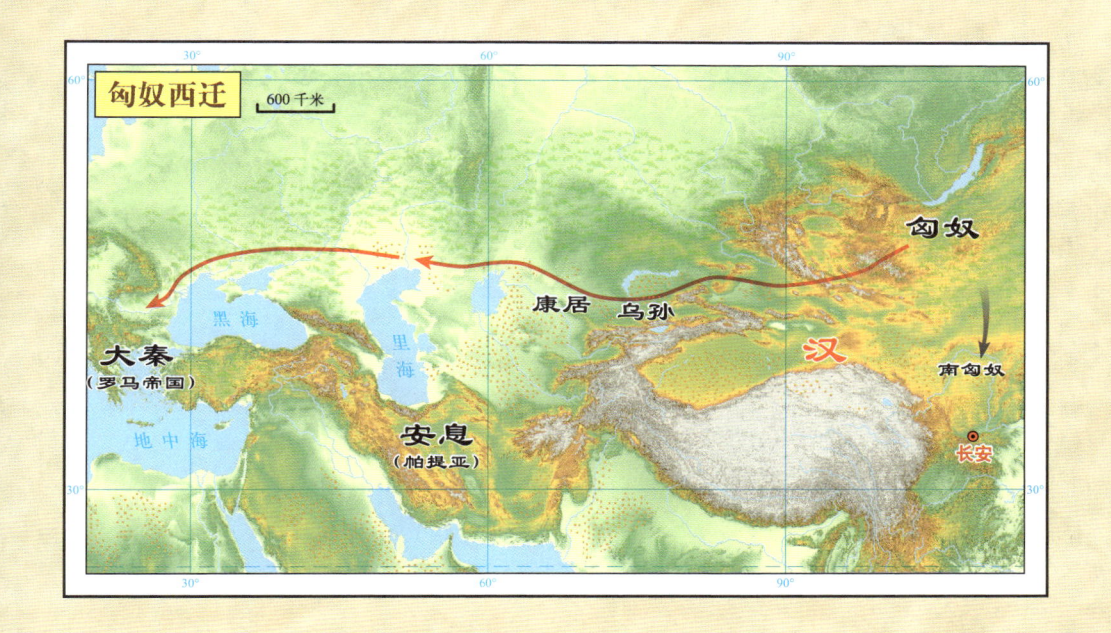

匈奴是没有职业军人的，军人是每一个健康男子的职业。匈奴的社会就像军营，男人们平时放牧，战时杀敌；女人也能够骑马射箭，男子远征时她们就帮助驱赶牧群。匈奴马匹众多，人人擅长骑马，战时一人多马以便长途奔袭。匈奴的孩子自幼就学着骑马射箭，小时候骑着羊，拉弓射飞鸟、老鼠，再大一些就射狐狸、兔子，长大后只要能拉开硬弓的都可以做骑兵，所以匈奴不说他们有步骑兵多少，而只谈"控弦之士"。

匈奴人的骑兵武器多样，善用长弓、短矛、刀剑、套索、木盾，短兵相接时，或用刀剑砍杀，或投矛刺杀，或用套索将敌人拉下战马。这种来去如风、侵略如火的族群，难怪成为欧洲人一段时间的噩梦。

时间　前33—前7

25 外戚掌朝政

> 然湛于酒色，赵氏乱内，外家擅朝，言之可为于邑。建始以来，王氏始执国命……
>
> ——《汉书·成帝纪》

【人物】汉成帝刘骜、王政君、史丹、石显、王凤、赵飞燕

【事件】元帝乱选妃、史丹保太子、王氏得权、飞燕乱宫

刘骜惊险继位，当即着手遏制宦官专权，颇有穆穆天子的样子。然而以外戚平宦官终究是驱虎吞狼、一时之计而已，亟待善后之时，刘骜却宠恋美色不理朝政，汉朝于是积重难返了。

惊险继位的汉成帝

作为元帝的太子，刘骜的降生是一个意外。他的母亲叫王政君，是廷尉史王禁的女儿，王政君小时候和好几个人家有过婚约，但未婚夫无一例外都早早死去。王禁于是请人为她算命，结果是这个女儿贵不可言。王禁很有野心，索性不再给女儿谋求婚事，而是悉心教导她琴棋书画，把她送进宫里做了一个无名无分的宫人。

宫人想要受宠并不容易，但当时还是太子的刘奭正好因为宠妃去世而数月不肯近女色，皇后很担心儿子会因此无后，就叫来好几个宫人让刘奭挑选。没主见的刘奭担心皇后生气，就随便选了一个宫人，和她做了一夜

夫妻。

这个宫人正是王政君，她就此怀孕生下了刘骜。刘骜小时候很讨人喜欢，连汉宣帝都经常把他抱在怀里逗弄，但长大后却开始迷恋酒色，言行也不讨喜了。建昭四年（前35），元帝的弟弟中山哀王刘竟去世，元帝十分悲伤，可偷眼一看刘骜竟然没有哀伤的表情。元帝很恼火，气愤地说："哪会有一个人不仁慈却可以奉祀宗庙、做百姓父母的呢！"言外之意就是想废除太子。幸好外戚史高的儿子史丹替刘骜说话："这都是我的过错，太子准备觐见您时，是我私自嘱咐他不要哭泣，以免惹您感伤。我有罪！"没有主见的元帝听后也就释然了。

与天久长瓦当

但刘骜的太子之位仍然十分危险，因为此时傅昭仪受宠，而王政君却年老色衰了。竟宁元年（前33），元帝病卧后宫，傅昭仪和儿子定陶王刘康常在榻前侍奉，皇后王政君和刘骜却难得见上皇帝一面。

这次，又是史丹帮了大忙。他凭着贴身宠臣的身份直入寝殿探病，趁寝殿中只有元帝一人时伏在床前声泪俱下地为太子求情。听了史丹的哭诉，想起先帝对刘骜的偏爱，耳根软的元帝叹了口气，还是把皇位传给了刘骜，并叮嘱史丹好好辅助。

同年，在位十六年的汉元帝死去，刘骜继承皇位，即汉成帝。

赶了宦官，来了外戚

继位之后，汉成帝接手的是一个烂摊子，此时朝中权力已经被石显为首的宦党和几家外戚瓜分得差不多了。为了制衡这些宦官，缺乏亲信的成帝只好在母亲的家族中培植势力。

他用明升暗降的办法任命石显为长信中太仆，使其离开权力中心，丧失实权，然后任由代表士人的丞相匡衡和御史大夫张谭等人联名上疏揭露石显及其党羽的罪恶。最终，石显被免官逐回家乡，死于途中，其党羽也纷纷被清理。

宦官渐衰之后，汉朝的政局成了一场外戚的大乱战。除了成帝宠信的王家以外，当时的外戚以冯野王、许嘉、王商等人为大。冯野王是元帝宠妃冯昭仪的弟弟，他能力强、名声大；许嘉是成帝许皇后的父亲，地位也非常显赫；而王商虽然姓王，其实是汉宣帝母后王翁须的侄子，是成帝的祖父辈，和王政君不是一宗。

为了制衡他们，刘骜重用王凤。凭着成帝的宠信，王凤先挤垮了冯野王和许嘉，变得权倾朝野，只有王商还能与他抗衡。成帝本不太想处理王商，因为王商同样是在拥立自己时有大功的，但王凤不依不饶。成帝这才意识到驱虎吞狼的恶果，但两王已经无法调和。最终，王凤与史丹合谋，派人秘密调查王商隐私，又教唆耿定上疏诬陷，彻底搞垮了王商一脉势力。王凤于是专制朝政，官至大司马大将军（西汉时为尊崇战功而在大将军前冠以大司马的一种职衔。卫青为其始。成帝末，由于确立了三公制，大司马后面不再联以将军之号）兼管尚书职权，他的六个兄弟也都被封侯，其中五个更是同一日受封。王家一时显赫无比，连王凤的侄子王莽也借此步入高层。

中外对比

前 28 年，汉成帝委派的使者王延世成功治理黄河决口，汉成帝以该年为河平元年，这一年，《汉书》中留下了世界上最早的太阳黑子记录；

前 27 年，屋大维建立元首制度，这是罗马帝国的开始。

西汉 彩绘陶舞俑

这个陶俑生动地描绘了一个场景，一个舞者将一只长袖向后甩去，另一只垂下，她轻轻地弯着腰，弯曲着膝盖，表演着汉代诗歌中描述的舞蹈。令人喟叹的是，登基有为的汉成帝就在这歌舞升平里把国政弄得一塌糊涂。

值得庆幸的是王凤寿命不长，在阳朔三年（前22）病死了。但这个制衡权力的好机会成帝仍然没有抓住。他不仅将王凤的堂弟王音封为大司马、车骑将军、领尚书事、安阳侯，还在母亲的要求下封姨母的儿子淳于长为定陵侯，二舅王曼的儿子王莽为新都侯。至此，王氏一门九侯，声势煊赫，如日中天。其余族人也大都做了卿、大夫、侍中、诸曹等大官，连不少郡国的守相、刺史等地方官也都出自王氏门下。

最终，王家大权独揽，成为成帝制衡政策唯一的胜利者，连成帝自己都是输家。

啄杀皇孙的"飞鸟"

如果只是政治失策，那成帝或许还有机会比父亲更有作为，因为他在位时间更久，性情也更有主见。但比起因宠妃死去数月不想近女色的父亲，成帝还有沉迷酒色的毛病，所以他继位后就本性流露，花大量金钱建造霄游宫、飞行殿和云雷宫享乐。

时间　前33—前7

而他宫闱中的女子又着实出色，先有原配许皇后出身名门、知书达理，后有班婕妤（班固的姑祖母）丽而不俗、博通文史，成帝自然有些乐不思蜀了。幸好这两位后妃都比较贤明，尤其是班婕妤更是经常写诗或者用《诗经》里的典故劝谏成帝。

但是这两位后妃所生的子女全都夭折了，二人随着年长色衰也就渐渐失宠。此时又一个绝世的美人步入了汉成帝的宫闱，她就是赵飞燕。

"惟有知情一片月，曾窥飞鸟入昭阳。""借问汉宫谁得似，可怜飞燕倚新妆。"赵飞燕的美，唯有从流传的诗词中才能窥视一二，她和王政君一样本是宫人出身，但好音善舞，有仙鸟之姿、倾国之色。她的身段轻盈窈窕，若遇大风，则摇摇欲起，以至必须用人握其脚掌、拉住裙裾才能不被风吹走。而赵飞燕往往趁机临风起舞，对君而歌，真好似神仙中人。她还有一个妹妹赵合德，也是倾国之色，白净的肌肤入水不湿。两人一起把汉成帝迷得神魂颠倒，早忘了家国社稷。

赵飞燕姐妹姿容虽美，心地却善妒刻毒，刚封婕妤，就揭发许皇后和班婕妤有巫蛊之罪，此事实情已不可知，但成帝闻讯即将二十年的结发妻子赐死，班婕妤也自此失宠，全靠陪伴太后深居简出才保下性命。凭着狠厉手段，赵飞燕入宫两年即被封为皇后，赵合德则为昭仪，两姐妹一时恩宠无两，但却迟迟生不出孩子。没有皇子也就没有未来，赵氏姐妹于是教

怨歌行
班婕妤

新裂齐纨素，鲜洁如霜雪。
裁为合欢扇，团团似明月。
出入君怀袖，动摇微风发。
常恐秋节至，凉飙夺炎热。
弃捐箧笥中，恩情中道绝。

唆成帝，将其他嫔妃、美人、女官所生的孩子斩尽杀绝。其中尤以一位许美人最为凄惨，赵合德竟然大哭大闹，胁迫成帝害死了和许美人所生的儿子。这件公案大家讳莫如深，只留下"燕飞来，啄皇孙"的歌谣被载入正史。

就这样，赵氏姐妹受宠十年，也没能生下一位皇子，始乱终弃、残杀亲子的刘骜最终没留下一个儿子。赵氏姐妹只能拉拢成帝的侄子刘欣，将他扶持为太子。

清 沈焕 百美图·赵飞燕

成语典故

捕风捉影

汉成帝一直没有孩子，于是四处寻找所谓的得道高人，并许以高官厚禄，可是都没有效果，满朝文武看在眼里都不作声。只有光禄大夫谷永耿直地说："听'得道高人'们的高谈阔论，那可真是洋洋洒洒，好像跟着他们马上能遇见神仙。但真要按这些去寻找时，就会发现一切虚无缥缈，就像要抓住风、捉住影子一样。"这番话成帝大抵没听进去，却留下了"捕风捉影"这个成语。

时间　前7—前1

26 禅让国家的哀帝

> 帝睹孝成之世禄去王室，及即位，屡诛大臣，欲强主威以则武、宣。然而宠信谗谄，憎疾忠直，汉业由是遂衰。
>
> ——《资治通鉴·卷三十五》

【人物】汉哀帝刘欣、王莽、董贤、王政君、王闳

【事件】宠信董贤、禅位让国、起用王莽

哀帝聪敏善文，亲政节俭，继位即致力扫除王氏，本是有为之状，但他宠信失度、误信谗言，终于毁了中兴之机。然而，万乘之君肯以天下相让，纵然所托非人，其品性也可谓无私了。

像模像样的开始

专宠赵氏姐妹后，成帝舒舒服服地过了近十年纸醉金迷的日子。酒色伤身，绥和二年（前7），身强体壮的成帝忽然中风，口不能言地死在了宫里。成帝去世后，太子刘欣顺利继位，也就是汉哀帝。

哀帝本来是定陶王，从来没想到能当太子，所以也就没染上那么多贪图享乐的习气，和成帝相比，他既不好音乐又不好女色还不好奢侈。于是，负责创制歌舞的乐府、负责伺候君王的宫人都被大举裁减，连官家织物上的刺绣装饰也因为耽误女工被一一禁止。自己节俭还不够，哀帝还大举限制诸侯、贵族的田产和奴婢数量，按照等级给他们设下定额，超额不裁撤

的都要被重罚。

一番整治之后，汉朝还真的有些气象一新了，坐稳位置的哀帝一改对王氏的纵容，开始收回权柄。王氏一门皆贵，根源就是王政君这位太皇太后，但她是哀帝的长辈，裁撤她是有悖孝道的。哀帝于是想把自己的祖母傅昭仪也封为太皇太后。

汉 阳陵画像砖

王家终于看不下去了。有一天，哀帝在未央宫设宴，让侍臣在太皇太后身边给傅太后设座。代表王家的王莽当即进言："定陶的傅太后，只是藩王的妻妾罢了，怎么能和至尊并坐？"王莽此言虽然唐突，但合乎礼法，哀帝只得撤掉座位。

傅太后听说后大怒，不肯参会。哀帝也对王莽隐隐有些不满。王莽是个心思灵光的人，见势不好索性主动上书辞官养老，哀帝痛快地答应了。这是哀帝对王氏下手的开始——连道德楷模王莽都被裁撤，其余骄奢淫逸的王家子弟自然有的是借口对付。据史书记载，仅仅根据司隶校尉解光的一封奏折，哀帝就把王根、王况等人还有他们的党羽全都罢官了。

5 想把天下给宠臣

王氏家族被裁撤以后，虽然也有几家外戚得势，但与一门九侯的王氏远不能同日而语。然而汉室中兴的局面刚有起色，就被哀帝的一个特殊爱好给毁了——有那么多优点的汉哀帝偏偏对一个叫董贤的侍臣宠信到了匪夷所思的地步。

董贤最初是太子舍人，大体就是戍卫太子兼一点秘书职务的高级侍从。他的才能未见史书称道，但身姿挺拔、长相俊美，是一位出名的美男子。汉哀帝一看他就感觉心情舒畅，特别有推心置腹的欲望。董贤因此平步青云，先升黄门郎紧随哀帝左右，几个月内又提拔为驸马都尉侍中，一个月内的赏赐竟多达一万万钱。

一人得道鸡犬升天，董氏一家全部被召入宫中。董贤的父亲从一个小县令一跃升为光禄大夫。董贤的妹妹则获封昭仪，地位仅次于皇后，她居住的宫室称作"椒风"，与皇后所住的"椒房"相互对应；董贤的妻弟被任命为保卫京城和宫城禁兵的执金吾。此外，汉哀帝还命人在宫外为董贤建起一座豪华府邸，里里外外全部模仿宫内建筑，连董府的奴仆都会经常得到各种赏赐。

群臣见到这一情况，虽然不满但也没太过在意，因为汉皇宠爱臣子并非没有先例。然而当建平四年（前3）汉哀帝给董贤封侯时，朝中重臣们觉得不对了——作为宠臣，董贤的地位太高了。

丞相王嘉先站出来劝谏，指责董贤败坏律法，但汉哀帝根本不信，反而将一朝首辅关进监牢里折磨致死，而董贤则进一步高升为大司马。大司马不是一般的职务，加封大司马进入内朝，是外戚把握朝政的既有路数。而董贤的大司马更不一般，他的册文里赫然写着"允执其中"，这四个字是尧禅让舜时用过的！二十二岁的董贤于是权倾朝野，在朝堂掌管百事，所有大臣上书奏事均需经由他手。二十二岁的大司马，连前来朝见的匈奴单于都吓到了，只能结结巴巴地称赞汉朝得了个宝贝。

成语典故

断袖之癖

汉哀帝常与董贤出门同车，入宫同卧。有一次午睡，汉哀帝先醒过来，发现一只袖子压在董贤的头下。他不想惊动对方，就拔出宝剑割断袖子悄然起身，这就是成语"断袖之癖"的由来。

天子禅让并不是小事，哀帝于是借着酒意试探左右的口风："我想效法尧禅让舜，你们觉得如何？"常侍王闳十分耿直，当即说道："天下是高祖皇帝打下来的，并不归皇上您个人私有。皇上既然继承了祖上的皇位，就应该将它传给刘姓子孙，这样才不会违背天意。皇位相传之事至关重要，您不要再开这种玩笑了！"汉哀帝脸露不悦之色，却又找不出反驳的理由，气得命人将王闳赶了出去。

玉雕神兽

既然传不了皇位，哀帝又打起别的心思，下令在已经建成的皇陵边加建一座陵墓，作为董贤的寝陵，还特意备下一具珍贵的玉棺，但事情还没准备停当，元寿二年（前1），继位才六年的汉哀帝就突然去世了。董贤这位"贤才司马"当即慌了手脚，一件件事务处理得左支右绌。太皇太后王政君借机提议让王莽入宫帮其打理，董贤没有主意，只好答应了。

王莽一来，将治丧之事安排得井井有条，并很快组织大臣集体弹劾董贤。然后借太皇太后的名义宣布董贤有罪，收缴了大司马印绶，令董贤罢官回家。董贤知道自己大祸将至，当日便与妻子自杀了。

然而，事情尚不算完，在王莽的授意下，董家的全部财产被没收，董贤则被暴尸荒野。借此一事，王莽得以执掌朝中大权，很快成为举足轻重的人物。

时间　前 22—9

27　王莽的弥天大谎

> 王莽始起外戚，折节力行，以要名誉，宗族称孝，师友归仁。及其居位辅政，成、哀之际，勤劳国家，直道而行，动见称述……莽既不仁而有佞邪之材，又乘四父历世之权，遭汉中微，国统三绝，而太后寿考为之宗主，故得肆其奸慝，以成篡盗之祸。
>
> ——《汉书·王莽传下》

【人物】王政君、王莽、刘欣、孔光、刘衎、刘婴

【事件】欺世盗名、掌控朝政、篡汉建新

大伪若真，大奸若忠，一门九侯、五任大司马的外戚王氏素来被汉室忌惮，唯独王莽敦睦品德、殷勤下士，似乎真是肱股之臣。谁承想他以几十年经营一场弥天大谎，在世纪之交上演了空前绝后的忠奸反转。

豪门中的道德楷模

王莽是王政君的侄子，也是外戚王家的一大另类。当时，王家权倾朝野，先后有九人封侯，五人担任大司马，非常显贵。可王莽却因为父亲早死，过得最为窘迫。同侪子弟花天酒地、声色犬马，王莽却粗缯大布、黄卷青灯，一面照顾老母寡嫂，一面拜师名儒、殷勤学问，所交游的都是一时才俊，所主张的全都合乎礼法，对几个叔伯也非常恭顺。苦心经营之下，

一刀平五千

王莽下令制造过一种古代刀形币，它分为环柄和刀身两部分，环柄为一方孔圆钱，铸有阴文"一"和"刀"，并填以黄金，刀身上铸有阳文"平五千"，"平"即"值"的意思，表示一枚刀币的价值等于五千。这是中国唯一用错金工艺制成的钱币，故又称"金错刀"。

王莽开始小有名声。

阳朔三年（前22），王莽的伯父大司马王凤生病，病榻之前王莽极为孝顺，端茶倒水，伺候起居，居然一连几个月没有解衣休息，好好的小伙子憔悴得蓬头垢面。王凤感动极了，临死前特意给皇帝和王政君打招呼，嘱托照顾王莽。王莽于是被封为黄门侍郎，正式步入官场。

王莽为官尽职尽责，在官场和家族都风评极佳，他的叔父王商上书皇帝，说愿意把自己封邑的一部分分给王莽，连陈汤那样的大将都对王莽夸赞有加，也上表推荐他。皇帝由此觉得王莽贤明，屡次为他加官晋爵，将他封为新都侯，出任骑都尉、光禄大夫、侍中。王莽在官场顺风顺水，却从不认为自己有多尊贵，总是礼贤下士、清廉俭朴。他常把自己的俸禄分给门客和平民，接济当时的名士，甚至卖掉马车帮助穷人，交游公卿将相，家中竟然没有半点余财。于是百姓深深爱戴他，朝野名流都称赞歌颂他，他的名声甚至超越了当时权柄在握的叔伯们。

不过，王莽并不是单纯的道德模范，他费尽心思把自己打造得光辉万丈就是为了前程，所以只要妨碍他前程的，他下手都毫不留情。

比如他的表兄淳于长，此人比他先发迹，地位也比他高，是大司马王根得力的继承人，也正好挡在王莽的仕途上。王莽便暗中搜集淳于长的罪证，然后利用探望王根的机会，装作不经意地提起。王根大怒，不仅让皇帝罢免淳于长，还越发觉得王莽忠实耿直。王莽仕途的最大政敌，就这样被不着痕迹地除去了。绥和元年（前8），王根病重，王莽顺利接任大司马，此时，他才三十八岁。

当上大司马后，王莽继续他道德模范的人设。他克己不倦、招聘贤良，所受的赏赐和邑钱都用来款待名士，自己的生活则节俭到苛刻。有一次，百官公卿来探望他的母亲，只见到一个衣着朴素的"仆妇"迎来送往，近前一问才知道是王莽的夫人，大家都惊讶得说不出话来。

后来哀帝继位，王家的权势几乎被打回原点，王莽身为举足轻重的人物却极善于隐忍，不仅抛弃高官厚禄，还闭门不出修炼道德。其间，吏民为他上书一百多次，他都不为所动。百般隐忍后，王莽终于等来了东山再起、铲除董贤的机会。

他东山再起以后，人们欢呼雀跃，以为黑暗再也无法掩盖光明。

放言五首（其三）

白居易

赠君一法决狐疑，
不用钻龟与祝蓍。
试玉要烧三日满，
辨材须待七年期。
周公恐惧流言日，
王莽谦恭未篡时。
向使当初身便死，
一生真伪复谁知？

5 王莽的圣人秀

哀帝去世的时候年纪还小,没留下子嗣。太皇太后王政君趁机收回传国玉玺,和王莽一起剿灭董氏,将朝政大权掌握在王氏手中。大权在手后,王莽和王政君请求群臣重新议定大司马人选,结果自然是王莽以压倒性优势当选,朝臣中只有前将军何武与左将军公孙禄反对,然而已无法改变大局。于是,王太后诏命王莽出任大司马,录尚书事,兼管军事令及禁军,王莽一下子将政权和军权集于一身。

大权独揽后,元始元年(1),王莽给汉室选了个年仅九岁的小皇帝刘衎(kàn),也就是汉平帝。由于皇帝年幼,王莽理所当然地代理政务。此时他的政治野心已逐渐暴露,但手段高明而隐秘,排斥异己、安插亲信之际还能赢得大好名声,很多时候他甚至不需要亲自动手。比如对妨碍自己专权的叔父王立,王莽就想尽各种办法逼迫王政君赶走他。

而在强化自己的朝中势力时,王莽则利用了名儒孔光。孔光是三朝元老,担任大司徒,深受王太后和朝野敬重。王莽一边拉拢他一边施压,先对孔光百般尊崇,之后再利用孔光的影响力充当自己排斥异己的工具。王莽要罢免谁,往往就由孔光出面上奏,王太后负责批准。何武、公孙禄、史立、毋将隆、丁玄、赵昌、董武、张由等多名高官都栽在这个套路之下,王莽则趁机将空出的职位安排给自己的党羽。

中外对比

1世纪初,佛教由西域传入中国内地,王莽摄政;

9年,日耳曼人与罗马爆发条顿堡森林战役,罗马帝国受到重创,边界扩张止步于莱茵河畔。

时间　前22—9

错金银云纹青铜犀尊

犀牛并非热带的专属，汉代以前，它们在中国的华北大平原同样有分布，但由于人们对犀牛这种生殖率低的野生动物进行大范围的捕杀，犀牛逐渐在中国北方绝迹。以至到王莽辅政时，需要用贵重的礼物来换取南海黄支国的活犀牛。

王莽平时表情严肃、一本正经，一副公事公办的样子。想要获取利益时，他只需略微示意，党羽就会按他的意思纷纷上奏。随后，王莽就磕头哭泣，坚决推辞，从而欺上瞒下，继续道德楷模生活。如此一来，哪怕他不断推辞，也还是得到堪比霍光的安汉公称号。不过，朝廷所给的两万八千户食邑俸禄他始终坚决推辞，声称天下百姓都富足了自己才会接受封地。

元始二年（2），全国大旱，并发蝗灾，他便劝王太后带头过俭朴生活，自己则贡献百万钱、三十顷田救济民众。遇到灾害之年，王莽只吃素食，不用酒肉。百官纷纷模仿，盛赞王莽，二百三十名官民受他感染，纷纷献出土地住宅，救济灾民。同时，王莽还下令灾区普遍减收租税，百姓感激涕零，一时把王莽视为圣人。

"含泪"篡位建新朝

虽然表面道德高尚，但只要涉及权力，王莽就冷血无情。因有外戚傅氏、丁氏排挤王氏的先例，王莽便将皇帝母亲卫氏及其家族封到中山国，禁止他们到京。当时平帝还是个十岁出头的孩子，母亲卫氏也很年轻，母子不得相见自然日夜痛哭，而王莽不为所动。

不知是不是在王莽的虚仁假义中入戏太深，满朝文武没人敢劝的事，王莽的儿子王宇居然担忧起来，觉得皇帝年长后定会怨恨报复，于是数次

> **奇闻逸事**
>
> **元后掷玺**
>
> 王莽虽然篡位，象征天子威权的传国玉玺却还在孝元皇太后王政君手里。王莽篡位的举动她并不支持，但也无力反对，只是死守玉玺不肯交出。王莽不好硬逼，就派太后喜爱的王舜去讨。太后见了王舜，再无往日笑颜，怒骂："你们父子世代受汉家恩宠，大恩不思报答则已，竟借托孤之机来抢夺孤弱小儿的江山！这般为人处世，连猪狗都不吃其肉！那王莽既然能拿金匣子给自己登基，何不另雕一枚大印，非要我手里这块石头做什么？可怜我一个汉家的寡妇，年老将死，有心把玉玺带到地下，却终不可得！"语毕，举座皆泣。王舜也悲不自胜，叹道："您这样说了，我还哪有脸讨要呢？可王莽非要得到这玉玺，您难道还能藏一辈子吗？"太后听了，先哀后怒，转手掏出玉玺猛地往地面一丢，冷声道："我年老将死，你们兄弟就等着我们王家被灭族吧！"
>
> 王舜不敢多话，忙不迭捡起玉玺，可那连城美玉上已磕损一角，哪怕巧匠用黄金弥补，也再不像当初的样子……

劝谏父亲，但王莽根本不听。王宇的师父吴章见了，便给徒弟出了个馊主意，说王莽最敬畏鬼神，可以在他门前泼狗血吓他。王宇相信了，就派舅哥吕宽去办。

这个幼稚的计策自然骗不到行骗几十年的王莽，他勃然大怒，做出了两个冷酷无情的决定：将儿子王宇和相关人等诛杀，连怀孕的儿媳妇都在生产后被杀死；趁机诬陷外戚卫氏，将卫氏一族夷灭，牵连治罪地方上反对自己的豪强，逼杀了敬武公主、梁王刘立等朝中政敌。

元始三年（3），太皇太后准备为平帝选后，王莽再度以退为进，第一个声明，王氏女儿都不会参选，尤其是自家女儿无才无德更是万万不行。公卿大臣们见状，纷纷上书，表示除王莽女儿外，无人配做皇后。结果，不仅王莽长女王嬿顺利地成了平帝的王后，王莽本人也在四十八万余民众及众多诸侯、王公、宗室，九百多公卿大臣的上奏下获得象征至高无上礼遇的"九锡"（中国古代皇帝赐给诸侯、大臣有殊勋者的九种礼器，是最高礼遇的表示），堪称一人之下、万人之上。

元始五年（5），平帝突然生病，王莽大急，装模作样地祈祷上天让自己代皇帝病死，但还不到一年，平帝就离奇地死了。这次王莽立了只有两岁的刘婴。

青铜卡尺

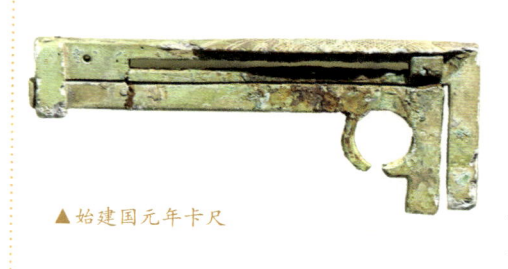

▲ 始建国元年卡尺

王莽建立新朝后，在国内推行变法改制时，发明了一种青铜卡尺。它分为固定尺和活动尺两部分，尺的正面刻有寸和分，背面刻有"始建国元年"等铭文。这是目前已发现的世界上最早的游标卡尺，比西方科学家制成的游标卡尺早了一千七百多年。

新帝年少，于是王莽有了些疯狂的想法，但他表面还是很体面。当时谶纬之学横行，人们很迷信上天降下的异兆，于是王莽安排人手在各地弄出种种奇异现象——大量有字的石牛、铜符、帛图，内容大抵是"求贤让位""汉历中衰，当更受命""天告帝符，献者封侯"种种。一时人心惶惶，真有不少人觉得这是上天让王莽行周公之事。王莽见时机成熟，索性没给刘婴皇帝名分，只是立他为皇太子，称为"孺子婴"。太皇太后只好据群臣的意愿，让王莽代天子朝政，称"假皇帝"，王莽于是自称"予"，改年号为居摄，臣民都称他为摄皇帝。

又过了一年，有几个不学无术的投机者摸清王莽心思，用铜精心做了个匣子献到高皇帝刘邦的庙里，里面装着"天帝行玺金匮图"和"赤帝行玺某传予黄帝金策书"，内容无非是王莽才是真天子。王莽一听，当即派人把这些东西请来，在朝堂上命人宣读。

读完之后，他眼泪汪汪地拉着小皇帝的手，哭着说："当年周公辅政，把天下还给了成王，我今天竟迫于上天的意思不能效仿！"公卿大臣看了也都装模作样地哭了起来。自此，大汉的江山便被冠上"新"这个名号了。王莽凭借几十年的隐忍经营，终于完成了篡汉建新。

时间　前48—8

28 汉暮星辰

> 至成帝时，以书颇散亡，使谒者陈农求遗书于天下。诏光禄大夫刘向校经传诸子诗赋……每一书已，向辄条其篇目，撮其指意，录而奏之。会向卒，哀帝复使向子侍中奉车都尉歆卒父业。歆于是总群书而奏其《七略》……
>
> ——《汉书·艺文志》

【人物】刘向、刘歆、王昭君、扬雄

【事件】父子校书、昭君出塞、扬雄著论

汉朝由盛而衰如长夜将至，但尤有疏星，彪炳史册……

父子校书

中国在很早的时代就产生了灿烂的精神文明，也很早就有记录思想的传统，但在文字载体落后的时代，这些著作的保存一直是很大的问题，不仅三皇五帝时代的《三坟》《五典》《八索》《九丘》亡佚殆尽，到汉朝时，就连先秦诸子百家的著论和各个诸侯国的史籍都损失惨重。由于做书的尺牍造价昂贵，所以很多书都是手抄口传，时间长了就产生种种错讹的版本。当时，《春秋》有五个版本，《诗经》有四家版本，《易经》也有多家作传，而且自然流传下的书籍流失严重。鉴于这种情况，汉成帝向全社会公开征集亡佚的图书，让光禄大夫刘向校对诸子百家和诗赋，对比各个版本，查

青铜透光镜

这面铜镜凹凸有型,直径7.4厘米,重50克,背面有八字铭文"见日之光,天下大明"。它有一个神奇的特点:在自然光或强光的照射下,镜子正面的图案会通过背面映射出来。这是为什么?原来,镜子的凸凹薄厚会形成不同的曲率,对光的反射程度也会有所不同,因此才出现了映射透光现象。遗憾的是,透光镜的制作方法在宋朝即已遗失,未能流传下来。

缺补漏,编校完成后再将每本书的篇目记录下来,汇总后上奏给皇帝。

刘向是汉朝宗室子弟,祖上是刘邦的兄弟楚元王刘交。随着推恩令的推行,到刘向一代已经没多少实际地位了,于是刘向潜心学术,研习星象,经常通宵达旦,完全是一派学者作风。图书整理工作浩大繁复,刘向用尽了生命里最后的时光也只是初见成效,无奈之下刘向只能将自己校勘整理过的书籍一一叙录在案,写成了我国第一本目录学著作《别录》。

刘向去世后,未已的事业由其儿子刘歆继承。刘歆也是一位渊博的学问家,他和父亲共计花费二十多年完成了对西汉时政府藏书的校对整理工作,并且在父亲《别录》的基础上,总结编撰了《七略》,按类别将图书分录在《辑略》《六艺略》《诸子略》《诗赋略》《兵书略》《术数略》《方技略》内,记录了父子两人一生的辛勤成果:图书六百零三家,计一万三千二百一十九卷,分为六大部类、三十八种,每类之前有类序,每部之后有部序。叙录内容包括:书目篇名,校勘经过,著者生平思想,书名含义,著书原委,书的性质,评论思想,史实,是非,剖析学术源流和书的价值。

总的来说,刘向父子完成了有史以来第一次大规模的官方书刊校对整理工作,自此以后,官方修校图书几乎成了历朝历代的惯例,中国的传统文化能绵延不绝，他们父子无疑功劳巨大。但刘向父子也开了个坏头，出于政治需求，他们按照儒家的价值观和统治者的意愿对图书进行了一定的修改，这对学术显然是一种破坏，幸而两人本身都是水平极高的学者，因此这些改动大抵还在可接受范围内。

> **奇闻逸事**
>
> **史记传世**
>
> 《史记》成书以后，由于司马迁和汉武帝的过节，这本书不能公之于世，只能偷偷传给女儿保管。司马迁的女儿就是建议丈夫杨敞拥立宣帝继位的那位夫人。她没有让《史记》明珠蒙尘，而是将其作为教育子女的读物。受她的影响，儿子杨恽从小就熟读《史记》，读到精彩处往往扼腕叹息、潸然泪下。杨恽赶上了政治清明的宣帝时代，通过他的努力，《史记》被汉宣帝接受，自此成为史家之绝响。

昭君出塞

在陈汤以"明犯强汉者，虽远必诛"的名义平定郅支单于以后，汉朝威望再度上升，呼韩邪则既惊喜又忧惧。惊喜的是，心头大患已除；忧惧的是，汉军既然有跨越万里发起远征的强大实力，他的单于庭又如何能说安全呢？呼韩邪思虑再三，决定给汉元帝上书，请求和亲，做汉朝皇帝的女婿。

此次和亲与以往的逼婚不同，所以汉朝也就不必真的以宗室女子外嫁，而是打算挑选一位宫人册封为公主，这样既给了面子，代价也还能接受。

册封为公主，是很多宫人梦寐以求的事，但听说前提是嫁给匈奴单于，去大漠生活，很多宫人就畏之如虎了。她们宁愿在冷宫耗尽青春，也不愿意去面对大漠的寒风和黄沙。元帝很头疼，正想强行选一个宫人过去时，一个叫王樯的宫人主动请求远嫁匈奴。"樯"不是一个女子的名字，说的是这个宫人坐船而来——就像一件货物，没有人关心她的名字是王昭君。元帝这才松了口气，连见都没见就下令王樯择日与呼韩邪完婚：他也不需要见，当时的宫人都有画师先行画像，既然他没印象，想必姿色一般。

汉元帝不知道，这随手的一条诏令就送出了中国历史上的四大美人之一。原来，王樯虽然默默无闻，但实际天姿国色，尤擅琵琶，只是因为平民出身没有余财打点宫内的门道，所以一个叫毛延寿的画师势利地把她画得平平无奇。周围的人自然知道王樯貌美，可是谁会去推荐一个竞争对手呢？

出嫁当天，王樯新妆华服、高车驷马，在盛大的仪仗中缓缓向漠北行去，那美丽的容颜如同皎月东升。汉元帝这才看见了那一抹惊心动魄的绝美，但君无戏言，为时晚矣。

明 仇英 千秋绝艳图·王昭君

咏怀古迹五首·其三
杜甫

群山万壑赴荆门，
生长明妃尚有村。
一去紫台连朔漠，
独留青冢向黄昏。
画图省识春风面，
环珮空归夜月魂。
千载琵琶作胡语，
分明怨恨曲中论。

时间　前48—8

昭君望着渐远的汉家宫阙，也不禁悲从中来，手扶琵琶，轻拢慢捻。凄美的琵琶声传开，侍女垂泪、百姓注目，几只飞往塞外的大雁竟忘了挥翼，自半空摔落……

冯媛挡熊

西汉末年有气节的女子不止昭君一位，还有一位冯昭仪。冯昭仪名叫冯媛，父亲是一位将军。冯媛最初因才貌被元帝赏识，但真正受宠是因一起突发事件，当时汉元帝和嫔妃们在虎圈观看猛兽搏斗，正精彩处意外发生了——一只硕大的熊翻出围栏，开始向元帝所在的台上爬去。左右的宦官、宫女、嫔妃见了都吓得只顾逃命，只有将门虎女冯媛疾步挡在熊前。侍卫们这才反应过来，赶紧把熊杀掉了。事后元帝问她："你为什么挡在熊前，你不怕吗？"冯媛回答："熊抓到了人就会停下，我担心它冲到陛下的御座，所以挡住它。"元帝至此越加宠信冯媛。元帝死后，傅昭仪忌妒冯媛，就捏造了她从事巫蛊的罪状，冯媛被百般逼问却始终不肯服软。小吏嘲笑她："黑熊上殿时你何其勇敢？怎么这点事不敢承认呢？"冯媛冷笑："上一代的事你们如何得知？只是想构陷我罢了。"说完这位刚烈的女子就服毒自杀了。

▲明　丁云鹏　冯媛挡熊图

呼韩邪见王昭君年轻美丽，又高兴又激动，称王昭君为"宁胡阏氏"，和她恩恩爱爱，生儿育女。王昭君也履行对汉室的责任，为匈奴带去先进的农耕技术和汉室礼仪，汉匈由此迎来长达几十年的和平。昭君死后，按照匈奴人的葬俗被安葬在广袤的大草原上，据传漠北多白草，唯独这片坟茔上草色青青如大汉的颜色，所以被称为"青冢"。

扬雄著书

扬雄（前53—18）是蜀郡郫县（四川成都市郫都区）人，祖上曾受封于扬地，所以以扬为氏。扬雄家族以种地养蚕为业好几世了，但他自幼喜欢文学，小小年纪就有了渊博的学问。扬雄虽有点儿口吃的小毛病，却能写得一手好文章。

在扬雄的时代，蜀地最有名的就是大才子司马相如，扬雄也很崇拜他，初学辞赋时，经常模仿司马相如的文风体式。因为模仿司马相如，扬雄被人推荐给汉成帝。但此时，扬雄更喜欢的已经是屈原了，觉得对方的水平高过司马相如，每每读过一遍便会热泪盈眶。

因为崇拜屈原文才又惋惜其命运，他摘取《离骚》中的句子写了《反离骚》进行哀悼；依《离骚》重作一篇，名为《广骚》；依照《离骚》中的《惜诵》以下到《怀沙》为止的作品另作一卷，名为《畔牢愁》。其中观点却和屈原投江相反，认为君子在时势顺利时应该大有所为，时势不顺时应像龙蛇蛰伏。

因为崇拜司马相如，他早年就模仿司马相如献上一篇《甘泉赋》，将甘泉宫与天帝居住的紫微宫相比，描绘了天子出行时的车骑之盛，看似在赞扬王朝盛世，实则含有讽刺铺张浪费之意。

汉成帝读后觉得非常惊讶，内心受到不小的触动，此后每次出宫都喜欢带着扬雄，扬雄也接连献上两篇佳作《河东赋》和《校猎赋》。前者重在讲述一个道理：与其临渊羡鱼，不如退而结网；后者则阐述了射猎之道应以不扰民、不侵夺民财为底线。

可是，在《校猎赋》完成的第二年，汉成帝就犯了这种错误。他命令老百姓去终南山里捕来很多野生动物，再运至长杨宫中圈养起来。为了完成任务，人们纷纷进入山中捕猎，哪里还有时间去收割已经成熟的庄稼？扬雄气得又提笔写下一篇《长杨赋》。

扬雄的仕途并不一帆风顺，但很有传奇色彩，他经历过成、哀、平三代汉帝，曾经和王莽、刘歆一同做过黄门侍郎，还一度和董贤同官。这些人后来都成了名噪一时的人物，可扬雄的官职大小却几乎没有变化，他只是埋头著述校勘，成了有名的大学问家。政治对他唯一的打扰或许是王莽篡汉以后，王莽知道依靠假借符命自立为王的事情并不光彩，便下令禁止这种做法，很多人被牵连。扬雄非常惶恐，因为牵连的人中有人向他讨教过这类学问，他担心无法自证清白，竟然从阁楼上纵身跳下，差点儿摔死。幸好王莽对学术问题还比较宽容，根本没有打算治他的罪。

扬雄因之得以安心学术，成为当时道家思想的集大成者。对于学术，扬雄十分自信，他以扬子自称，仿照圣人孔子的《论语》写了《法言》，仿

汉代 雀龟陶磬座

成语典故

凿壁偷光

匡衡是西汉著名的经学家,他家境贫寒,只能给人帮工度日,但十分好学。为了能读到更多书,他甚至开出干活不要钱的条件,只求主人借书给他阅读。由于白天需要干活,匡衡只能夜里读书,可夜间光线太暗,照明的灯又是富家才用得起的奢侈品。无奈之下,匡衡想出一个主意,把邻居家的墙打出一个窟窿。灯光透过窟窿传出来,匡衡就借着这一线灯光苦读,这个有名的故事就是"凿壁偷光"。匡衡凭着刻苦的精神终于成了研究《诗经》的大家,借此成了汉元帝时的丞相。

照当时六经之首的《易经》写了《太玄》。这两本书在当时没有市场,连刘歆看过都叹道:"你何必这样辛苦自己?现在有功名利禄诱惑,学者通晓《易经》的尚且不多,何况是你的《法言》,我看这些书以后恐怕要垫酱缸了!"扬雄笑而不语。

这是大学者刘歆罕见的误断,到东汉时《法言》便大受欢迎,后来更是和诸子经典一起,世代流传下来……

时间　前221—25

附录　秦与西汉文学史大事年表

秦

秦朝是先秦时代古代散文的各种体制走向完备的过渡时期，若自秦王嬴政统一天下计算，则确实建树较少，当以李斯一枝独秀。

李斯（？—前208）

楚国上蔡人，荀卿弟子。李斯主要精力用于政治，主要作品为《谏逐客书》，写作目的是保障自己在内的客卿不被嬴政驱逐。这篇文章辞采华美、音节流畅，既光大了先秦游士的纵横捭阖之风，又具有华丽齐整的形式之美，可谓骈体文之祖，对汉代的散文和辞赋也影响颇深。《谏逐客书》以外，李斯还有七篇刻石文传世，这些刻文雄伟典雅，对于后代碑铭来说是标杆式的存在。

西汉

西汉一代，是文学的盛世。由政府出面组织的校理、解读古书行动，献纳辞赋的文人风气，以及乐府等机构的设立都为文学发展提供了丰沃的社会土壤。其主要成就体现在四个方面：散文、辞赋、史书、乐府诗，很多文学家兼通数类。

贾谊（前200—前168）

洛阳才子，汉代政治议论散文发展的推动者，对辞赋发展也有很大的贡献，《汉书·艺文志》记载其散文共五十八篇。贾谊的政论文纵横捭阖，善于夸张和渲染，尤其喜欢以具体数量和强烈对比起到说服作用。其中最具代表性的有《过秦论》《陈政事疏》。由于政治上的不得志，贾谊富有文学家的感性，仿造《离骚》的体制创作了《吊屈原赋》，后者是汉人最早的吊屈之作，开汉代辞赋家追怀屈原的先例。受庄子寓言影响创作《鵩鸟赋》，以人鸟对话的形式展开，开汉赋主客问答体式之先河。

枚乘（？—前140）

"梁园"文学的代表，所谓梁园就是梁孝王招徕的文学团体。其代表作有《梁王菟园赋》《忘忧馆柳赋》《七发》等，其中《七发》最为著名，它开创了文学上的"七体"，也标志着汉大赋体制的形成，自《七发》以后汉赋创作中心由诸侯王转向中央。

刘安（前179—前122）

汉朝宗室有名的文学家，其最大成就是广招门客编成《淮南子》，原有"内书"二十一篇、"外书"三十三篇和"中书"八卷，共二十余万字，现存的仅剩"内书"。有明显的道家倾向，以浪漫的文学笔触，佐以神话、鬼怪、历史来阐述方方面面的道理，文风新异，内容丰富。

董仲舒（前179—前104）

"罢黜百家，独尊儒术"的主要促成者，为实现政治目的创作了很多说理散文。代表作有《春秋繁露》《天人三策》《士不遇赋》，他的文章儒雅严密，对说理散文的影响很大，但其中包含一些迷信的阴阳灾异思想。

司马相如（约前179—前118）

字长卿，被誉为"赋圣""辞宗"。《汉书·艺文志》著录其作品二十九篇，现存世五篇，其中代表作为《子虚赋》《上林赋》。其辞赋极重铺排，具有典型的汉赋巨丽之美，极好地复现了汉朝盛世的精神风貌，但又不忘讽谏节俭，可谓汉赋的典范作品。

东方朔（前154—前93）

汉武帝宠爱的文学侍从，以滑稽聪明著称，主要作品有《答客难》

《非有先生论》《封泰山》等。曾首创"难"这一古文体作《答客难》，抒发怀才不遇之情，引得后世文人纷纷效仿。

司马迁（约前145或前135—?）

古代历史散文的最高成就者，其著作《史记》开创了纪传体通史的先河。以十二本纪、三十世家、七十列传、十表、八书五种既区别又配合的文体成功实现了"究天人之际，通古今之变，成一家之言"。《史记》是我国传记文学的开端，对历史事件在如实描叙的基础上深究其发生原因，关注人文精神，具有很强的传奇色彩和沉郁的悲剧底色。《史记》之外，司马迁的文章也笔力雄浑，其《报任安书》是千古流传的佳作。

王褒（约前88—约前51）

汉代最具有文学情趣的赋家，主要作品有《圣主得贤臣颂》《九怀》《僮约》《洞箫赋》等。其中《洞箫赋》对咏物赋的发展意义重大，表现出浓郁的悲凄之美，受其影响，东汉出现了一批写乐器的赋。

刘向（约前77—前6）

西汉重要的经学家、目录学家，对书籍整理贡献尤大。其散文成就主要是说理散文，对引经据典、借事说理的手法有所发展。其代表作《新序》（原书三十卷，现存十卷）是一部以讽谏为政治目的的历史故事类编，《说苑》（二十卷）按类记述了春秋战国至汉代的遗闻佚事，蕴含一定的哲理性。此外，其所作的《列女传》对后世影响也很大。

扬雄（前53—18）

以善于模仿著称的作家。早年模仿司马相如，对汉赋发展做了进一步推动。其代表作为《甘泉赋》《河东赋》《羽猎赋》《长杨赋》四大赋，其中以《甘泉赋》艺术成就最高，这些赋有很强的政治意义。但随着仕途失意，扬雄后期开始更多关注自我和人生问题，作了仿《论语》的《法言》、仿《易经》的《太玄》，对后世都产生了深远影响。